Philippe Pujol

Die Erschaffung des Monsters

Elend und Macht in Marseille

Aus dem Französischen von
Oliver Ilan Schulz und Till Bardoux

Hanser Berlin

Die französische Originalausgabe erschien 2016
unter dem Titel *La Fabrique du monstre*
bei Éditions des Arènes, Paris.

Oliver Ilan Schulz übersetzte die Kapitel 1–7,
Till Bardoux die Kapitel 8–14.

Der Verlag dankt dem Centre national du livre
für die freundlich gewährte Übersetzungsförderung.

1 2 3 4 5 21 20 19 18 17

ISBN 978-3-446-25686-6

Satz: Greiner & Reichel, Köln
Druck und Bindung: GGP Media GmbH, Pößneck
Printed in Germany

FSC
www.fsc.org
MIX
Papier aus verantwortungsvollen Quellen
FSC® C014496

Für Souad, Célia, Zohra,
Medhi und Samechedine

Inhalt

1	Schwarze Hände	9
2	Geistige Verwirrung	31
3	Kader	45
4	Wegwerfgangster	61
5	Das Gerücht	79
6	Die zementierte Misere	99
7	Verlorene Liebesmüh	121
8	Einträgliches Elend	145
9	Gott Bürgermeister	167
10	Die üblichen Verdächtigen	193
11	Die Betonierer	215
12	Unkraut	245
13	Affront National	261
14	Frankenstein	281
	Dank	287

1
Schwarze Hände

Der Alte hat die Tür hinter mir zugemacht. Ich bin eingesperrt, gefangen wie ein Vogel im Käfig. Wir hatten vereinbart, dass er mir diesen Keller zeigt, in dem Dope gestreckt, gewogen und abgepackt wird. Er sollte bei mir bleiben, während ich ein paar Fotos schieße. Danach wollte er mich mit zu sich nach Hause nehmen und mir bei einem Mokka noch mehr über das alles erzählen. Es riecht tatsächlich nach Shit hier, aber auch nach Schweiß – schwer zu sagen, welcher Geruch penetranter ist. Der Alte zögert nicht lange. »Wo Menschen sind, stinkt es nach Scheiße«, grummelt er und ist schneller weg, als es sein Hinkebein vermuten ließe. Hier im Viertel traut man dem Alten nicht über den Weg, weil er alle mit Informationen versorgt – die Verpeilten und die Dealer, die Mieter ebenso wie die Vermieter, auch die Bullen –, solange nur etwas für ihn herausspringt, ob Naturalien oder ein Gefallen. »Schreiben Sie einen gesalzenen Artikel über die Dealer im B, dann wird die Stadtverwaltung dieses verfluchte Gebäude schon irgendwann abreißen, und keiner wird ihm eine Träne nachweinen.« Das ist der Deal zwischen uns. Journalist zu sein heißt auch, sich ein bisschen manipulieren zu lassen, man muss sich dessen nur bewusst sein und darf nicht die Kontrolle verlieren.

Aber wider Erwarten sind die Dealer vom B gerade selbst in ihrem Keller. Als wir hereinkommen, strecken, wiegen und verpacken sie. Es sind drei kleine Strauchdiebe, die hochschrecken wie Babys bei einer schlagenden Tür, weil sie glauben, sie hätten es mit Bullen samt Schlagstock, chemischer Keule und Handschellen zu tun. Sie wollen schon aufspringen und abhauen, durch das Loch da hinten, das wahrscheinlich mal ein Fenster war. »O Mann, sogar hier steckst du deine Journalistennase rein?« In der Stimme des Jungen, der so dick ist wie ein Kebab fettig, schwingt Erleichterung mit, denn er weiß, die Flucht wäre für ihn nicht einfach gewesen. Ja, sogar hier stecke ich meine Journalistennase rein, in dieses staubige Loch. Ich will mir ganz genau ansehen, was den Alltag dieser Kids ausmacht, über die alle Leute Mutmaßungen anstellen, ohne wirklich etwas über ihre Lebenswelt zu wissen.

Sobald wir uns wiedererkannt haben, lässt die Spannung nach, und unser aller Puls geht runter. Ich setze mich auf einen aufgeschlitzten Bürostuhl zwischen dem Dicken und Tadjidine, den ich am besten kenne. Wegen seiner näselnden Stimme, bei der man sich oft das Lachen verkneifen muss, nennen ihn alle »Ente«. Selbst seine Mutter, die ihn mir vor ein paar Monaten vorgestellt hat, nennt ihn so. »Du wirst schon sehen, er ist ein guter Junge«, sagte sie mir in ihrem kreolischen Singsang, »er will Spaß haben, immer nur Spaß haben, nichts weiter.« Sie hatte ihn am Ohr erwischt und zu mir herübergezogen. Der Bengel betrachtete mich argwöhnisch, bis ich ihm von meiner korsischen Herkunft erzählte, einfach so, um auch einen auf entwurzelt zu machen und damit er endlich aufhörte, den starken Mann zu markieren. Seitdem benutzt er meinen korsischen Spitznamen, »Baracca«, bei dem das *a* am Ende nicht ausgesprochen wird. »Wie Obama?«, fragte er mich beim ersten Mal. »Nein, wie das Haus, *baraque*«, antwortete ich. Wie das Haus meiner Familie da oben in der Alta Rocca. »Es bedeutet auch ›stark‹«, fügte ich hinzu, um das Bild zu vervollständigen. Im sich selbst überlassenen Gehirn eines orientierungslosen Jugendlichen war ein Korse aus den Bergen eine Bekanntschaft, auf die man stolz sein konnte! Ein echter Bandit, bloß nicht so gefährlich.

Eifrig erklärt er mir seine Tätigkeit. Er freut sich, dass er mir etwas zeigen kann, und genießt dieses erhebende Gefühl, der Wissende zu sein. »›Kugel‹ häckselt mit diesem Mixer 150 Gramm Dope klein, dann gibt er ein bisschen Altöl dazu, vermischt das Ganze und schüttet es in eine Tupperdose, die er in heißes Wasser stellt. Danach setzt er sich auf zwei Bretter und presst diesen Brei zu einer 200-Gramm-Platte, die ›Kaïser‹ in 20-Euro-Pieces schneidet. So machen wir ein bisschen mehr Kohle.« Kugel nickt, während er weiter Chips mampft. Kaïser zieht wie ein Todgeweihter an einem dunkel verfärbten Joint, den er die ganze Zeit zwischen den Lippen behält, damit er die Hände frei hat. Denn die braucht er, um das Dope zu strecken oder um mit dopegeschwärzten Fingern auf seinem Handy *Subway Surfers* zu spielen. »Danach sieht das Dope aus wie eine Olive, richtig gutes, öliges Dope, das auf die Finger abfärbt und sich kneten lässt wie ein Popel«, meint Tadjidine und deutet mit Daumen und Zeigefinger die Bewegung an. Alle drei sind »Schwarze Hände«, Minijobber im Drogenhandel.

Das Dope bekommen sie von den Dealern aus dem H-Gebäude gleich in der Nähe. Das sind nicht so die Typen, die man am Ohr zieht. Und sie lassen diese kleinen Scheißer nur deshalb einen noch beschisseneren Shit als ihren eigenen verticken, weil sie neue Märkte erobern, sich noch ein bisschen weiter ausbreiten wollen. Überall lauert die Konkurrenz, schlimme Zeiten sind das, da kann es nicht schaden, wenn diese kleinen Idioten ein paar Discount-Konsumenten etwas Dope andrehen.

Der Stoff wird den Kids nur überlassen, sie verkaufen ihn zuerst und bezahlen hinterher, ein bisschen Kleingeld dürfen sie behalten. Wenn sie nicht genug Kohle machen, sind sie etwas schuldig. In Naturalien, oder sie müssen es abarbeiten: ewig lang unbezahlt Schmiere stehen, als Drogenkurier herhalten, wenn es am gefährlichsten ist, oder aber als Informant einem konkurrierenden Dealer eine Nachricht überbringen, wie ein Soldat im Mittelalter mit weißer Fahne.

So weit sind Ente, Kugel und Kaïser noch nicht. Aber das ist nur eine Frage der Zeit. Denn fürs Big Business eignen sie sich kein bisschen. Diese Typen sind Nichtsnutze, zur Langeweile verdammt: langsames Denken in Spatzenhirnen, die Schultern hochgezogen, als müssten sie das imaginäre Gewicht der sie umgebenden Leere tragen, den Kopf voller Dope, ein echt mieses Dope, das wirkt, als würde man mit aller Macht seine Fäuste gegen die Schläfen pressen, nur dass die Arme dieser Kids weiter untätig herunterhängen oder ihre Hände eben mit einem dicken Joint zwischen den Fingern auf ihren Knien liegen. Noch dazu rauchen sie ihr eigenes Dope. Sie kommen nicht einmal auf die Idee, sich vor ihrem Altölgepansche einen Joint zu drehen. In der drückenden Hitze werden die Schweißflecken unter Kugels Armen immer größer. Ich gehe nach oben, um Entes Mutter zu besuchen.

Die Neuankömmlinge unter den Einwanderern empfangen einen immer mit offenen Armen. Sie sind noch nicht verbittert von den bevorstehenden Zurücksetzungen und voller Hoffnung auf ein besseres Leben als die Not, der sie entflohen sind. Denn niemand verlässt grundlos seine Heimat: Es sind Hunger oder Gewalt, die einen vertreiben. Wie vor zwei Jahren ihre Schwester Miyandi bittet mich Bahuwa herein. Die beiden Schwestern führen mich durch die Wohnung, als ginge es darum, mir zu zeigen, dass sie hier rausmüssen, und zwar schnell. In jedem Zimmer schlafen mindestens vier Personen. In diesen siebzig Quadratmetern sind bestimmt fünfzehn Leute zusammengepfercht. Hier hat man also weniger Platz als im Gefängnis … »Wir zahlen 672 Euro Miete und 70 Euro Nebenkosten.« Wenn es ums Wohnen geht, wird ganz pragmatisch gedacht. »Wir schlafen in Schichten. Die einen gehen arbeiten, die anderen ruhen sich aus«, erzählt Miyandi, noch bevor ihr die Frage gestellt wird. Und weil es keine Jobs gibt, ruhen sich immer mehr aus, quälen sich durch die langen und unsinnigen Tage, schlagen die Zeit tot und träumen von einem anderen Leben. Auf dem Herd steht ein großer Topf, der den ganzen Tag und einen Teil der Nacht immer wieder aufgewärmt wird, damit alle, die kommen oder gehen, etwas zu essen kriegen. Die Männer schauen nicht einmal auf, um zu sehen, mit wem die Frauen sprechen. Mein Akzent sagt ihnen genug. »Unsere Männer hier sprechen mit Weißen nur über Arbeit oder Religion«, flüstert Bahuwa. Und ich sehe nicht aus wie ein Arbeitgeber oder ein Imam. Obwohl Nachmittag ist, stellen mir Miyandi und Bahuwa ein *maélé na rougaï* hin. Eigentlich ist es zu spät oder zu früh für dieses Reisgericht mit Tomaten und Zwiebeln. Aber die Gastfreundschaft abzulehnen wäre eine Beleidigung. Die beiden Schwestern möchten sich nicht dazusetzen, nicht allein mit einem Mann. Es ist mir unangenehm, dass sie stehen bleiben, fast schon hinter mir.

Ihre Jugend haben sie in einem Slum auf Mayotte verbracht. Nach ihrem dritten Kind wollte Miyandi eine bessere Zukunft für ihre Familie. Als Französin eines Übersee-Departements entschied sie sich Ende 2013 für das französische Festland – sie landete in Marseille, in Kalliste, der ärmsten Siedlung der Stadt, im Gebäude H, dem heruntergekommensten, in der erbärmlichen Wohnung eines der örtlichen Miethaie. Und sie war zufrieden. Inzwischen ist sie um einige Illusionen ärmer und hat ihr Gebäude immer mehr verwahrlosen lassen, »damit es endlich abgerissen wird und wir woanders unterkommen«.

Sie geht oft zu ihrer Schwester im Gebäude B. Als ich Bahuwa befrage, nennt sie mir dieselben Gründe wie ihre Schwester bei ihrer Ankunft auf dem französischen Festland. Sie hat hier die »westliche Modernität« kennengelernt und träumte außerdem von einem sozialen Aufstieg durch eine bessere Wohnung. Wie die anderen Mieter benutzte sie die Toiletten anfangs als Müllschlucker: »Ich hatte noch nie welche gesehen.« Sie lacht verschämt. Auch ihre Nachbarn halten die Örtlichkeiten schon seit Jahren nicht mehr instand, »sie sind froh, dass sie bald wegkommen, und wollen die Sache beschleunigen«. Und das geht am besten, wenn sie etwas beschädigen. Das hat man ihnen eingeredet: Wenn ihr Ghetto erst mal richtig kaputt und richtig gefährlich ist, würde man schon einen anderen Wohnort für sie finden.

Bahuwas kleine Tochter will mir etwas »ganz Süßes« zeigen. Das achtjährige Mädchen hüpft bis zu der eingeschlagenen Wohnungstür gegenüber der ihrer Familie. »Sie sind immer da drin«, flüstert sie mit der Stimme von Disneys Aschenputtel. »Putt-putt-putt ... Sch-sch-sch ... Komm, komm her!« Mit ausgestreckter Hand und nach vorn gerecktem Kopf schleicht sie hinein, wie eine Katze auf der Jagd. Auf einmal stürzt sich mit einem fast menschlichen Kreischen, nur zwanzig Zentimeter von ihr entfernt, eine große Ratte in eines von offenbar mehreren Rohren. »Die ist doch voll niedlich, oder?«

Eine Ratte! Die Kleine versucht Ratten zu streicheln! Eine fette Ratte, mit gesträubtem Fell, einem langen Schwanz und bösem Blick ... Wer mit Ratten aufwächst, macht sie zu Spielkameraden. Das ist bei weitem kein Einzelfall. Die gleiche Situation habe ich einmal in der Hochhaussiedlung Maison-Blanche gesehen, wo genauso wie in Kalliste Miethaie ihr Unwesen treiben. Ein Lokalpolitiker erzählte mir von einem solchen Fall aus der Siedlung La Renaude. Ich sehe in meinem Job zwar oftmals unschöne Szenen und Tatorte, aber dieses Mädchen und seine Ratten haben mich am tiefsten erschüttert.

Wir machen weiter mit unserem Rundgang. Ich habe noch nicht alles gesehen. In jedem Stockwerk stehen Wohnungen leer, deren Türen mit Rammböcken oder irgendwelchen anderen schweren Gegenständen eingedrückt wurden. Im ersten Stock wurde alles, was irgendwie nach Metall aussah, rausgerissen, von den Wänden, aus den Böden und aus der Küche. Für manche ist Eisenschrott Gold wert. In einer anderen Wohnung sieht es aus wie in einem ehemals besetzten Haus. Auf dem Boden liegt ein nicht zu Ende gebrachtes Kartenspiel, leere Konservendosen stapeln sich, die Klos quellen über vor Bauschutt, und das Pfeifen des Windes durch die geschlossenen Fensterläden verbreitet melancholische Stimmung, es klingt bedrohlich wie ein Fluch. Auf dem Boden der Wohnung gegenüber überall Scheiße. Keine Hundescheiße. Es sind die Toiletten der Besetzer.

Manche Etagen sind offiziell bewohnt, man kriegt dort entweder einen Minztee in einem stets blitzsauberen Wohnzimmer – oder man kriegt eine Tür ins Gesicht. »Vorsicht, manche Dealer aus dem H wohnen im B«, warnte mich Tadjidine später. Als ich mich die Treppen hochschraube, hält ein Lift auf meinem Stockwerk. Heraus kommt ein komischer Kerl: oben Schrank, in der Mitte Wampe, unten Streichholzbeine. »Kommst du mit ins Studio?«

In der achtzehnten und obersten Etage haben sich diese Typen ein Fitnessstudio eingerichtet. Mehr oder weniger legal abgestaubte Geräte, Klimmzugstangen, Hantelbänke und Gewichte, viele Gewichte. Der Kerl mit dem Oberkörper wie ein Schrank drückt in Rückenlage und lässt mich Eisen stemmen, um sich mit seinen Kumpels ein bisschen über mich lustig zu machen. Sie leben alle in der Siedlung, die meisten von ihnen arbeiten auf dem Bau, andere als Sicherheitskräfte, der Rest ist arbeitslos. Etwa zehn Typen, die so alt sind, dass sie Gewichte stemmen, um nicht abzuschlaffen, aber jung genug, um sie noch hochzukriegen. »Quatscht mich nicht voll heute! Ich hab Steroide genommen!«, meint ein hibbeliger Kerl. Er blinzelt nicht mal mehr, wenn er sich anstrengt. Den lassen alle in Ruhe.

Beim Blick aus dem Nordfenster fällt ein edles Landhaus im Kolonialstil auf, es steht genau zwischen den Gebäuden B und H. Angeblich sind dort Kunstwerke eingelagert. Unten sehe ich ganz klein die Dealer vom H bei der Arbeit. Sie kommen und gehen, zählen nach, ziehen wieder ab, hängen herum, rennen, warten, pfeifen, gestikulieren, türmen, kommen zurück, grüßen, schreien, beobachten, verstecken sich, zeigen sich wieder, essen, langweilen sich, werden müde, ziehen einen durch, verkaufen, zählen Geld, raffen sich auf, kontrollieren ... Und dann fangen sie wieder von vorne an.

Aus dem Südfenster hat man den schönsten Blick auf Marseille. Diese Sicht auf den Hafen mit seinen Kränen, den Eisenbrücken, den großen Kreuzfahrtschiffen, den Kais und Becken, vor einem Himmel, der morgens rosenfarben, nachmittags blau und abends rot leuchtet. Den Blick auf die Bonne Mère*, die man wirklich von überall sieht, denn schließlich wacht sie ja über die Stadt. Den Blick über die so unterschiedlichen Sied-

* Wörtlich »Gütige Mutter«, von den Marseillern gebrauchte Bezeichnung für Notre-Dame-de-la-Garde, eine Kirche (geweiht 1864) im neuromantisch-byzantinischen Stil auf einer Anhöhe unweit des Hafens. Wahrzeichen der Stadt, auf deren Turm eine über 11 Meter hohe Marienstatue mit Christuskind aus vergoldetem Kupfer thront. (Sofern nicht anders vermerkt, sind alle Fußnoten Anmerkungen der Übersetzer.)

lungen, die einen mit Dorfkern, andere nur aus Einfamilienhäusern bestehend. Und über die Gated Communitys, die von gepflegten Mauern umgeben sind. Hier in Kalliste – auf Griechisch »die Schönste« – befinden wir uns in der vorletzten Siedlung im Norden* der Stadt, sie ist die ärmste Wohnanlage Frankreichs. Die reichen, sogar sehr reichen Viertel der Stadt sieht man von hier aus gar nicht. Sie liegen, gut geschützt vor dem Mistral, hinter einem Hügel weiter im Süden. Von hier oben wird einem klar, wie weit die Einwohner dieser Ghettos im Nordteil der Stadt von allem entfernt sind. Der Industriehafen hat sie vom Meer abgeschnitten, zu den Arbeitsplätzen im Stadtzentrum sind es anderthalb Stunden Busfahrt – wenn es nicht gerade wieder Störungen gibt. Also richtet man sich hier ein bescheidenes Leben ein. Manche rauchen Altöl in einem Keller, andere nehmen Steroide und stemmen Gewichte in einem illegalen Fitnessstudio in der obersten Etage eines Hochhauses.

*

Das Elend wuchert, wo es kann. Marseille hat also die ärmste Sozialbausiedlung Frankreichs. Aber es hat auch das ärmste Viertel Europas. Saint-Mauront. Das befindet sich im 3. Arrondissement, ganz nah am Stadtkern. Ich bin gleich nebenan aufgewachsen und habe hier das Collège** besucht. Der Gaillard-

* Im Französischen sind die Begriffe *quartiers nord, banlieue nord* usw. in den meisten Fällen mit Problemvierteln gleichzusetzen, die aufgrund von politischen und insbesondere städtebaulichen Entscheidungen in der Vergangenheit tatsächlich soziale Brennpunkte geworden sind.

** Das Collège kommt in Frankreich nach der Grundschule und vor dem Gymnasium (das dort nur die letzten drei Schuljahre umfasst), also etwa im Alter zwischen 11 und 14 Jahren.

Block ist der baufälligste des Viertels. Hier treffen miesepetrige und paranoide Alkies, desillusionierte Philosophen und illegal eingereiste Arbeiter aufeinander, die dieses früher von Industriearbeitern bewohnte Mietshaus besetzen. Die Hochhaussiedlungen und ihre Wohnblöcke sind also nicht die einzigen Inseln des Elends.

Moussa lebt schon dreißig Jahre hier. Er ist allein und pflegt als ewiger Single einige Ticks. Die Kakerlaken und die Stille sind seine einzige Gesellschaft. Und nun muss er auf einmal Hilfe annehmen, die er aufgezwungen bekommt. In diesem Jahr (2016) soll er umgesiedelt werden, so lautet das Versprechen, und so steht es auch auf den Bautafeln in seiner Straße. Ihm ist es aber völlig egal, dass er im ärmsten Teil des ärmsten Viertels Frankreichs wohnt. Da wäre er vielleicht sogar stolz drauf: Wenigstens hier spielte er in der ersten Liga. In seiner Wohnung ist nur ein Fenster vermauert. Durch das andere beobachtet er seinen Nachbarn Youssef, wie dieser und ein Straßenkehrer – jeden Montag derselbe – sich gegenseitig beschimpfen.

»Sie müssen die Straße bis zum Ende reinigen!« Der andere winkt nur verächtlich ab. »Für die Reinigung bezahle ich Steuern!« Darauf der städtische Angestellte herablassend: »Du bist nicht mein Boss … ist doch eh niemand hier …« Youssef brüllt aus Leibeskräften: »Ich bin hier!« Die Kehrmaschine zuckelt los, um woanders weiterzukehren, ein im Vorüberfahren gezeigter Stinkefinger treibt Youssefs Wut auf die Spitze, doch sein Nachbar betrachtet ihn immer noch ungerührt. Seit Moussa keine Zähne mehr hat, sieht er böse aus. Seine Nase reicht fast bis zum Kinn, und wenn er lächelt, ändert sich sein Gesichtsausdruck nicht. Eigentlich ist Moussa alterslos.

Dieses Mikroviertel Gaillard gibt einen seltsamen Dorfkern ab, eine Art Potpourri von allem, was Marseille einmal gewesen ist. Eines Tages Anfang der 1960er Jahre, zur Zeit der Entkolonialisierung, zogen die Arbeiter aus diesen Häusern aus. Sie waren von einer Entlassungswelle betroffen und strömten nun in die neuen Städte in der Peripherie von Marseille, wo ein junger, aufstrebender Industriezweig entstand – die Ölraffinerien. Ihre leerstehenden Wohnungen füllten sich mit den Algerienfranzosen, den sogenannten *pieds-noirs,* und zwar den ärmsten von ihnen: Sie reproduzierten hier das verwestlichte Algerien, das sie gerade verloren hatten. Im Waschhaus oben an der Straße schwatzten die Frauen. Es ist immer noch da und erstaunlich gut erhalten. Die Männer palaverten unten auf dem kleinen Platz. Er sieht heute aus, als hätte ein Sturm eine Kulisse der Fernsehserie *Plus belle la vie** verwüstet. Daneben verrostet die Metalllaube der Bar, in der sich früher das ganze Viertel traf. Um diese Vergangenheit schert sich niemand mehr.

Heute ist nicht mehr viel von ihr zu sehen: ein vom Zahn der Zeit angenagtes Mosaik. Bänke, gezeichnet von Regen, Wind, unzähligen Hintern und von den Feuern derer, die dort herumlungerten. Ein Sandhaufen für Kinderspiele und die Geschäfte der Hunde. Die Vorderfront einer Drogerie, die verblasst wie zufallende Augen.

Youssef und Moussa haben die alten Algerienfranzosen einen nach dem anderen wegsterben sehen. Deren Kinder haben sich anderswo ein eigenes Leben aufgebaut. »Ich bin vielleicht arm, aber blöd bin ich nicht«, ruft Youssef. »Nach den *pieds-noirs* kamen Leute, denen es noch schlechter ging, und bei denen danach war es noch einmal schlimmer …« Niemand bemüht sich darum, die Gebäude instand zu halten – selbst die Besitzer haben manchmal vergessen, dass es sie noch gibt. Da

* Sie ist ähnlich der Serie *Lindenstraße.* Die erfolgreiche Soap spielt in Marseille und wird seit 2004 jeden Werktag ausgestrahlt.

in der Gaudin-Ära* die Sanierungen im 2. Arrondissement zunahmen, wurden die Bedürftigsten dort herausgedrängt. Sie tragen nun zur Verarmung des 3. Arrondissements bei. Die Rue de la République** wirft ihre Schatten auf dieses Viertel, ähnlich der dreckigen Wäsche, die in den Abgasen der Rue Félix-Pyat ganz in der Nähe zum Trocknen aufgehängt ist. Die Gebäude sind inzwischen so heruntergekommen, dass nun irreguläre Einwanderer dort hausen.

Drei von ihnen warten an einer Mauer, als sollten sie erschossen werden. Einer kommt aus Tunesien, die anderen beiden sind Algerier. Sie arbeiten auf dem Großmarkt im nahe gelegenen Viertel Les Arnavaux. Sie ziehen los, sobald ihnen ein vierter Mann einen Beutel voller Schaumstoffstücke gebracht hat, »für die Schultern, wenn wir die Kisten tragen«.

Durch eine Tür in Yves-Klein-Blau gelangt man in eine Art Höhle. Marwane, ein sympathischer Mann mit Vollbart, führt uns herum. Er hinkt. Im dritten Stock sind die Fenster mit Leichtbausteinen abgedichtet und lassen weder Licht noch Kälte herein. Ein Keller unterm Dach. Auf den am Boden verstreuten Matratzen liegt immer jemand. »Wenn niemand hier schläft, kommen die Ratten.« In den unteren Etagen befinden sich Aufenthaltsräume – sie sind irgendwie eingerichtet, aber dreckig. Weil mit Palettenholz auf dem Fußboden Feuer gemacht wurde, um zu heizen oder zu kochen, ging schließlich ein Schaumstoffblock in Flammen auf, der bis dahin als Sofa diente: Der schwarze Rauch drang durch die rahmenlosen Fensteröffnungen nach draußen und setzte sich an der Fassade fest, an der zahllose Kabel herunterhängen. Die Rußspuren

* Jean-Claude Gaudin, seit 1995 Bürgermeister von Marseille, siehe Kapitel 9.

** Diese große Achse im 2. Arrondissement verbindet den alten mit dem neuen Hafen und ist in den 2000er Jahren luxusrenoviert worden.

wurden mit einer weißen Farbrolle übertüncht, die vier Quadratmeter Sauberkeit wirken wie ein unfreiwilliges Kunstwerk.

Im ersten Stock gibt es noch mehr Schlafräume mit irgendwo geklauten elektrischen Heizlüftern, die an Verlängerungskabel angeschlossen sind. Im Erdgeschoss herrscht bis auf eingerissene Zwischenwände und Bauschutt Tabula rasa. An der Rückseite, zur Rue Gaillard hin, befindet sich eine versteckte Tür – eigentlich nur ein mit Hammerschlägen vergrößertes Fenster –, die sich über einem kleinen Graben voller altem und neuem Abfall öffnet. Ein verborgenes Paradies für Ratten und diese Soziologen, die als Müllarchäologen aus den Abfällen der Bewohner Rückschlüsse auf deren Geschichte ziehen. Weil Marwane diesen tückischen Sprung über den Graben machen muss, verlässt er nur selten das Haus. Und wenn er draußen ist, kommt er spät wieder zurück und bleibt noch ein wenig vor dem Loch stehen, unterhält sich mit den Gläubigen der Moschee gegenüber, die abends noch ihr fünftes, das Ischa-Gebet verrichtet haben.

»Wir sind noch sieben Mieter im Haus«, erzählt Youssef, als er wieder vorbeikommt. Die Satellitenschüsseln bezeugen es. »Sechs Häuser sind abgerissen worden. Manche Mieter sind in die Résidence Gaillard gleich da hinten umgesiedelt worden – ich kann mir die nicht leisten.« Heute zahlt er 265 Euro für 25 Quadratmeter in einer Bruchbude, was wäre denn der Mehrwert für ihn, wenn er morgen in etwas Neues zieht? »Ein Klo!«, antwortet er, ohne mit der Wimper zu zucken.

Sein Nachbar sieht das genauso. Eine erschwingliche Bruchbude ist immer noch besser als nichts. Dass man sich auf einmal bemüht, ihn aus seiner Situation herauszuholen, ist Moussa suspekt. Es verstört ihn sogar: Er will nicht darüber reden und verkrümelt sich in seine vermauerte Wohnung. Lange hat Moussa davon geträumt, richtig Knete zu haben. Jetzt will er nur noch

Couscous, ohne alles. »Was anderes isst er nicht«, sagt Youssef todernst. Eines Abends sei Moussa »ausgerastet« wegen der Musik der benachbarten Hausbesetzer. »Keine Ahnung, wie er das angestellt hat, er war betrunken, sein Fenster war kaputt und hatte kein Geländer, jedenfalls ist er aus dem zweiten Stock gefallen und hat es überlebt, keine Ahnung, wie.« Unter anderem waren beide Arme gebrochen, »nach zwei Monaten im Krankenhaus war er wieder da, musste sich was zu essen machen«. Couscous ist schnell zubereitet.

*

Seit ein paar Jahren geht in den ärmsten Teilen der Stadt der Glaube an eine bessere Zukunft immer mehr verloren. Man wird zu dem, was man dort zwangsläufig werden muss, und schiebt es auf den bösen Blick, ohne sich dagegen zu wehren. Ich finde es wirklich traurig, wie viele Leute in diesen Vierteln resignieren, jeden Tag ein bisschen verzweifelter sind und den Weg des geringsten Widerstands gehen. Ich sehe ganz genau, dass es ihnen inzwischen egal ist, ob die Dinge besser laufen. Sie improvisieren, verhalten sich wie Napfschnecken – sie machen auf, wenn es läuft, saugen sich aber fest, wenn sie auf dem Trockenen sitzen. Und die Viertel von Marseille sitzen nunmehr auf dem Trockenen. Gehen Sie mal morgens im 14. Arrondissement spazieren. Immer mehr Mütter ziehen sich nicht mal mehr um, wenn sie ihre Kinder zur Schule bringen. Im »Pyjama-Hidschāb«! Mit Negligé und Schleier zerren sie ihre Knirpse an der Schnellstraße entlang und bringen sie mehr oder weniger aus Gewohnheit zur Schule, damit sie ihre Ruhe haben. Aus Gewohnheit und nicht, weil sie damit eine Hoffnung verbinden. Ihre Hoffnung ist dahin. Vor der Schule finden sie ein wenig Trost in dem Klatsch, den man sich erzählt, der gleiche wie an allen Schulen der Welt – Geschwätz, das beruhigt, denn woanders ist es bestimmt noch schlimmer. Außerdem bietet der Klatsch Halt, viel mehr Halt jedenfalls als alles Verständnis füreinander oder die Solidarität, die immer nur beschworen wird. Gerüchte und üble Nachrede definieren die Grenzen der Moral. Da hat einer ein zu großes Auto für einen Arbeitslosen: Sofort wird seine Anständigkeit bezweifelt. Ein anderer kommt dank Vitamin B mit kleinen Jobs über die Runden: Bestimmt spioniert er für einen Lokalpolitiker und bekommt dafür wie ein Affe seinen Zucker.

Gehen Sie morgens mal zum Baumarkt *Plateforme du bâtiment* am Boulevard Capitaine-Gèze. In einer Abgaswolke steht da eine lange Reihe von Schwarzen, alle warten auf einen Tagelöhnerjob. Manche besitzen dringend gesuchte Fähigkeiten, aber fast keiner hat ein französisches Visum. Irreguläre Einwanderer – hier werden sie in Ruhe gelassen. Ein Reservoir unglaublich billiger Arbeitskräfte: Sie leben von den Brosamen der Kleinunternehmer, die wiederum Subunternehmer von größeren sind, auf die sich ihrerseits die Baulöwen stützen – und die waschen ihre Hände in Unschuld. Nun, solange der Beton fließt!

Morgens komme ich oft an dem Baumarkt vorbei. Die Kerle dort wirken unglaublich traurig. Nicht, weil sie für diese Aasgeier arbeiten müssen, sondern weil sie nicht zum Zug gekommen sind. In ihren Augen ist Bedauern zu sehen, sie bereuen es, dass sie nicht früher aufgestanden sind, sich nicht auf den Bürgersteig gegenüber gestellt haben, nicht schon früher auf diesen Kleintransporter zugegangen sind. Sie bedauern, dass sie zu klein aussehen, zu schwach, zu verschlagen, zu dick, zu schwarz, zu illegal, zu einsam. Manchmal gibt es Schlägereien, dann wieder helfen kleine Gruppen einander, wenn sich die Fähigkeiten ergänzen, aber auch hier gilt: Nichts ist umsonst, entweder du gibst was oder du arbeitest es ab.

Was bedeutet schon Solidarität? Nichts geht über den Eigennutz. Es kann höchstens sein, dass sich die verschiedenen Interessen eine Zeitlang überschneiden – die Solidarität des Herdentriebs.

*

Die Ausbeutung des Elends durch das Elend ist zwar moralisch verwerflich, aber sie findet tatsächlich statt, auch wenn wir uns daran stören. Jeder ist sich selbst der Nächste. Das habe ich festgestellt, als ich eines Tages eine Polizeistreife begleitete.

Um sich während der kältesten Wintertage im Februar vor dem Wind zu schützen, mieteten drei irreguläre Migranten von einem Mann ein schrottreifes Auto, das in einer dunklen Ecke der Rue d'Amiens geparkt war, mitten im Viertel Saint-Lazare und damit gleich um die Ecke von Saint-Mauront. Und um ihre Kosten zu decken, ja vielleicht sogar um etwas Geld zu verdienen, handelten die drei aus dem Maghreb stammenden Obdachlosen mit einer rumänischen Familie den Verkauf der Schrottkiste aus. Der Vater, die Mutter und der bald zehnjährige Sohn hielten es nicht mehr aus, jede Nacht unter einer Brücke zu schlafen.

Eine Polizeikontrolle legte eine Kette des Elends offen, deren letztes Glied in Marseille derzeit die Rumänen sind. Ein jüngst Eingebürgerter in weiterhin prekärer Lage, drei abgebrannte irreguläre Einwanderer und, noch weiter unten, Leute aus Rumänien, dem ärmsten Land der Europäischen Union. Eine Tragödie, die immer mehr zur Gewohnheit wird und bei der die Polizisten stets in der ersten Reihe sitzen.

An diesem 10. Februar patrouilliert eine Streife in der Rue d'Amiens. Durch die gesprungene Windschutzscheibe eines kaputten Opel Astra sehen die Polizisten zwei Typen, die abwechselnd aus einer Flasche trinken, während ein dritter am

Fenster mit einem Mann spricht, dessen Kind sich dahinter an seine Mutter schmiegt. Kontrolle.

»Wir sind ganz brav, wir trinken hier im Auto, draußen ist's arschkalt«, verteidigt sich der Passagier des Opel. Er hat nichts Verbotenes dabei: Zigaretten, ein Feuerzeug, Schlüssel. Eine zu zwei Dritteln geleerte Whiskyflasche thront immer noch auf dem Armaturenbrett. Im Auto stinkt es nach feuchten und ranzigen Klamotten, nach Staub und kaltem Tabakrauch, aber nicht nach Dope. Über die halbe Rückbank liegen etliche belanglose Gegenstände verstreut. Während die drei Männer durchsucht werden, hat man die rumänische Familie auf den gegenüberliegenden Gehsteig gedrängt. Unruhig beobachten sie die Szene, so als ob man ihnen ein gutes Geschäft wegschnappen würde. Das Kind macht die zu enge Daunenjacke zu, die Mutter zündet sich noch eine Kippe an, und der Vater hat sein »Monaco«-Käppi so tief ins Gesicht gezogen, dass man nur seinen Schnurrbart sieht. Er tritt an den vordersten Rand des Gehsteigs.

Die drei Wageninsassen haben keine Ausweispapiere, versprechen aber, sie später vorzuzeigen. »Und wem gehört das Auto?«, fragt ein Polizist. Ichem ist der Gesprächigste und antwortet sofort: »Meiner Freundin«, und bei der seien natürlich auch die Papiere. Daraufhin rückt ein Mannschaftswagen der Polizei an, und die drei werden aufs Revier gebracht, um die Sache aufzuklären. Bevor Ichem einsteigt, wechselt er auf Arabisch ein paar Worte mit einem anderen Typen. Der ist besser gekleidet, trägt ein Käppi von Olympique Marseille und hat die Hände in den Taschen eines langen Adidas-Mantels vergraben. Er wendet sich an den Polizisten: »Stimmt was nicht mit dem Auto?« Auf eine Frage antwortet ein Bulle immer mit einer Gegenfrage: »Gehört das Auto Ihnen?« Wie aus der Pistole geschossen: »Yep … Also, meiner Freundin.« Der Polizist hat gerade mit seiner Befragung begonnen, da tippt der rumänische Familienvater einem anderen Beamten auf die Schulter, als der zu seinem Wagen zurückgeht. »Die verkaufen Auto ... Möglich?«

Nach einem kurzen Austausch mit Händen und Füßen kommt die Sache ans Licht. Die drei Passagiere sollten ihm für etwas mehr als 100 Euro die Wagenpapiere liefern. Damit wären die Rumänen die glücklichen Besitzer der Schrottkarre geworden, um darin zu schlafen anstatt an der allzu frischen Luft. Ganz selbstverständlich bietet der Vater das Geld dem Beamten an, um den Handel abzuschließen. »Das Auto wird abgeschleppt«, sagt der Polizist, der nicht mal verwundert ist. Der Mann klettert in den Wagen und wiederholt dabei das Wort »möglich«, bevor er mit der Whiskyflasche in der Hand wieder aussteigt. »Möglich.« Der Bulle lässt ihn gewähren und sieht ihm nach, wie er eilig die Rue d'Amiens hochläuft, aus der Flasche trinkend und den Sohn im Schlepptau. Die Mutter, wieder eine Kippe im Mund, trottet ihnen langsam hinterher. Mit einer Hand zieht sie eine leere Sackkarre.

Auf dem Revier ist Ichem inzwischen zum Automechaniker mutiert und behauptet, er repariere die vier Autos seiner Frau. Samir sagt, er sei Tunesier, Mohammed sagt gar nichts und lässt den Kopf hängen. Aus dem Funkgerät knistert der Anfang der Geschichte: Der Mann mit dem großen Adidas-Mantel und dem OM-Käppi ist seit kurzem französischer Staatsbürger, lebt von Gelegenheitsjobs, diversen kleinen Geschäften und der Vermietung des Autowracks an diese drei Illegalen. Allerdings ist es unmöglich, die Geschäfte zwischen den vier Männern nachzuweisen. Es waren etwa 50 Euro pro Woche, sagen sie. Mohammed hat jedoch ganz andere Sorgen. Bevor man ihn der Grenzpolizei übergibt, nutzt er einen unbeobachteten Moment und springt über den hohen Zaun des

Reviers Félix-Pyat, verletzt sich dabei an der Hand und an der Ferse, läuft dennoch weiter, wird aber gefasst. Als er in Handschellen ins Abschiebelager von Le Canet gebracht wird, sehnt er sich bestimmt nach der Ruhe in dem Opel Astra in der Rue d'Amiens im Viertel Saint-Lazare, Marseille.

*

Da man für die Leute in den Hochhaussiedlungen keine Lösungen hat, schickt man ihnen eben die Polizei vorbei. Immerhin stört das die Dealer in ihrer Routine. Was habe ich in den letzten zehn Jahren an Polizeiaktionen gesehen! Sie suchen nach den Schwarzen Händen, den Typen, die in den Handel mit Dope eingestiegen sind, weil sie irgendwie rauswollen.

Wenn die Polizeibehörden es beschließen, werden die Journalisten informiert und können die Einsätze aus nächster Nähe beobachten. An diesem Vormittag kommt Sofiane gegen 11.30 Uhr von der Schule. Bevor er sein Zuhause betritt, das Gebäude B2 der Siedlung Félix-Pyat, ist er schon vier Mal gefilzt worden – Taschen und Ranzen: erst von den CRS*, dann von den Polizisten im Viertel und schließlich von den Beamten einer BAC**, unter den wachsamen Blicken eines Zollpolizisten. Sofiane regt sich nicht einmal darüber auf. Er muss jeden Tag Polizeikontrollen über sich ergehen lassen. »Für diese Woche hab ich mein Pensum erfüllt«, sagt er grinsend.

Die Einsatzkräfte der CRS, gut hundert Mann, haben das Viertel besetzt. Sie riegeln die Zugänge ab und sichern den Eingangsbereich einzelner Gebäude, während die Polizisten

* *Compagnie républicaines de sécurité,* Teil der Staatspolizei, zuständig für öffentliche Ordnung.

** *Brigade anti-criminalité,* Abteilung der staatlichen Polizei, die meistens in Zivil agiert und auf Eingriffe in sozialen Brennpunkten spezialisiert ist.

der staatlichen Sicherheitsbehörden mit Hilfe einiger Zöllner die Blöcke A und B durchkämmen. Unter dem spöttischen Blick von Karim, einem Sozialarbeiter, werden sämtliche Autos durchsucht, vom Handschuhfach bis zum Kofferraum. »Die Leute hier brauchen Arbeit, keine Bullen«, sagt er ruhig. Seine Bemerkungen finden keine Beachtung, und es hagelt Strafzettel.

Eine komorische Mama steht gleich neben einem gepanzerten CRS-Mann – er sieht aus wie »ein Ninja-Turtle«, meint ein lachendes Kind – und unterhält sich mit einer anderen Mutter, die sich von ihrem Balkon im zweiten Stock herunterbeugt. Es geht um die Betreuung der Kleinen und um Einkaufslisten. An der Polizeiaktion scheinen sich nicht viele Leute zu stören. Irgendwann gehören die Polizisten in diesen Siedlungen einfach zum Straßenbild – kein schönes übrigens, denn die Gebäude sind von außen genauso heruntergekommen wie von innen. Im Gebäude B2 sind die Briefkästen herausgerissen worden. Auf den Gängen kommt man vor lauter Uniformierten nur schwer aneinander vorbei. Im ersten Stock erfassen Beamte die Gegenstände, die im Schacht einer Trockensteigleitung zurückgelassen wurden. »Quadräder«, staunt der größte von ihnen. In der zweiten Etage, in einem völlig verdreckten Zimmer, steht gegenüber einem kaputten kleinen Fenster der schmutzige Sessel eines Spähers. Weil die Bullen kamen, ist er abgehauen. Sonst sitzt er zehn Stunden am Tag hier, kassiert um die 50 Euro und gibt fast alles wieder fürs Kiffen aus.

Plötzlich Lärm! Die Bullen rennen raus, stürzen die Treppen hoch bis in den neunten Stock, wo sich der mutmaßliche Späher gerade in eine Wohnung geflüchtet hat. Die Mutter macht auf, der Jugendliche hat sich in der Küche versteckt. Ein bisschen Dope, ein paar Tütchen Gras, und schon bekommt er Handschellen verpasst. »Ist ihr Sohn polizeibekannt?«, fragt ein Beamter. »Keine Ahnung, er geht zur Schule.« Doch ganz offensichtlich kommt er selten weiter als bis zum zweiten Stock und zu seinem Wachposten.

Auf jeder Etage schnüffelt ein Drogenhund an den Türen. Er kratzt an einer im vierten Stock. »Aufmachen, Polizei!« Nach zehn Minuten, als einer der unteren Dienstgrade beim Staatsanwalt wegen eines Durchsuchungsbefehls anfragt, öffnet eine junge Frau die Tür einen Spaltbreit. »Ich hab geschlafen.« Aber das Bett ist gemacht, aus dem Fernseher blubbern die Geschichten von BFM*, und die, die davorsitzen, beschweren sich noch nicht mal über diese Bulleninvasion. Der ganze Haushalt wird auf den Kopf gestellt: nichts. »Entweder hat sie alles runtergespült, bevor sie uns aufgemacht hat, oder das Dope war hier nur zwischengelagert und ist längst wieder weg«, erklärt ein gelangweilter Polizist.

Draußen warten die Kinder, die aus der Schule zurückkommen, darauf, dass sie sich endlich zu Hause aufwärmen können. So lange beschäftigen sie sich eingehend mit der Ausrüstung der Polizei. In diesen Vierteln können schon Zehnjährige verschiedene Flashball-Modelle auseinanderhalten. Sie fachsimpeln über den Abnutzungsgrad der Tonfas, der Schlagstöcke der Polizei, und kennen die Marken der Polizeipistolen. Und bei dem Wort »BAC« denken sie definitiv nicht an das *bac*, das französische Abitur, sondern an die Spezialeinheiten der Polizei.

* Ein privater frz. Nachrichtensender.

2
Geistige Verwirrung

Kevin wird bald 14 und ist ein BAC+7, das macht ihn ziemlich stolz. Was normalerweise bedeutet, dass jemand nach dem französischen Abitur, dem *baccalauréat* – kurz *bac* –, sieben Jahre studiert und die entsprechenden Abschlüsse hat, heißt bei Leuten wie Kevin: sieben vorläufige Festnahmen mit nachfolgendem Polizeigewahrsam durch eine der BAC-Spezialeinheiten. Was ihn in der Siedlung zu einem »geachteten Kerl« gemacht hat. Gerade fädelt er seine Schuhbänder wieder ein und produziert sich dabei vor dem Évêché, dem ehemaligen bischöflichen Palais, nun Sitz und Spitzname der Polizeidirektion von Marseille. »Die Bullen nehmen uns die Gürtel und Bänder unserer Klamotten ab, damit wir sie nicht erwürgen.« Kevin heißt natürlich nicht Kevin, aber er hat sich diesen Namen des »perfekten Weißen« ausgesucht, der keinen »Stress« kennt. Das findet er lustig.

Diesmal wurde er festgenommen, weil »ich einem Kumpel dabei zugesehen habe, wie er einer Alten ihre Tasche entrissen hat«. Der besagte Kumpel – »er ist jetzt ein BAC+5« – wird der Staatsanwaltschaft in Marseille übergeben. »Ich hab nichts gemacht, ich bin nur mit meinem Kumpel abgehauen, drum haben mich die Bullen laufenlassen.« Eigentlich ist Handtaschendiebstahl seine Masche, »fünf Festnahmen deswegen!«, sagt Kevin stolz, während er seine dreckigen Sneakers anzieht. Was sagen seine Eltern dazu? »Meinen Vater hab ich nie kennengelernt, meine Mutter schimpft mich ständig aus.« Und wenn sie nicht ihn ausschimpft, dann einen seiner drei Brüder oder eine seiner zwei Schwestern. »Aber meistens schimpft sie auf meinen Vater, der sie sitzengelassen hat in dieser Scheiße«, erklärt der Jugendliche, als er zum Bus geht. »Meine Mutter macht mir keine Angst, und die Bullen gehen mir am Arsch vorbei.« Und die Justiz? »Das sind doch nur Bullen in Robe.« Kevin kennt nichts anderes als Provokation und Widerstand gegen die Staatsgewalt. Sein Zuhause ist die Hochhaussiedlung. »Schule bringt doch nichts, für uns gibt es nur Drecksarbeit, wenn überhaupt!« Seine Zukunftsvision: »Heut Abend geh ich zu einem Freund, da spielen wir Playstation und rauchen Joints.« Seinen gesellschaftlichen Werdegang empfindet er als klar vorgezeichnet: Entweder passt er sich an und wird »Sicherheitskraft oder Maurer«, oder er gibt sich der Illusion eines zwanglosen Lebens hin, in dem man sich einfach nimmt, was einem nicht gehört. »Ich werde mächtig sein, jemand, den man fürchtet und respektiert«, auch wenn man dafür mal ins Gefängnis muss: »Das gehört zum Beruf.« Sein Bus kommt, und er steigt ein, ohne ein Ticket zu lösen. Die Not ist viel mehr als nur ein alltäglicher Mangel – sie prägt eine Lebensweise. Das Gesetz zu missachten wird bei ihr zum Prinzip.

Vor einem Hochhaus in der Siedlung Les Cèdres, im 14. Arrondissement von Marseille, spricht eine Gruppe Jugendliche über die Steinwürfe auf Polizisten, wegen denen die Woche zuvor fünf von ihnen ins Gefängnis gewandert sind. »Die Bullen kontrollieren uns dauernd, für nichts und wieder nichts, weil wir aus Les Cèdres kommen«, schimpft eine Bohnenstange mit Louis-Vuitton-Käppi. »Das Gefängnis soll uns Angst machen, uns unter Druck setzen«, legt ein anderer in geblümten Shorts nach. »Aber solange sie uns auf die Eier gehen, wollen wir hier keine Bullen sehen.« Feuerwehrleute und Briefträger sind auch nicht willkommen, sie kriegen ebenfalls Steine ab. »Hier sind *wir* zu Hause.« Einer kommt von einem »vermasselten« Bewerbungsgespräch, ein anderer geht »der Form halber« zur Schule, ein Dritter arbeitet »schwarz bei einem Karosseriebauer«. Über das demokratische Ideal der Chancengleichheit kann diese Armee von Kevins sich nur kaputtlachen, denn ihr Alltag und ihre Urteile, ihre Werte und Normen werden nur von einem Faktor bestimmt: Stress.

Alles, was diese Kids machen, ist vom Gesetz »der Siedlung, der Straße« bestimmt, nichts anderes zählt. Aufsässigkeit und Autoritätsverweigerung treibt sie an, unbewusst und auch aus einer Gruppendynamik heraus. Alles bringt sie dazu, die Gesetze des französischen Staates in Frage zu stellen. Und die Antwort darauf lautet seit zehn Jahren, die Sicherheitsgesetze immer weiter zu verschärfen. Eine kollektive Verteidigungsreaktion auf einen nicht zu fassenden, nicht zu identifizierenden sozialen Gegner.

Diese Verschärfung der Gesetze gegen Straftäter ist wirkungslos und liefert den Betroffenen letztlich nur einen Grund mehr, sich abzugrenzen. Die härtesten Gesetze sorgen allenfalls für eine Auslese der gewieftesten Gangster. Die restlichen Bewohner klagen dagegen über die Stigmatisierung. »Wir sind nicht alle Verbrecher hier in Les Cèdres«, sagt der mit den geblümten Shorts. »Die meisten von uns sind gute Kerle, nur abends hängen wir eben auch mit Kumpels ab, die Ganoven geworden sind. Sie erzählen uns von ihren Erlebnissen, den Verfolgungsjagden mit den Bullen, den Verhören, dem Gefängnis …« Das ist ja noch besser als im Fernsehen. Ein Blonder, der bis jetzt geschwiegen hat, unterbricht ihn: »Den Toughsten ist es scheißegal, ob sie ins Gefängnis kommen.« Mit wissender Miene fügt er hinzu: »Das Gefängnis ist wie eine Ausbildung im Schnelldurchlauf, wenn man es im Verbrechen zu etwas bringen will.«

Wir sprechen stundenlang. Von den epischen Konkurrenzkämpfen zwischen Bandenchefs in den Vierteln, »das werden die Bullen und Richter niemals verhindern können«, bis zu den Steinwürfen auf die Polizisten vor kurzem, die »überhaupt nicht geplant«, sondern eher »spontan« waren und bei denen alle mitgemacht haben, ohne einen Gedanken an eine mögliche Strafe zu verschwenden. Bis zum Einbruch der Dunkelheit zieht die Gruppe dem Schatten des Hochhauses hinterher. Sie reden über Gott und die Welt – ihre Welt. Dabei ist auch Farid, er ist einer dieser Toughen, von denen der Blonde gesprochen hat. Er heißt nicht wirklich Farid, aber den Namen hat er sich für diese Gelegenheit ausgesucht. Ein realistischer Name. Farid ist 25 und versichert, er drehe »keine krummen Dinger mehr«. Er ist sogar mit seiner Freundin zusammengezogen, arbeitet ab »frühmorgens« in einer Eisenwarenhandlung, er zahlt Steuern, geht »gelegentlich« wählen und überlegt, »ein Kind zu machen«. Farid ist gesellschaftsfähig geworden. Und das nach Jahren des »BAC+«! Er weiß selbst nicht mehr, wie oft er eingefahren ist, und lacht darüber. »Ich bin wahrscheinlich bei BAC+100. Als ich jung war, schon so mit elf, landete ich dreimal die Woche in Polizeigewahrsam.« Hier ein angezündeter Mülleimer, da Steinwürfe von einer Brücke auf fahrende Autos oder Erpressung von Schulkameraden. Und eine Schlägerei nach der anderen ... »Ich war ein Rowdy, die ganze Zeit schrie ich rum, teilte aus, wollte der Stärkste sein. Ich war der Anführer einer kleinen Bande Rotznasen, die mir überallhin nachliefen. Wir machten alles, was uns gerade in den Sinn kam.« Wie oft hätte er sterben können, als er in den gefährlichen Kanälen schwamm, die die Stadt durchqueren, als er die Trafohäuschen der Elektrizitätswerke erforschte oder als er auf

Dächer kletterte, »um jemand etwas draufzuschmeißen«. Seine Mutter war schnell überfordert: »Sie konnte nicht verhindern, dass ich Schaden anrichtete.« Der Vater nicht greifbar. Die Schule schwänzte er bald nur noch. »Man kann sagen, dass ich nicht sehr umgänglich war.« Ein scharfsinniger Befund.

Bei Polizei und Justiz war Farid ein alter Bekannter. Den Richtern zeigte er sich stets »mit einem provokanten Lächeln nach dem Motto ›Ihr könnt mich alle mal‹«. Die Würde eines Gerichtshofs mit seinen Regeln und Symbolen schreckt 95 Prozent der Ersttäter ab, so dass sie nicht rückfällig werden und keine schweren Strafen erhalten, erklärte mir einmal Christine Bartolomei, die von 2000 bis 2010 Vorsitzende des Jugendgerichts von Marseille war. Farid gehörte zu den 5 Prozent der Unbelehrbaren. Die gemeinnützige Arbeit: »Die habe ich nicht gemacht.« Die Erziehungsheime: »Ich bin abgehauen.« Das Gefängnis: »Da habe ich meinen vierzehnten Geburtstag gefeiert.« Am Ende gab es nichts, was dieses Kind zur Vernunft bringen konnte, »das mit allen auf Kriegsfuß stand«. Bis ihn eines Tages ein Richter in ein besonders strenges Heim für schwer erziehbare Jugendliche schickte. Er kam mit fünfzehn dort an und mit achtzehn wieder heraus – »völlig verändert«. »Die Entscheidungen der Gerichte waren mir scheißegal, denn ich erkannte sie nicht an. Aber die Strafen der Erzieher, die mich in meinem Alltag begleiteten, haben mich getroffen und allmählich zum Nachdenken gebracht.« Sein Gesetz – das des Stärkeren – machte nach und nach Platz für die Regeln eines Lebens in Gemeinschaft. »Ich hatte immer nur allen getrotzt – den Leuten, der Polizei, den Gerichten –, dann habe ich gelernt, was Respekt heißt.«

*

Kugel war der pummelige Junge, dem ich manchmal in Kalliste begegnet bin, auch wenn er eigentlich woanders herkam. Er hatte die Angewohnheit, immer mit vollem Mund zu reden. Nicht nur, weil er ununterbrochen vor sich hin mampfte – nein, er schob sich jedes Mal etwas in den Mund, wenn er etwas zu sagen hatte. Es wirkte ein bisschen so, als würde er seine Wortmaschine durchladen. Und als ihn die Polizei mit 7.62-Kugeln durchsiebt fand, war ein bisschen Chipsbrei aus seinem Mund geflossen. Wohl so etwas wie sein Letzter Wille. Er wollte zulegen, eine große Nummer mit dicker Brieftasche werden, der Boss seiner Siedlung. Diese Kids planen ihre Verbrecherkarriere wie Fußballer – als Egotrip, ohne einen Gedanken an ihre Mannschaft.

In den Eingangshallen der Hochhäuser von Marseille gibt es viele Gesprächsthemen, aber die Königsdisziplin in den Siedlungen sind die Geschichten über die heimische Ganovenwelt. Zwischen urbaner Legende und Alltagsrealität angesiedelt, werden die unbedeutendste Lokalnachricht, der kleinste Raubüberfall, der jüngste Vergeltungsakt, der Kalender der anzutretenden und verbüßten Haftstrafen fein säuberlich abgeglichen und so minutiös analysiert, dass es den bestinformierten Bullen zur Ehre gereichen würde. Der Mythos heizt den Ehrgeiz an. Und der Ehrgeiz ist die treibende Kraft jeglicher Straftat. Für alle, die nicht an Bildungsabschlüsse glauben und keinen Sinn für eine Karriere im öffentlichen Leben oder für reguläre Geschäfte haben, ist das Verbrechen der einzige Weg, sich zu emanzipieren. Sicherlich eröffnen ein Studium, politische Netzwerke und Kreativität die Möglichkeit, seine Kräfte für ein besseres Leben einzusetzen. Aber wer dazu keinen Zugang hat, glaubt eben, er könne über dunkle Kanäle den Aufstieg schaffen, ohne dabei zu bemerken, dass sie in den Abgrund führen.

Farid Berrahma ist das beste Beispiel. Er war das Bindeglied zwischen den Umtrieben der French-Connection*-Erben und den Gangsterbossen aus den Hochhaussiedlungen und bleibt ein Vorbild für die wenigen jungen Leute mit einem Hang zum Verbrechen. Farid Berrahma hatte Krebs, seit er siebzehn war. Von seinem baldigen Tod überzeugt, erlag er der Versuchung, mit Knarre und Sturmmaske von einem Adrenalinschub zum nächsten zu hecheln. Und das länger als erwartet, weil seine Krankheit sich nur langsam ausbreitete. Sein Name ruft noch immer die Brutalität des Milieus in Erinnerung. Und letztlich ist es egal, ob seine Geschichte nun in den Bereich der Legende gehört oder nicht, denn alle zweifeln. Der Zweifel ist wie eine Pistole, die einem an die Schläfe gepresst wird: Sie macht Angst, auch wenn sie vielleicht gar nicht geladen ist. Sie könnte geladen sein, das reicht.

Im April 2006, kurz bevor Farid Berrahma ermordet wurde, entwarf ein Marseiller Kriminaler für mich ein Porträt dieses Kerls. Der Beamte hatte sich mit mir im *Cercle des nageurs de Marseille* verabredet, einem Treffpunkt intriganter Bullen, weltgewandter Ganoven, argwöhnischer Politiker, einer aufgekratzten lokalen Bourgeoisie und geschmeichelter Hochleistungssportler – und einige Mitglieder dieses Marseiller *place to be* vereinen von alldem etwas in sich.

* Die French Connection war ein mafiöses Netzwerk für den Heroinhandel, das etwa von den 1930er Jahren bis in die 1970er Jahre existierte. Unter der Ägide korsischer Clans organisierte sie den Import des Rohopiums (aus der Türkei, aus Indochina, Syrien und Libanon), dessen Verarbeitung zu Heroin in Marseille und Umgebung sowie den Export in die USA, in den 1970er Jahren geschätzte 40 bis 44 Tonnen im Jahr. Um den Hafen von Marseille vor dem Einfluss der mehrheitlich in der kommunistischen Gewerkschaft CGT organisierten Docker zu schützen, arbeiteten sowohl die amerikanischen Geheimdienste als auch die Marseiller Stadtverwaltung lange mit der Mafia und ihren gewaltbereiten Handlangern zusammen und ließen sie ihre Geschäfte betreiben.

Der Bulle hatte seinen Porsche geparkt und entschuldigte sich für die Farbspritzer, mit denen seine Unterarme besprenkelt waren. In seiner großzügig bemessenen Freizeit renovierte er Wohnungen, die er dann vermietete oder verkaufte. Er besaß also ein kleines Konglomerat an Immobiliengesellschaften, deren Erträge ihm unter anderem das Benzin für seinen Boxster finanzierten. Er war sympathisch und wirkte kompetent, während er mit seinem Strohhalm einige Schlucke Orezza trank und mir dabei eine Geschichte erzählte, die aus dem Drehbuch eines guten Actionstreifens hätte stammen können. Beim Mitschreiben stellte ich mir die Szenen vor.

Farid Berrahma hatte anscheinend die unangenehme Angewohnheit, seine alten Bodyguards und Handlanger von den neuen abmurksen zu lassen. Dabei trugen die Taten immer dieselbe Handschrift: Nach Kopfschüssen wurden die Opfer in ihren Autos verbrannt. »Barbecue-Morde« taufte man diese Art von Verbrechen fast schon pittoresk – laut meinem Informanten waren es zwischen 1999 und 2001 immerhin mehr als zehn –, und Berrahma erhielt den Spitznamen »Grillmeister«. Logisch. Davor war der kleine Gauner im Zuge eines Ermittlungsverfahrens wegen Bildung einer kriminellen Vereinigung sowie Kokain- und Cannabishandels festgesetzt worden, und zwar an der Seite des Marseiller Paten Francis Vanverberghe, genannt »der Belgier«, der dann im Jahr 2000 in Paris ermordet wurde. Dessen Schwager, Tony l'Anguille, »der Aal« – den ich später kennenlernen sollte –, hatte ihn in diese Kreise eingeführt. Damit wurde er nun dem organisierten Verbrechen zugeordnet. Seinen Status als eigenständiger und ehrgeiziger Gangsterboss erlangte Farid anscheinend im Bereich der Spielautomaten, zuerst in Salon-de-Provence und dann zügig in Marseille und dem restlichen Departement. Laut seinem Anwalt Michel Roubaud war er 1998 nach Spanien geflüchtet, um einem Mordversuch zu entgehen. Danach begannen die »Barbecue-Morde«, die er von dort gesteuert haben soll.

Berrahma wollte jeglichem Verrat durch seine Männer zuvorkommen und beseitigte sie nach einem Dominosystem. So arbeitete ein Duo, bestehend aus dem ehemaligen Boxer Abdel Djendoubi und Raphaël Liminana, zunächst mit den Brüdern Yvon und Serge Fuentes zusammen. In der Umgebung von Salon-de-Provence lasen sie die Zähler von Farid Berrahmas Spielautomaten ab. Die Fuentes-Brüder hatten angeblich das Schicksal von Éric Show und Olivier Monge besiegelt, die vor ihnen die Handlanger von Farid Berrahma gewesen waren. Als sie merkten, dass nun sie an der Reihe waren, machten sie sich aus dem Staub. Auf ihrer langen Flucht begingen sie mindestens siebzehn Raubüberfälle, und es kam zu einer Schießerei mit der Polizei am Cap d'Adge (Department Hérault): Nachdem sie auf den Türsteher eines Nachtclubs geschossen hatten, trafen sie dort auf Beamte, die gerade ihr Hotelzimmer durchsuchten, aus dem Serge eine dort vergessene Waffe holen wollte. Sie entkamen. Etwas später fand man Serge in La Fare-les-Oliviers, »gegrillt« in seinem Citroën Xsara. Die Ermittler verdächtigten das Tandem Djendoubi/Liminana. 2004 schnappten sie Yvon in Port-la-Nouvelle (Aude) und brachten ihn im Gefängnis in Sicherheit. Berrahma wurde bezichtigt, der Auftraggeber der Eliminierung des Duos Djendoubi/Liminana zu sein, von dem er mutmaßte, dass sie ihn um Einnahmen seiner Spielautomaten betrogen. Gegenüber dem Schwager von Djendoubi schob er deren Ermordung jedoch absurderweise den Brüdern Fuentes in die Schuhe. Dieser Schwager hieß Néné Grabsi und stellte daraufhin seine Männer in den Dienst von Berrahma, dem »Boss von Salon-de-Provence«. Da wurde eine erstaunliche Bouillabaisse zusammengerührt, in der sich große und kleine Fische gegenseitig verbrieten.

Wie der Mann mit dem Spitznamen »Couscous«, der zukünftige Opfer in einen Hinterhalt gelockt hatte, sind wohl auch noch andere auf Befehl von Farid Berrahma »gegrillt« worden. Die »Barbecue-Morde« hörten jedenfalls plötzlich auf, als er 2001 auf der Grundlage eines internationalen Haftbefehls in einer Bar in Marbella festgenommen wurde.

Die spanische Justiz steckte ihn für drei Jahre wegen Drogenhandels ins Gefängnis. Im Januar 2004 verurteilte ihn ein Gericht in Aix-en-Provence in Abwesenheit – denn er war noch immer in Spanien inhaftiert – zu zehn Jahren Gefängnis wegen Bildung einer kriminellen Vereinigung, es ging um das Aufstellen von Spielautomaten. In der Berufungsverhandlung erreichten seine Anwälte einen Freispruch. Im August 2004 wurde Berrahma an Frankreich ausgeliefert und kam wegen »Bildung einer kriminellen Vereinigung und bandenmäßig organisiertem Drogenschmuggel« in Untersuchungshaft: Das war der Fall des Drogenrings Topaze, ein Kokainhandel mit den ehemaligen Mitgliedern der French Connection. Ein Jahr später wurde er freigelassen und erwartete seinen Prozess vor dem Gericht in Grasse (Alpes-Maritimes). Diese Freiheit brachte ihm letztlich den Tod. Er ließ sein Leben, bevor er vierzig wurde, wobei die Umstände eher an einen Selbstmord erinnern. Er saß in der Brasserie Les Marronniers im 14. Arrondissement von Marseille – mit dem Rücken zur Tür (was für einen Ganoven eigentlich unbegreiflich ist) – und sah sich ein Fußballspiel Lyon gegen Mailand an, das für einen Marseiller nur bedingt von Interesse war. Als das Kommando auftauchte, zog er reflexhaft seine Glock, die Waffe der Profis, und sprang hinter den Tresen. Dort hauchte er sein Leben aus, getroffen von dreizehn Kugeln verschiedenster Kaliber. Er starb in seinen Stiefeln. Hätte er wählen können zwischen diesem Ende und einem auf dem Operationstisch, hätte er sich sicher für diese Option entschieden. Denn eine Woche später stand ihm eine fast vollständige Entfernung seines Magens bevor, der nach annähernd zwanzig Jahren Chemotherapie, Kokain und Geschwüren komplett zerstört war, und seine Überlebenschancen lagen bei dreißig Prozent. Er starb lieber wie ein Wikinger, mit der Waffe in der Hand.

Seine Nichte hat mir seine Krankengeschichte erzählt. Dany ist älter als er und so ehrlich wie eine Klosterschwester. Sie hat alles versucht, damit er sich zurückzieht. »Er wollte das schon lange, aber er sagte mir immer wieder, dass man ihn nicht aussteigen ließ.« Wie sein Krebs fraß ihn sein Gangstertum von innen her auf und holte ihn wieder ein. Farid Berrahma war in Saint-Joseph aufgewachsen, im 14. Arrondissement. Manchmal kehrte er dorthin zurück. Ein Mann, dem das Leben hart mitgespielt hat, erzählt mir mit von schlechten Schmuggelzigaretten rauchiger Stimme von seiner letzten Begegnung mit Berrahma: »Er stieg die Treppe rauf. Als er vor meiner Tür vorbeikam, hat er meine kleine Tochter – sie war damals acht – weinen sehen. Er ging in die Hocke und fragte sie, was los sei, und sie zeigte auf die Gerichtsvollzieher und die Typen, die bei uns gerade alles ausräumten. Er hat den Anzugträger gefragt, wie viel ich schuldig sei, und dann jemand angerufen. Daraufhin zog er wortlos weiter. Zwanzig Minuten später kam ein Typ mit einem Tmax-Roller, drückte dem Gerichtsvollzieher 11 000 Euro in die Hand und sagte ihm, er solle verschwinden und keine blöden Fragen mehr stellen. Ich konnte mich nicht persönlich bedanken. Ich habe die nie wieder gesehen.«

Doch nicht dieses Image des barmherzigen Samariters ist in Erinnerung geblieben, sondern das des »Grillmeisters«. War auch besser fürs Geschäft.

*

Wenn man vor der Eingangshalle eines Hochhauses zum Zeitvertreib einen auf »Grillmeister« macht oder sich ein krasses Image zulegt, ist das eine Sache. Wenn man aber beim Wort genommen wird und wirklich ein Gangster geworden ist, dann muss man es durchziehen. Wer zögert, stirbt. Wer handelt, stirbt auch, aber später, und so kann man dieses unmögliche Leben zumindest ein wenig genießen.

»Für ein Gangsterleben muss man hoch pokern!«, sagte mir 2010 ein junger Kerl aus den Micocouliers, den mir ein Streetworker vorgestellt hatte. Er nannte sich »Luciano« (hieß aber eigentlich Samir) und war gerade volljährig geworden, ein hübscher Junge mit langen Haaren, überheblich und voller Verachtung. Er hielt sich für allwissend, hatte eine Fülle von Gewissheiten angesammelt, aus denen er seine unwiderlegbaren Behauptungen schöpfte. Er fürchtete niemanden, die Polizei ebenso wenig wie die Konkurrenten. Er wusste schon, wie er der Größte unter den Großen werden und nicht in die üblichen Fallen tappen würde. Und tatsächlich zählt er zu denen, die noch am Leben sind. Aber von den Micocouliers bis Bassens auf der einen Seite und Font-Vert auf der anderen sind seit 2008 gut zwanzig Kids niedergestreckt worden – in einem komplexen Krieg, einer Mischung aus Verteilungskämpfen, vielfachem Verrat, willkürlicher Rache und Morden, die anderen Morden zuvorkommen sollen. Man kann nie vorsichtig genug sein. Inzwischen scheint es mehr Tote als Lebende zu geben. Die Kämpfe kommen zum Erliegen, weil es an Kämpfern fehlt. Bis die Lager sich eines Tages wieder neu formieren. Samir, der sich heute nicht mehr Luciano nennt, trägt nun ein seltsames, trauriges Lächeln im Gesicht: Eine Seite seines Mundes ist von einer tiefen, weißlichen Verbrennung gezeichnet, die seine Selbstsicherheit aufgezehrt hat.

»Du weißt ja noch, dass ich unbedingt ein großer Gangster

werden wollte. Ich kiffte wenig, dachte viel nach, lernte immer dazu und hielt mich über alles auf dem Laufenden – wer Ärger macht, wer bewaffnet ist, wo die Bullen zuschlagen. Ich bezahlte irgendwelche Knirpse, damit sie nachsahen, ob die Bullen leere Wohnungen nicht als Verstecke nutzten. Ich wollte wirklich alles richtig machen. Ich habe mich mit den Alten von Font-Vert gutgestellt, mit den tickenden Zeitbomben der Flamants, mit jedem neuen Dealer der Micocouliers, ich habe zugehört und nie was ausgeplappert, ich habe niemandem was gesagt und stets alles für mich behalten. Ich habe es geschafft, für drei Drogengangs gleichzeitig zu arbeiten, und am Donnerstagnachmittag verkaufte ich sogar auf eigene Rechnung bei den *rich kids* auf dem Roucas-Blanc, die zahlten besser, wenn man ihnen den Stoff quasi frei Haus lieferte. Ich kleidete mich schick, wie ein richtiger Ganove, nur in meinem eigenen Viertel nicht. Ich war etabliert.« Mit der gesunden Seite seines Munds zieht Samir an einer Zigarette, um dann seinen Aufstieg zu schildern: »Zuerst habe ich für andere gearbeitet, dann auf eigene Rechnung. Schließlich habe ich andere für mich arbeiten lassen.« Jetzt bläst er mit seinem hässlichen Gesicht den Rauch heraus. »Eines Tages hat mich einer der Bosse, den ich gut kannte, zu sich nach Hause eingeladen. Er wollte über einen Deal reden, gemeinsame Sache machen … Nun würde niemand mehr an mir vorbeikommen! Als ich bei ihm aufschlug, machte seine Mutter ein Couscous. Zwei von seinen Bodyguards waren da und seine damalige Braut, und noch ein richtig scharfes Mädchen, das anscheinend für mich bestimmt war. Wir haben nicht gleich über die Deals geredet, sondern erst mal Joints geraucht, das Mädchen hat sich an mich rangeworfen und sich mit lüsternen Blicken an mir gerieben, dann haben wir ein bisschen Whisky getrunken, es roch nach Ras el-Hanout und Pot. Couscous, Ganja und das scharfe Mädchen, es war wie im Paradies! Dann winkte mir der große Boss, ich solle mitkommen. Ich dachte, wir gingen raus, um ohne die anderen über die Deals zu reden, und folgte ihm in die Küche, seine Mutter war nicht mehr dort. Hier war nur das Zischen des Dampfkochtopfs zu hören, der immer noch mit voller Kraft auf dem Herd brodelte. Wir stellten uns daneben, damit er unsere Stimmen übertönte. Plötzlich schaute er ganz anders und sagte mir, dass er nicht zufrieden mit mir sei. Ich hatte keine Zeit, mich zu wehren, denn die beiden anderen Kerle waren schon hinter mir, umklammerten mich und hielten meinen Kopf über den Dampf, der pfeifend herausströmte, bis ich ihnen alles gesagt hatte, was ich wusste, und noch viel mehr. Ich weiß nicht, wie lange sie mich so gehalten haben, jedenfalls kam das dabei heraus.« Vor mir sehe ich diese Visage eines Bösen aus einem Superheldencomic. Er behält den Rauch lange in der Lunge, um seine Verbrennung zu vergessen.

Damit war seine Karriere beendet. Inzwischen ist Samir aus Marseille weggegangen, er hatte ein bisschen Geld zur Seite gelegt. Wohin, sagt er nicht. In diesem Milieu suchen sich die Bosse ihre Nachfolger selbst aus. Samir hat hoch gepokert und sich als Chef aufgespielt, obwohl er nur ein Abklatsch war. Es hat nicht funktioniert. Man hat ihm zu verstehen gegeben, dass er raus ist. Aber wenn diese Art der Diplomatie scheitert, bleibt immer noch die Eliminierung – die so gesehen gar nicht so häufig vorkommt.

3
Kader

Mord gehört zum Job. Wer mitmacht, überlebt oder geht drauf. So ist das eben! Inzwischen ist derlei allerdings so oft passiert, dass sich keiner mehr aufregt. Manche freuen sich sogar darüber. »Solange sie sich gegenseitig umbringen, ist es nicht schlimm«, hat Jean-Claude Gaudin, der Bürgermeister von Marseille, schon mehrmals fallenlassen. In seiner Amtszeit grassieren die Morde unter den Kids aus den Problemvierteln – in zwanzig Jahren mehr als 280 Tote bei Vergeltungsakten –, er aber bedauert eigentlich nur den Imageschaden für Marseille. Der Ärger eines Werbers, dessen Produkt in Verruf geraten ist, und das durch eine Fehlfunktion ebendieses Produkts. Ein schlechtes Image ist nicht gut fürs Geschäft – die Touristen zieren sich, die Investoren ziehen ab. Dabei steht es um das Wohlbefinden der Stadt sowieso nicht zum Besten. Aber wenn wir die schöne Kranke ordentlich schminken, dachte man, wird sie irgendwann schon gefallen! Und da kommen diese allzu regelmäßigen gewaltsamen Todesfälle dem Ganzen in die Quere! Dass man ihm überall in seiner schönen Stadt mit Kalaschnikows und mit diesen als Problemvierteln abgestempelten Siedlungen auf den Wecker geht, ärgert Gaudin – und zwar ungemein –, denn eigentlich möchte er ganz Marseille traditionell provenzalisch haben. Also sollen sie sich ruhig gegenseitig umbringen! Unter Ghettobewohnern, die sich aus häufig prekären Situationen heraus in Querelen verlieren.

Als ob die Politik damit nichts zu tun hätte! Die zynische

Verweigerungshaltung des Bürgermeisters spiegelt seine Panik wider, für ein Blutbad in Raten mitverantwortlich zu sein. Ein schleichendes Gift, das den Schwachen den Garaus macht. »Solange sie sich gegenseitig umbringen, ist es nicht schlimm.« Und wen kümmert's, wenn sich der christdemokratische Bürgermeister damit auf einer Linie mit dem lokalen Front National befindet, dem er auch anderweitig um den Bart ging. »Sonny, Nadir, Kader, Nabil ... Die Schakale fressen sich gegenseitig! Wen kümmert das schon?«, schrieb Stéphane Ravier in Großbuchstaben auf seinem Blog, als er am 29. Dezember 2011 noch Stadtrat des Front National war. Nur drei Jahre später, 2014, ist er nun Bürgermeister des 13. und 14. Arrondissements, jenes Gebiets mit über 300 000 Einwohnern, in dem so viel Elend herrscht. Die Vergeltungsakte unter jungen Leuten sind davon nur die Folge. Ravier wusste sie für sich zu nutzen und hat die Stimmen der wenigen Bewohner erobert, die dort überhaupt noch wählen gehen.

Die Mutter eines dieser Schakale kenne ich gut, ich treffe sie einmal die Woche und phasenweise auch jeden Tag bei ihr zu Hause, gleich neben der Autobahn Nord. Mama Schakal trauert immer noch um ihren Sprössling und beschützt zugleich die verbliebenen Kinder. Souad Berrouag, so heißt sie, sieht aus wie die Inkarnation der ihr widerfahrenen Ungerechtigkeit, der die Außenwelt entweder mit krankhafter Neugier oder mit gönnerhafter Herablassung begegnet. Ihr Körper ist vom Kummer aufgedunsen, ihr Gesicht voller Tränen, der Blick durchdringend vor lauter Wehmut. Ihr Mund ringt sich häufig ein schamhaftes Lächeln ab, wie um sich zu entschuldigen, dass er nur noch Schmerz zeigt. In dem ziemlich kitschig eingerichteten Wohnzimmer bedecken die Fotos ihres Sohns eine gesamte Wand. Es sind große und glänzende Fotos, sie hängen über einem Fenster mit kaputten Scheiben, die mit Karton abgedichtet sind, und an Wänden, die bei jeder weiteren Erschütterung immer größere Risse aufweisen, denn draußen rückt die Baustelle der neuen Marseiller Umgehungsstraße L2 näher. Die Abzüge erzählen die 22 Jahre ihres Sohns, weitere wellen sich in einem abgeschlossenen Vitrinenschrank, von tausenderlei Nippes umgeben, allesamt Erinnerungssplitter aus der Zeit vor dem »Massaker«, wie seine Mutter es nennt.

Die Genauigkeit, mit der sie von dem Massaker spricht, zeigt, dass sie die Geschichte schon tausendfach durchgegangen ist: mit ihrer Familie und den Freunden, den Polizisten, den Anwälten und den Bewohnern des Viertels, die immer ein bisschen mehr wissen, als sie zugeben wollen. Ein Massaker, das immer präsent ist, wenn sie sich im Spiegel sieht, in ihren Träumen, vor dem Fernseher, wenn sie sich um ihre noch lebenden Kinder kümmert, wieder einmal die Ermittler antreibt ebenso wie den Anwalt, der nie antwortet oder die Sache zumindest hinauszögert. Oder wenn sie den Fernsehsendern antwortet, die die weinende Schakal-Mama filmen und ihr weismachen, dass die Dinge damit zwangsläufig in Bewegung kämen. Denn alle Formen des Elends werden ausgebeutet, sogar die Verzweiflung. Vor allem die Verzweiflung. Ein Fernsehteam von W9, einem Ableger von M6, machte Anfang 2015 regelrecht Telefonterror, damit sie ihre Entscheidung revidierte, sich nicht noch einmal in einer erbärmlichen Inszenierung manipulieren zu lassen. Und dieser große Kameramann, der ihr Vorwürfe machte und ihr immer wieder verärgerte Besuche abstattete. Jetzt mucken sogar schon die Bedürftigen auf! Die sind doch gewöhnlich so fügsam, wenn man ihnen ein bisschen Hoffnung vorgaukelt. Deshalb laufen in den Siedlungen in allen Wohnungen die Fernseher, vor allem BFM-TV und M6, damit man sich der Illusion hingeben kann, Teil dieser Welt voller schwarzer Balken und verpixelter Gesichter zu sein. Ein

Fenster nach draußen, raus aus dem öden Alltag des Ghettos. Als Souad mich eines Tages im Fernsehen sah, gerade mal zwei Minuten in den 13-Uhr-Regionalnachrichten von France 3, überschwemmte sie mich mit SMS, als wäre ich George Clooney. Souads Töchter sind natürlich auf Facebook. Die Einwohner des Viertels sind dort in Kontakt, beobachten sich und spionieren sich aus. Das ist Ghetto 2.0. Und die mutmaßlichen Mörder ihres Sohns Kader, des jungen Schakals, sind wie alle Jugendlichen heutzutage auch dabei und schicken sich »lols« und »pokes«.

Kader starb Ende Juni 2009, es war ein ungewöhnlich heißer Abend. Ich hatte Bereitschaftsdienst in der Redaktion. Aber ich bin sowieso der Einzige, der Lokalnachrichten macht, und bei der Feuerwehr haben sie gar keine andere Handynummer außer meiner. Wir fahren in Richtung der nördlichen Viertel und des Hotel Campanile. Aus ihren Autos heraus sehen die Leute, die zum Saufen in die Discos von Aix-en-Provence unterwegs sind, nur die blauen und orangefarbenen Warnlichter von Polizei und Notarztwagen aufblitzen. In einer mondlosen Nacht, bei 120 Stundenkilometern – für die nüchternen unter ihnen –, sind all diese schönen Farben neben der Autobahnausfahrt Marseille ein prächtiges Schauspiel. Auch wenn sie letztlich wissen, dass dieses Blinken nur eine Art Leuchtfeuer ist, das von einem Unglück kündet.

Ein großes Schild weist auf das Hotel hin und wirbt schamlos mit dem Spruch: »Genießen Sie unsere Terrasse!« Ein billig wirkender Kasten, wie von Riesenkindern gebaut und von Typen entworfen, die nicht viel Geld in das Projekt investieren wollten, wo die Gäste aber in Ruhe vögeln oder sich aus zwielichtigen Gründen den Blicken entziehen können. Ich treffe als einer der Ersten ein und setze meine Bullenvisage auf, um bis zu den Offiziellen mit Armbinde vorzudringen, die ich kenne.

Vor dem Hoteleingang kommt ein uniformierter Polizist hinzu und informiert sie, dass alles ruhig sei und man eine Sicherheitszone eingerichtet habe. Außerdem träfen allmählich Leute aus den umliegenden Siedlungen ein, da sich die Nachricht per SMS immer mehr verbreite. Im Bedarfsfall stünden Einsatzkräfte der CRS bereit, man werde sie aber wahrscheinlich nicht brauchen – doch man wisse ja nie, es könne ganz schnell Rempeleien geben.

Ein Hauch von Chlorophyll liegt in der Luft, wie man ihn von Fußballplätzen mit echtem Rasen kennt – falls es die in diesen nördlichen Vierteln überhaupt noch gibt –, ein fast schon idyllischer Duft von einem Rasen, der von schweren Lederstiefeln aufgerissen wurde. Es sind die Stiefel der Sanitäter, doch ihre Arbeit ist schon beendet – sie konnten nur noch den Todeszeitpunkt feststellen: 28. Juni 2009, 1.30 Uhr. Die Polizisten aus dem Viertel waren als Erste vor Ort und notierten in nüchterner Verwaltungssprache: »… ein Wagen der Marke Seat, Modell Leon, mit, im Innenraum auf dem Beifahrersitz, einem leblosen Insassen, der am Schädel eine Schusswunde aufweist, wobei der Kopf auf der Sitzfläche des Beifahrersitzes liegt und der Rücken der Windschutzscheibe zugewandt ist.« Die Position eines Menschen, der um sein Leben fürchtet, Todesangst hat. Ein Leben wie selbstmörderischer Rausch. Zwei Einschüsse an der linken Kopfseite, ein weiterer im Nacken. Viel Blut an der rechten Schläfe. Das Gehirn nur noch Brei.

Jetzt ist alles vorbei. Kader liegt auf dem Rücken, eine Blutlache umgibt ihn wie ein Glorienschein. Er hat das Gesicht eines schönen Arabers, feine Züge, der Mund in Form eines ewigen Lächelns, krauses Haar, und das alles macht ihn – wie mir später auffiel – zu einem perfekten Ebenbild seines Vaters. Der Bulle, der seine Füße zu beiden Seiten des Schädels gestellt hat, neigt seinen Kopf nach links und kaut weiter Kaugummi.

Er kennt diese Visage. Sein Kollege, der neben ihm kauert und die Taschen des Toten durchsucht, kennt sie auch. Ein bisschen zumindest. Es ist Abdelkader Berrouag, 22 Jahre alt, genannt »Kader«. »Er wohnt in der Siedlung Vieux-Moulin in Saint-Antoine, im 13. Arrondissement«, sagt der Streifenpolizist und spricht dabei im Präsens. Das wirkt so seltsam wie der Duft nach zertrampeltem Gras, der sich im Schein der Blaulichter verbreitet. Diese etwa fünfzig Jahre alten Bullen haben wirklich keine Lust mehr, ermordete Kids wie Kader einzusammeln. Ihnen waren die Zeiten im letzten Jahrhundert lieber, als man es während langer Verhöre noch mit echten Kerlen zu tun hatte, einem Schlag, bei dem man nicht anders konnte, als ein bisschen Bewunderung, ja fast schon Sympathie zu empfinden. Der damalige Chef der Kriminalpolizei, Jean-Christophe Moustacakis, der ebenso kompetent wie desillusioniert ist, beklagt sich oft. Früher gab es noch gegenseitigen Respekt, aber das geht alles den Bach runter! Unmöglich, mit diesen kleinen Jungs zu reden, die kennen nur noch Beleidigungen und Hass und akzeptieren die Spielregeln nicht mehr. Ein Verbrecher hat mit Bullen zu tun, gegen seinen Willen natürlich, aber das gehört zu seinem Job. Die alten Kriminaler erinnern sich an die Bosse von früher, die zwar schwiegen wie Gräber, aber in einer Zigarettenpause durchaus mal ein paar Nettigkeiten und Banalitäten austauschten. Heute schlagen sich die im wahrsten Sinne des Wortes ausgespuckten Beleidigungen und Provokationen bis auf die Bildschirme der Computer nieder.

Letztlich ist das Neue nicht die Grausamkeit oder das Ungehobelte der modernen Ganoven und auch nicht der Verlust eines Ehrgefühls, wie es die traditionellen Banditen angeblich hatten. Bullshit! Das Neue ist die Unmöglichkeit einer Kommunikation zwischen Polizisten und Gaunern, ein immer tieferer Graben. Früher war eine Vernehmung in Polizeigewahrsam zunächst einmal ein psychologisches Einkreisen, bei dem man sich sehr nahekam. Heute ist sie zu einer brutalen Konfrontation geworden. Der Bandit vom alten Schlag akzeptierte das Aufeinandertreffen mit der Polizei, was ihn nicht daran hinderte, sie zu belügen oder zu schweigen. Typen wie Kader sprechen den Bullen das Recht ab, ihren Job zu machen. Warum sie das tun? Weil sie sich nicht als Teil dieser Welt, dieser Gesellschaft empfinden. Um das zu verstehen, muss man ihnen nur eine Minute zuhören. Für Kader war das Verbrechen ein Mittel zum sozialen Aufstieg, auch wenn der nicht sehr weit geführt hat. Hinzu kommen die ständigen Demütigungen im eigenen Viertel: Kontrollen, Stigmatisierungen, Zurückweisungen, die wie aufgezwungenes Leiden erfahren werden. Und die Bullen bleiben dabei die einzige Verbindung zu diesem Ding, das Republik genannt wird – daher die totale Ablehnung der Polizei. Was sie stört, ist nicht, dass die Ermittler ihre Emanzipation durch das Verbrechen behindern oder dass sie sie ins Gefängnis bringen könnten – das sind zwangsläufige und anerkannte Zwischenstationen –, sondern dass diese Gesellschaft, die sie eingekesselt hat, ihnen keinen anderen Ausweg lässt als kriminelle Machenschaften und sie dafür auch noch verurteilt – das ist zu viel. »Die können uns alle mal!« An Kaders Handgelenk funkelt eine brandneue Rolex für 5000 Euro. Wie zum Beweis, dass er sein Leben doch nicht ganz verpfuscht hat.

Wie ein schlechtgelaunter Cowboy am Eingang eines Saloons baut sich der Ermittler zwischen den geöffneten Türen des Notarztwagens auf, in dem die Braut des Opfers versorgt wird. Sie sei zu verheult, um irgendetwas auszusagen, meint der Sanitäter. Die Silhouette des Bullen hebt sich vom Scheinwerferlicht der dunklen Fahrzeuge ab, die weiterhin über eine kleine Straße heranrollen.

Er spuckt seinen Kaugummi aus und begrüßt die Kollegen

aus dem Labor, die Kriminaltechniker, wie auf ihren aufgeplusterten und etwas lächerlichen Overalls zu lesen ist. »Wir haben einen toten Zweiundzwanzigjährigen«, erklärt er nüchtern, »er wurde auf dem Beifahrersitz dieses Wagens hier erschossen. Mehr wissen wir im Moment noch nicht.« Die Beamten von der Kriminalpolizei haben schon zu viel Schlimmes wie das hier gesehen, als dass sie sich davon noch rühren ließen. Den Technikern geht es übrigens ähnlich, sie ziehen ihren Job so abgebrüht durch wie Metzger. Die Fotografin macht den Toten unsterblich. Innen wie außen sucht man den Wagen nach Fingerabdrücken ab. Und alles, was herumliegt, wird aufgesammelt und mit Plombennummern versehen. »Wir haben einen Kerl, der behauptet, er habe den Wagen gefahren«, verkündet der eifrige Streifenpolizist, den nichts wirklich überraschen kann. »Er hat sich mit einem anderen Jungen an der Sicherheitszone gemeldet.« Jean-Alexandre Touré, so heißt der Fahrer, der Kader zum Schafott kutschiert hat.

Jean-Alexandre Touré scheint einer von der coolen Sorte zu sein. Schon möglich, dass er innerlich aufgewühlt ist, denn immerhin saß er neben Kader, als den die erste Kugel in den Kopf traf. Zwar hätte er selbst eine abbekommen können – es hat nicht viel gefehlt – und ebenfalls ein Ziel sein können; dennoch nervt er mit seiner Arroganz des Vorstadtkids, das an fünf Polizeikontrollen am Tag gewöhnt ist, und mit seinem offensichtlichen Unwillen den Bullen, der sich auch so schon ärgert, mit diesem kleinen Scheißer die Zeit vertrödeln zu müssen. Jean-Alexandre hat sich bestimmt schon reichlich über Kaliber, Morde und Vergeltungsakte unterhalten, aber so nah war er noch nie dran, wenn jemand abgeknallt wurde. Deshalb hegt und pflegt er sein großes Abenteuer und zieht die Sache in die Länge, damit er später was zu erzählen hat in den Gesprächen, in denen er einer der Helden sein wird.

Mit dem Kinn weist der Bulle auf seinen Begleiter: »Und wer bist du?« Das ist Redouane, doch er lässt Jean-Alexandre antworten. »Das ist ein Kumpel von Kader, ich hab ihn nach den Schüssen angerufen.« Nur einer redet, so lautet die Regel. Damit sie sich nicht in unterschiedlichen Versionen verheddern. Ganz selbstverständlich übernimmt Jean-Alexandre diese Rolle. Die Bullen kennen dieses Spiel nur zu gut und halten sich nicht damit auf. Es ist also Jean-Alexandre, der berichtet. Er sagt, er habe gesehen, wie ein maskierter Typ auf seinen Kumpel Kader geschossen hat und dann in einen BMW gestiegen und mit Vollgas abgerauscht ist. Als der BMW weg war, ist Jean-Alexandre nicht zurückgekommen, um zu schauen, ob er seinem Kumpel helfen könnte, denn nach den sechs Schüssen, die er gehört hat, bestand keinerlei Hoffnung. Die Polizei hat er auch nicht gerufen. Niemand hätte das an seiner Stelle gemacht, denn wer die Bullen ruft, ist ein Verräter. »Das sind die Allerletzten.« Jean-Alexandre hat sich verkrümelt, um in der erstbesten Siedlung Unterschlupf zu suchen, da fühlte er sich sicher. Dann hat er Freunde verständigt, Redouane, Hamed, Alex und seinen Bruder Jean. Einer nach dem anderen tauchten sie auf. Warum eigentlich? Einfach so. Um an der Geschichte teilzuhaben. Um dabei zu sein. Um sich darüber klar zu werden, wie schlecht ihre Spielchen ausgehen können. Auch um Abschied zu nehmen und um einen Freund zu trauern – oder zumindest um einen Typen, den man schon lange kennt.

Kader ist tot. Überall wo er hinkam, richtete er Chaos an, dieser toughe Fiesling aus Vieux-Moulin, doch nun wird niemand mehr seine Wutanfälle ertragen müssen. Nachdem sein Gehirn auf dem Asphalt des Campanile verteilt ist, kommt hier das Publikum seiner Ausbrüche zusammen und empfindet irgendetwas zwischen Kummer und Neugier. Es gab einige, die gute Gründe gehabt hätten, ihn abzuknallen. Sein impulsiver Charakter, diese Gereiztheit, die er bei jeder Meinungsverschiedenheit an den Tag legte. Diese urplötzlichen Schlägereien, die er beim kleinsten Ärgernis provozierte. Wen hat er nicht alles verprügelt, getrieben einzig von dem Groll, nicht in einen Familienclan hineingeboren zu sein, mit wohlklingenden Namen und schwerbewaffneten Onkeln, die über das Viertel herrschen. Wenn man sich prügelt, geht man den Dingen auf den Grund, misst sich, prüft, ob man wirklich ein Mann ist. Mit den Fäusten verschaffte sich Kader Respekt. Den haben ihm die Kugeln wieder weggenommen.

Am Tatort geht es ruhig zu. Die Leute kommen von überall her und sammeln sich hinter den rotweißen Absperrbändern, ohne die Polizei bei der Arbeit zu behindern. Die Beamten wissen ganz genau, was sich nach so einem Mord abspielt. Die einen inszenieren kleine Täuschungsmanöver, um die Finten der anderen zu durchkreuzen. Das läuft ziemlich subtil ab. Wenn ein Typ wie Kader umgelegt wird, verbreitet sich die Nachricht wie ein Lauffeuer. Für viele ist das sogar ein lebenserhaltender Reflex. Bei einem Vergeltungsakt sind unter den Zuschauern am Tatort immer Vertreter des Mörders und Vertreter des Ermordeten. Nachdem Verrat in der kleinen Welt der Dealer und Drogen zum Alltag gehört, weiß niemand, auf welcher Seite der andere steht. Alle verdächtigen einander, entweder eine Racheaktion vorzubereiten oder dem Gegenschlag zuvorkommen zu wollen. Wenn jemand nicht da ist, könnte das als Schuldgeständnis interpretiert werden, also weckt man, ohne zu zögern, auch mitten in der Nacht Leute auf, und jeder noch so Bekiffte oder Betrunkene wird sich aufraffen, um sich zu zeigen. Die Lage wird heikel, wenn die Mörder selbst, Leute vom Clan der Vollstrecker oder der Auftraggeber sich an der Absperrung sammeln. Manchmal machen sie das, um die Tat für sich zu beanspruchen, und noch öfter, um für Verwirrung zu sorgen, aber immer geht es darum zu sehen, wer da ist und vor wem man sich in Zukunft in Acht nehmen muss.

Wenn das alles vorbei ist, wird ausgiebig und detailliert über den Mord gesprochen. In jedem Hochhauseingang, in jedem Spätkauf, in allen Bars und Dönerbuden des Viertels, in den Höfen der umliegenden Collèges, in den Ausbildungszentren, den Berufsschulen, sonntags auf den Bolzplätzen, vor den Gebetsräumen, in den Moscheen, Bürgerhäusern, Einkaufszentren, in den Gefängnishöfen der Region und in den Zellen: Überall, wo diese kleinen und großen Gangster unterwegs sind, wird jedes bekannte Detail ausgewalzt. Das Vorher und das Nachher werden mit fast religiösem Eifer gefiltert und aufbereitet, man genießt das Erzählen, es ist ein Feuerwerk der Informationen. Manche sortieren das alles mit dem Hauptziel, ihre Haut zu retten oder die der anderen zu durchlöchern. Nichts fürchten die Dealer mehr als Unordnung, ja, Ordnung ist ihr höchstes Ziel – ihre Ordnung, das versteht sich von selbst. Aber da der gegnerische Clan genauso funktioniert, gilt es, für so viel Verwirrung zu sorgen wie nur irgend möglich. Schnell herrscht Chaos, und jeder schlägt verzweifelt um sich, wie bei diesen Hundekämpfen, bei denen der Verlierer getötet wird und der Gewinner seinen Verletzungen erliegt.

Kurz vor mir ist ein Mann eingetroffen. Er schaut in die Ferne, in die weite Ferne. Nadir vergießt keine Tränen. Bestimmt fließen sie in seinem Inneren, so viele sogar, dass er vor Schmerz ertrinkt. Nadir ist der Vater von Kader, und er beißt die Zähne fester zusammen als diese verdammten Pitbulls, bevor sie in die Arena geworfen werden.

Der Oberstaatsanwalt ist auch da. Jacques Dallest, ein großer Kerl, der schon viel gesehen hat. Doch jedes Mal macht er ein Foto, um diese Art der Kriminalität zu dokumentieren. Zu ihm gesellt sich der Chef der Kriminalpolizei von Marseille, Christian Lothion, der einige Monate später nochmals befördert wird. Die ersten Journalisten treffen ein. Sie sind von der Feuerwehr benachrichtigt worden – je wichtiger es den Rettern erscheint, in einem Medium gut dazustehen, desto eher werden dessen Mitarbeiter informiert. Auch ein Mord gibt Anlass zu allerlei Deals.

Einige Tage später zeigt mir ein Ermittler im Zentralkommissariat von Marseille die Aufnahmen der Überwachungskameras des Campanile. Der Mörder ist maskiert und nicht zu identifizieren. In der schäbigen Bildästhetik der Überwachungskameras steckt eine zusätzliche Dosis Realismus, die einen sofort begreifen lässt, dass man nicht im Kino sitzt. Um 1.02 Uhr hält der Seat Leon mit Jean-Alexandre Touré am Steuer vor der Gittertür des Campanile. Das Polizeiprotokoll beschreibt die Szene so: »Die Insassen des Wagens schienen im Inneren des Autos etwas zu suchen, dann stieg Jean Touré [gemeint ist Jean-Alexandre] um 1 Uhr 5 Minuten und 59 Sekunden aus und ging zur Klingel am Eingangsportal. Um 1 Uhr 6 Minuten und 21 Sekunden fuhr im Hintergrund ein hellgraues Fahrzeug, Marke BMW, mit hoher Geschwindigkeit die Avenue Saint-Antoine in Richtung Aix-en-Provence hinauf. Als das Gatter um 1 Uhr 6 Minuten und 33 Sekunden langsam aufging, stieg Jean Touré wieder in den Wagen ein, da tauchte vier Sekunden später rechts hinter dem Wagen eine maskierte Person mit einer Maschinenpistole auf. Der Mann blieb am Beifahrerfenster stehen und feuerte in sieben Sekunden sechs Schüsse auf Abdelkader Berrouag ab, der versuchte, in den Fußraum vor dem Beifahrersitz zu kriechen, um sich zu schützen. Unterdessen flüchtete Jean Touré auf die Avenue Saint-Antoine, während Sarah Item einige Augenblicke danach im Hotel Zuflucht fand. Der Mörder flüchtete um 1 Uhr 6 Minuten und 47 Sekunden, während ein Wagen, der mit dem zuvor beobachteten BMW identisch sein könnte, um 1 Uhr 7 Minuten und 31 Sekunden mit hoher Geschwindigkeit die Avenue Saint-Antoine hinunterfuhr.«

Auf Facebook wäre dieses Video ein Knaller. Neben Sex ist Gewalt der bevorzugte Zeitvertreib gelangweilter Kids. Die Gewalt putscht sie auf. Diese Schwachköpfe, die sich bei Schlägereien filmen oder dabei, wie sie andere demütigen, finden sie richtig witzig. Noch vergnüglicher sind Szenen aus einer Überwachungskamera mit den Bildern eines Handtaschenraubs vor einer Bank oder eines gemeinschaftlichen Überfalls in einem Bus. Besser, man gewöhnt sich an die Gewalt, der man im Alltag ohnehin ausgesetzt ist.

Schon gegen 2 Uhr morgens, also kurz nach der Tat, wurde der BMW gefunden. Er stand abgefackelt an einer abgelegenen Stelle bei Châteauneuf-les-Martigues, über die Autobahn in nicht einmal zwanzig Minuten erreichbar. Hier rosten schon andere verrußte Autowracks vor sich hin. Die Gangster haben so ihre Gewohnheiten – wie etwa diese Manie, Autos abzufackeln. Oftmals scheint das reine Nachmacherei zu sein, weil sie dabei so sehr pfuschen, dass die Karossen nur halb verbrannt sind. Mit dem Benzin darf man eben nicht sparsam umgehen. Manche schütten sogar Diesel über das Auto. So brennt es aber gar nicht. Solche peinlichen Schnitzer werden lange in Erzählungen weitergetragen, und dem Betroffenen geht es dann, als hätte er das Wort »Loser« auf die Stirn tätowiert bekommen. Diesmal ist der Job ganz gut erledigt worden, keine DNA-Spuren, aber das Nummernschild ist nach wie vor lesbar. Da ist noch Luft nach oben. So gut wie Berrahma hat es bis jetzt keiner hingekriegt.

Der Polizei in Marseille wird es nicht langweilig. Die Gerichtsbarkeit muss schauen, wie sie hinterherkommt. Kurz nach der Ermordung von Kader erinnert Jacques Dallest daran, dass am Gericht von Marseille in etwa 400 Fällen von organisiertem Verbrechen ermittelt wird. Darüber hinaus gibt es mehr als 200 Fälle der Ermittler im Finanzbereich, davon allein rund dreißig im Gesundheitswesen. Nimmt man alle Fälle zusammen, teilen sich zwanzig Untersuchungsrichter 1500 Ermittlungsverfahren. Hinzu kommen noch die Voruntersuchungen der Staatsanwaltschaft. Wenn also die Kriminaltechniker keine Beweise finden und keine detaillierten Aussagen vorliegen, hat die Aufklärung des Mordes an einem Lümmel wie Kader sicherlich keine Priorität. Und das weiß sein Vater ganz genau.

Zunächst will er Sarah zur Rede stellen. Die hübsche Sarah hat er schon lange gefressen. Mit ihren hautengen Jeans hat sie seinem Sohn den Kopf verdreht. Sie ist ein Hingucker, kleidet sich wie eine R&B-Sängerin und ist geschminkt, als würde sie jeden Tag Hochzeit feiern. Er kennt ihr Vorstrafenregister, es ist ziemlich reichhaltig für ein Mädchen, das kaum älter ist als sein Sohn. Ihre Spezialität: Kreditkarten klauen. Im Departement Alpes-de-Haute-Provence hat sie Aufenthaltsverbot, weil sie dort ihr Unwesen trieb, als sie (noch!) jünger war. Daher rührt auch ein kurzes Intermezzo in den »Bergen« – so nennen manche Häftlinge das Marseiller Gefängnis Les Baumettes. Es ist allerdings nicht gerade ein Luftkurort.

Kader war gerade aus Les Baumettes entlassen worden, am 12. Juni, gut einen Monat vor dem verhängnisvollen Abend. Natürlich sagen seine Freunde, sein »Umfeld«, wie es die Justizbehörden nüchtern formulieren, es habe keinerlei Feindschaften gegeben, die gerechtfertigt hätten, dass man ihm nach dem Leben trachtet, und auch er selbst habe sich nach seiner Entlassung nicht übermäßig besorgt gezeigt. Natürlich nennen sie keine Namen, sonst sind die nächsten Kugeln für sie bestimmt. Der Präfekt kann die Leute gern zum Reden auffordern, aber die Omertà bietet doch besseren Schutz als die Polizei. Also geben sie höchstens preis, was die Polizei schon weiß oder unweigerlich erfahren wird. So hat Jean-Alexandre erzählt, wie er Kader an diesem unseligen Tag gegen Mittag im Lebensmittelgeschäft der Micocouliers getroffen hat, wo dieser eine Mirinda Orange trank und einen Marsriegel verdrückte. Sie trafen sich jeden Tag dort – Kader tankte Zucker und Jean-Alexandre Klatsch und Tratsch.

Jean-Alexandre war also da, als Kader überlegte, wer ihn und Sarah ins Campanile bringen könnte. Sarah schien ganz scharf darauf, die Nacht mit ihm zu verbringen. Ein anderer junger Kerl aus dem Viertel, Bogdan Muresan, hat das Zimmer reserviert. In den Siedlungen ist das zur Gewohnheit, ja fast schon zu einem Automatismus geworden, dass einer für den anderen Sachen ausführt, um die Spuren zu verwischen. Eine Art Paranoia, um sich wichtig zu machen: Sie vermittelt einem das Gefühl, man werde ständig verfolgt. Deshalb amüsieren sich die Kids damit, Vorsichtsmaßnahmen zu ergreifen, vernachlässigen aber die entscheidende: sich zu verstecken. Kader tat so, als würde er aufpassen, weil er bewundert werden wollte. An diesem Abend hatte Kader einen Wagen mit Chauffeur und eine heiße Braut auf dem Rücksitz, das musste sich herumsprechen. Denn seit seiner Haftentlassung hatte Kader im Viertel einen langsamen Aufstieg begonnen. Er jagte dem Erfolg nach und erwischte die Ausfahrt zum Friedhof.

Ein Citroën Picasso parkt an der Absperrung. Eine Frau stürmt heraus und ruft, als würde sie sich an irgendwelche imaginären Beschützer richten: »Was war das für ein Unfall? Warum bringen sie ihn nicht ins Krankenhaus?« Immer wieder sagt sie das, doch allmählich erstirbt ihre Stimme. Sie geht durch den Polizeikordon, ungreifbar wie ein Schwall Tränen, stürzt auf einmal zur Leiche, während sie innerlich aufheult: »So bringt ihn doch ins Krankenhaus!« Die Ermittler nehmen sie nur wie einen Luftzug wahr, wie einen traurigen Wind. Nadir wirft sich dazwischen: »Bleib weg da! Er hat Kugeln abbekommen. Bleib weg da!« Und zum ersten Mal in ihrem Leben, wie sie mir später erzählte, hört sie nicht auf ihn, sondern stößt ihn mit ungeahnten Kräften beiseite, um sich mit dem Offensichtlichen zu konfrontieren. »Er ist nicht tot!«, schreit sie innerlich. Doch, Kader ist tot. Sie würde es begreifen, wenn sie mit ihrer Hand sein kaltes Gesicht berühren könnte. Sie ist fast dran mit den Fingern, aber am anderen Arm wird sie zurückgehalten – Nadir, ein Sanitäter und auch noch ein Polizist, glaube ich. Kaders Mutter trägt ein sehr schönes Kleid, ein Festtagskleid, das nun mit Gras, Erde und dem Blut ihres Sohnes befleckt ist.

4
Wegwerfgangster

Ich will verstehen, was für ein Leben Kader geführt hat, damit es so weit kommen konnte. Ich verbringe Zeit mit seiner Familie, treffe seine Feinde, höre mir seine Lehrer an, spioniere seinen falschen Freunden nach. Ich unterhalte mich viel mit seiner Mutter, kümmere mich um seine Brüder und Schwestern. Ich laufe, wo er gelaufen ist. Ich fahre, wo er gefahren ist. Ich trinke das pappsüße Zeug, das er immerzu in sich hineinschüttete. Ich rauche sogar sein abscheuliches Dope. Letzten Endes komme ich zu dem Ergebnis, dass er einfach nur die verrückte Existenz eines Normalos geführt hat, der nicht in die richtigen Kreise hineingeboren wurde. Kader glaubte an nicht viel und schon gar nicht an seine Zukunft, und anstatt auf seine Chance zu warten, hat er – denn er war kein Faulpelz – sein Schicksal lieber selbst in die Hand genommen. Eine schwarze Hand.

Da sein Weg nicht vorgezeichnet war, musste er selbst eine Bresche schlagen, allerdings hatte er keine festgelegte Strategie, sondern folgte immer nur seinen Eingebungen. Willst du was verdienen, musst du was dafür tun, und auch wenn es nicht so aussah – Kader blieb nicht untätig. Mit dreizehn wollte er wie die meisten Kinder etwas anderes werden als ein Ganove: Fußballspieler, ein Sänger mit den Taschen voller Geld, schließlich hatte er nie welches gehabt. Zu Zeiten des Collège machte er in den Sommerferien einmal eine »Vertretung«. Während einige Kids mit den Sozialdiensten der Bürgerhäuser in den Urlaub fahren, rekrutieren die Dealer aus dem Viertel andere, die nicht mitkonnten, aber ehrgeizig sind und auch mal bei den Großen mitspielen wollen. Kader stand also in den Micocouliers Schmiere und rief mit seiner recht dünnen Stimme »Arha!«, um die anderen zu warnen, sobald sich die Polizisten dorthin verirrten.

Das dabei verdiente Geld verballerte Kader, indem er es für Klamotten, literweise Vanille-Cola und die ersten, ziemlich schädlichen Joints mit schlechtem, billigem Gras ausgab. Für ihn tat sich damit eine Zukunftsperspektive auf, die zwei Tage weit reichte: Am einen Tag konnte er ein bisschen mehr Geld verdienen als üblich, am nächsten gab er es aus, und vergiss die Bullen, das gehört eben dazu. Als er nach den Ferien in die zweite Klasse des Collège zurückkam, hatte er in Sachen Verbrechen Blut geleckt. Er wollte weitermachen, und zwar möglichst bald. Aber die Stelle in den Micocouliers war wieder von den regulären Inhabern übernommen worden, die braungebrannt von einem Reiterhof in den Hautes-Alpes zurückkamen. Sie waren älter, erfahrener und ertrugen die Schule noch weniger. Sein Vater hingegen prügelte ihn förmlich ins Collège, jeden Tag. Dort ging es los. »Er hat mit einem kleinen Autodiebstahl im Collège Massenet angefangen. Da war er vierzehn«, erzählt Souad, seine Mutter, und spielt die Sache herunter. »Zu mehreren hatten sie ein Auto im Collège genommen. Einer wollte die Sache einvernehmlich mit dem Besitzer klären, um nicht vor dem Richter zu landen, aber die Polizei hat ihn erwischt, und es endete vor Gericht. Von da an machte er mit kleinen Diebstählen und Bagatelldelikten weiter.« Seine ersten Testosteronschübe verlangen nach Unabhängigkeit.

Das heißt, wenn er ein Motorrad will, nimmt er sich ein Motorrad. Wenn er in die Stadt will, klaut er ein Auto. Wenn er ein Mädchen bezirzen will, raubt er eine Handtasche und gibt den großen Verführer. Er will Fußball spielen gehen, doch er und seine vier Kumpel sind spät dran? Schon quetschen sie sich in ein gestohlenes Auto. Dann winken sie aufgekratzt in die Blitzer der Radarfallen und lassen sich fotografieren wie Stars aus dem Showbusiness.

Das Kiffen, meterweise Joints jede Woche, fünfhundert Meter Joint im Jahr – ich habe es ausgerechnet. Er war sowieso schon leicht zu beeinflussen, doch das Kiffen hat das Gehirn dieses Jungen geformt. In seinem Umfeld wurde er bewundert, er stand auf Seiten der Gangster, das gefiel ihm. Seine Unabhängigkeit war trügerisch, ein Kiffertraum. Manche empfinden ihre Kriminalität nicht als Stärke, sondern als Trostpflaster. Für Kader war sie eine Revanche.

Das Elend seiner Jugend störte ihn nicht, solang er nicht wusste, dass es auch etwas anderes gab. Er war Nadirs erster Sohn und wich seinem Vater nicht von der Seite. Nadir war ein illegaler Einwanderer. Zwei Jahre nach Kaders Geburt bekam er seine Papiere und feierte das im Rathaus – mit einem Zeugen, wie bei einer Hochzeit, einem Unfall oder einem Verbrechen. Er lebte seit zehn Jahren in Frankreich, aber als er das Dokument bekam, war ihm das ein großes Fest wert. In Vieux-Moulin kommen sie für so eine Feier bis aus den Heimatdörfern in Algerien.

Kader wollte etwas darstellen. Er liebte seinen Vater, wollte ihm aber nicht ähneln – er war doch kein »Illegaler«! Also eiferte er anderen nach, bleichte sich sogar die Haare, um französischer zu wirken. »Er hatte sich blondiert«, erinnert sich seine Mutter, »und sich dabei die Haare verbrannt, dann hat er sich so Maden und Läuse geholt. Sein Vater hat ihm alles abrasiert.« Wenn sie sich das verknitterte Foto ansieht, muss sie heute noch lachen. Kader saß den ganzen Tag auf Motorrädern und fuhr ohne Führerschein. Als er den Roller zu Schrott fuhr, den er zu seinem 18. Geburtstag bekommen hatte, kehrte er blutüberströmt nach Hause zurück und behauptete, er sei überfallen worden. Das war wenig glaubwürdig, und so kassierte er wieder mal eine Tracht Prügel, vergoss aber wie immer keine einzige Träne. In dieser Familie verleiht man seiner Liebe mit Härte Ausdruck, macht wenig Zugeständnisse und hat viel Stolz. Diese Liebe ähnelt einem Kampf.

Am Ende nutzt nicht die Liebe sich ab, sondern die Kraft, um diese Liebe zu schützen: wie ein Motor, der heiß läuft. Seine Kinder, seine Frau, seine Freunde, die Verwandtschaft – Nadir beschützte sie alle mit all seiner Kraft, bis seine Hoffnung aufgebraucht war und er niedergeschlagen erkennen musste, dass er nicht alles kontrollieren konnte in einer Welt, die letztlich feindlicher war als sein Heimatdorf Souk Ahras. Man kann nicht behaupten, dass Kaders Vater sich nicht um ihn gekümmert hat, und auch nicht, dass es Kader an Liebe oder an Bindung zu den Eltern fehlte. Dennoch endete er mit drei Kugeln im Kopf. Ein allmähliches Abgleiten. Sein Vater hat es schon lange kommen sehen, es raste heran wie ein hell erleuchteter Zug, doch den konnte er nicht aufhalten.

Und wie bei allen Bewohnern dieser Viertel hat *sie* sich im Laufe der Jahre bei ihnen eingeschlichen. Zunächst mit den Einkaufszentren und den dazugehörigen Verbraucherkrediten, zugleich war *sie* im Fernsehen, zwischen zwei Zeichentrickfilmen oder kurz vor dem Wetterbericht, dann auf riesigen Werbetafeln entlang der vierspurigen Straßen im Viertel, in Form eines angeberischen Nachbarn und auf den Schultern eines stolzen »Sohns von ...« sowie in den großen, dröhnenden Motoren vor dem Collège – *sie* war überall, wie eine invasive Pflanze, die das Elend überwuchert: die Versuchung. Kader hat sich lange mit Träumen begnügt. Dann hat er einfach zugegriffen, um sich zu rächen.

Was hätte Nadir denn machen können, um seinen Sohn davon abzuhalten? Kader war nicht reich, aber er träumte davon, es zu werden – und das war schlimmer! Motorräder! Diese schönen Maschinen gaben einem das Gefühl, unbesiegbar zu sein, auch wenn das nur eine Illusion, ein Abklatsch von Leben ist. Als Kind hat er sie sich zusammen mit seinem Vater angesehen und die Typen beobachtet, die damit im Viertel herumkurvten und ihr weniges Geld da hineinsteckten, nur um sich den Respekt der Nachbarschaft zu erkaufen. Für Nadir zählte bloß, was jemand lebt. Respekt lässt man sich nicht abkaufen, man gibt ihn aus freien Stücken. Als Vater konnte er streng sein, sehr streng, wie die Bauern aus den Bergen von Souk Ahras, wo in seiner Kindheit, nach der Bataille des Frontières,* das Land in Schutt und Asche lag. Aber er konnte auch gerecht sein, ja sogar großzügig. Er wollte den anderen nicht sein Motorrad aufzwingen, sondern seine Ehrenhaftigkeit, als würde Besitz nur dann Sinn ergeben, wenn er geschenkt wird. Manche sahen in ihm einen verschwenderischen Prahlhans, derweil wollte er sich nur großzügig geben.

Kader wollte nur weiße TN tragen, teure Markenturnschuhe, die einem in den Hochhaussiedlungen Ansehen verleihen. In der Hoffnung, dass Kader dann nicht dealen würde, zahlte Souad sie von der staatlichen Beihilfe für den Schulanfang. Wenn er mit seinem Roller einen Wheelie machte und die Schuhe davon schmutzig wurden, zog er sie nicht mehr an. Hatte er ein bisschen Geld in der Tasche, wurde er arrogant wie ein Schüchterner, von dem plötzlich alle Hemmungen abgefallen waren. Na ja, außer seinem Vater gegenüber. Souad

* Größte Schlacht im Algerienkrieg zwischen der französischen Armee und den Unabhängigkeitskämpfern der Armée de libération nationale, vom 21. Januar bis 28. Mai 1958. Sieg der französischen Einheiten.

hingegen kam überhaupt nicht mehr mit ihm zurecht, vor allem nicht mit seinen Wutanfällen: Wenn er die gesamte Wohnung auf den Kopf stellte, um eine verlegte Socke zu finden, oder wenn er sie beschimpfte, damit sie ihn in Ruhe ließ, während er mit einem neuen Motorrad poste. Und außerdem hatte Kader häufig Streit, eigentlich immer, manchmal ging es um was Größeres, dann wieder nur um Bagatellen. Er hatte Streit mit Atti und Attala, weil er ihnen den Drogenhandel abluchsen wollte, den sie in den Micocouliers kontrollierten. Mit drei Brüdern von nebenan, die ihm sein Dope geklaut hatten, das er auf eigene Rechnung verkaufte. Mit Roma aus dem oberen Teil der Vieux-Moulin wegen einer Affäre mit einer ihrer Frauen. Als Waffen benutzte er seine Fäuste, seine Füße, seine Eier und manchmal ein Messer oder einen dicken, schweren, mit Nägeln versehenen Schlagstock, den ihm ein Onkel aus Spanien mitgebracht hatte. Bald kannten die Bullen diesen Jungen nur zu gut, denn er forderte sie heraus, sowie sich die Gelegenheit dazu bot. Und sie kannten seinen Vater – diesen Kerl, der niemals lächelte und der versuchte, seinen Sohn wieder auf den rechten Weg zurückzuführen. Nadir bekämpfte die Verirrungen von Kader, aber er zeigte ihm keine Alternativen auf. Also baute Kader wieder Mist. Nun schickte sein Vater ihn nach Algerien. Dafür ließ er seine Frau Souad mit Hilfe einer befreundeten Sozialpädagogin einen Antrag auf Schulbefreiung schreiben und schickte diesen an den Rektor des Collège Massenet.

»*Sehr geehrter Herr,*

in Anbetracht der zahlreichen Probleme, die mein Sohn Berrouag Abdelkader in Ihrer Einrichtung verursacht, bitte ich Sie, ab dem heutigen Tag einen befristeten Schulabbruch zu veranlassen.

Um weitere, noch schwerwiegendere Dummheiten und Misseta-

ten meines Sohns zu verhindern, soll er ab sofort mehrere Monate bei seiner Familie in Algerien verbringen.

Ich halte Sie über seine Entwicklung auf dem Laufenden und werde ihn möglicherweise, wie heute besprochen, im Dezember wieder anmelden.

Im Vertrauen darauf, dass Sie mein Gesuch mit der gebührenden Aufmerksamkeit behandeln, verbleibe ich mit freundlichen Grüßen.«

Für Kader kam das einer Einweisung gleich, für den Rektor war es eine Befreiung – er stimmte sofort zu.

Souk Ahras, das Heimatdorf von Nadir in Algerien, liegt in der Nähe der tunesischen Grenze. Dort ist Nadir in heruntergekommenen Barackenlagern aufgewachsen, unter den Mudschaheddin der Armée de libération nationale (ALN; Nationale Befreiungsarmee), die während des Algerienkriegs in diesem staubigen Ort kämpfte. Hier fand entlang der tunesisch-algerischen Grenze die Bataille des Frontières statt. Alles, was danach kam, war große Not und sonnenverbranntes Elend, doch das Schlimmste war der Hunger. Er wurde zum einzigen, aber zwingenden Grund fortzugehen. Denn was außer Hunger könnte Menschen dazu bringen, ihre Wurzeln zu kappen, Immigranten zu werden und damit Ausländer, wohin sie auch kommen? Man muss schon einen verdammt leeren Magen haben, um ein solches Opfer zu bringen und sich dieser dauernden Frustration auszusetzen. Nadir wollte ein anderes Leben für seinen Sohn, den er niemals aufgegeben hat.

Nadir kam nach Vieux-Moulin, ein Viertel, das 1954 auf die Schnelle hochgezogen worden war. Es war eine dieser Siedlungen, bei deren Bau sich die Dringlichkeit der Wohnungsnot und die Verachtung der Behörden für die Bewohner in nichts nachstanden. Im oberen Teil zogen die Roma ein und weiter unten, in der Reihenfolge ihrer Ankunft, der Rest: Italiener, Spanier, Armenier und Maghrebiner. Wer woanders etwas fand, machte sich schnell wieder davon, die Übrigen schlugen dort Wurzeln, wie Unkraut. Kurz vor dem Tod seines Sohns plante Nadir den Umzug der Familie. Hatte er eine Vorahnung? »Hier gehst du vor die Hunde«, warnte er schroff. Aber eigentlich ging Kader nicht vor die Hunde, er schlug nur die einzige Laufbahn ein, die ihm offenstand! In seiner Wut und Verzweiflung zeigte Nadir seinen Wunsch dadurch, dass er in der ganzen Wohnung die Tapete herunterriss, so dass überall die rohe, graue Oberfläche der alten Leichtbausteine zu sehen war. Kaders Vater versuchte es also mit derselben Taktik wie die Behörden bei der ganzen Siedlung: Wenn erst einmal alles richtig heruntergekommen ist, wird schon etwas passieren! Aber nein. Kader musste erst sterben, damit seine Eltern wegzogen. Kurz darauf begann zögerlich die Sanierung von Vieux-Moulin, angefangen beim oberen Teil der Siedlung. Ihre ehemalige Wohnung im unteren Teil ist immer noch so hässlich wie früher, dennoch hat Souads Schwester sie übernommen. Sie schläft dort bis zu sechzehn Stunden am Tag, gibt sich ihrem Kummer, den Medikamenten und dem Bier hin. Rauchen, trinken, schlafen, das ist nicht wirklich ein Leben. Man sieht sie nie.

In der Jugendzeit von Kader rottete die Siedlung Vieux-Moulin unbeachtet vor sich hin. Sie liegt innerhalb der *zone urbaine sensible** (ZUS) Saint-Barthélemy, Le Canet, Delorme Paternelle, alles Viertel im 14. Arrondissement von Marseille. Die gut 40 000 Einwohner dieser ZUS zählen zu den bedürf-

* Wörtlich »Sensible städtische Zone«. Instrument der staatlichen französischen Städtebaupolitik von 1996 bis 2014. Eine ZUS soll durch Förderprogramme und steuerliche Vorteile in der Entwicklung aufholen, zugleich findet durch dieses Siegel aber eine Stigmatisierung statt.

tigsten der Stadt und leben überwiegend in Hochhaussiedlungen. Es gibt aber auch noch alte Dorfkerne, die häufig die Spanier, Armenier, Italiener und die ersten Maghrebiner der vorangegangenen Einwanderungswellen beherbergen. Sie hatten Arbeit, profitierten aber nie von dem seit siebzig Jahren herrschenden Klientelismus, bei dem ein Politiker einer Familie oder einem Clan Wohnungen in schöneren Vierteln besorgt und im Tausch dafür bei jeder Wahl auf die Stimmen aller Mitglieder zählen kann. Geleitet von einem Gefühl der Frustration und der Angst vor sozialem Abstieg, kultivieren diese etwas privilegierteren Bewohner einen typisch Marseiller Rassismus – nämlich einen Rassismus der Klasse, nicht einen der Rasse. Da die zuletzt Angekommenen nur in die schlimmsten Unterkünfte ziehen können, weitet sich die Fremdenfeindlichkeit schnell auf die ethnische Herkunft aus. Und auf die Position in der Gesellschaft. Für Familien wie die von Souad, Nadir und Kader heißt das: Sie sind ganz unten.

Aber man findet hier auch diese neuen Wohnanlagen, wie sie auf jedem grasbewachsenen Stück Land aus dem Boden schießen, wo der Mistral weht und die Sonne herunterbrennt. Wer es sich nicht leisten kann, woanders zu kaufen, lebt nun hier, umgeben von hohen Mauern und Überwachungskameras, und muss trotzdem weiter mit den Armen verkehren.

Und dann geriet Kader irgendwie in schlechte Gesellschaft. Der Typ hieß Nabti, war Familienvater, vorbestraft, aber immer noch im Geschäft. Er stiftete den aufgeweckten, ehrgeizigen und beeinflussbaren Jugendlichen an, für ihn krumme Dinger zu drehen. Zuerst waren es Einbrüche, dann bewaffnete Überfälle. Wenn man wissen will, ob ein Kid einen Arsch in der Hose hat, muss man es ins Feuer schicken, heißt es. Das Kid streift dann seine Maske über und räubert, was das Zeug hält.

Einige professionelle Banditen haben mir von dem Gefühl des Rauschs, ja von der großen Lust berichtet, die sie erfasst, wenn sie ihre Maske überziehen. Diesem Adrenalinschub fügten in den Jahren 2006/07 viele noch aberwitzige Mengen Kokain und Amphetamine hinzu. Einer erklärte mir: »Die Waffen, das Prassen, ein Leben wie in *Scarface*, und nur ein Motto: Wir machen alles platt, wir kümmern uns einen Scheißdreck.« Kader drohte dahin abzugleiten.

Nach dem Tod von Farid Berrahma im Jahr 2006 machten sich viele kleine Gangsterbosse aus den Siedlungen unabhängig, und viele ehrgeizige Kids warfen sich ins Zeug, um sich ihnen anzudienen. Die Zahl der Überfälle in Marseille schoss in die Höhe. 2007 zeigten zunächst Villiers-le-Bel und dann das ganze Departement Val d'Oise ihre Auflehnung in Form von Unruhen, in Marseille waren es Raubüberfälle. Eine pragmatischere Haltung, aber die Gründe sind die gleichen. Es sind genau die, die manche in die Hände radikaler Salafisten treiben. Ein solches Abdriften ist in Marseille jedoch selten: Hier kultiviert man das Verbrechen, so dass für den Dschihad kein Platz bleibt. Eine Karriereentscheidung. Die zahlreichen Überfälle waren also lediglich die Feuerprobe der Bewerber für eine kriminelle Laufbahn. Stolz wedelten sie am nächsten Morgen mit der Lokalzeitung herum, die von ihrer Glanzleistung berichtete und damit ihren Lebenslauf bereicherte. »Dieser bewaffnete Raubüberfall geht auf mein Konto!« Während meiner zehn Jahre Lokaljournalismus in Marseille habe ich zahllose solcher Lebensläufe geschrieben …

Ich weiß nicht, ob Kader von meiner Arbeit profitiert hat. Jedenfalls hat er hinreichend Mist gebaut, um mit der Regelmäßigkeit derer ins Gefängnis zu kommen, die sich für diesen Lebensweg entschieden haben. Bei seinen Eltern in Vieux-Moulin schlief er manchmal in Shorts und Sneakers, um sich schnell davonzumachen, falls frühmorgens die Polizei aufkreuzte. Einmal wurde er geschnappt, während sein bester Freund Mohammed den Bullen entwischte. Ein paar Wochen später erfuhr er von seiner Mutter, dass Mohammed bei einem Motorradunfall umgekommen war. In den nördlichen Vierteln von Marseille sterben wesentlich mehr Leute durch ihre Motorräder als durch Kalaschnikows. Im Gefängnis teilte Kader seine Tage ein. Bei monotoner Arbeit lernte er, sich zu gedulden, außerdem machte er mit zukünftigen Auftraggebern und Komplizen Bekanntschaft.

Schon 2001, da ist er noch nicht einmal vierzehn, beschreibt er seinen Alltag im Gefängnis in einem Brief an seine Eltern. Seine Mutter weiß, dass dieser Brief von einem Mithäftling verfasst ist, der nicht wie Kader praktisch Analphabet ist. Denn selbst wenn Kader in der Schule war, lernte er im Unterricht nichts.

»Lieber Papa, liebe Mama. Ich schreib euch diesen Brief, um euch zu sagen, dass ich die Anweisung über 400 Francs gekriegt hab. Vielen Dank dafür, ich konnt mir Kekse und die Kochplate kaufen, jetzt kann ich ordentlich essen. Macht euch keine Sorgen, mir gehts spitzenmäßig! Ich denk jeden Tag an euch, ihr seit in mein Gedächtnis eingebrennt, ihr habt recht mit dem was ihr gesagt habt, im Gefängnis bleiben dir nur Vater und Mutter. Ich hab mit Ammar gesprochen er lässt euch grüsen. Ich langweil mich nicht, ich spiel Fusball mit Nordisse Schurfi aus Les Tilleuls, dem Neffen von den Swillingen, noch dazu ist der ein guter Freund von Kamel. Liebe Grüse an Sami, Zorra, Celia und vergest Farouk nicht. Sag Kamel, er soll sich kein abbrechen wegen mir. Schik mir nicht zu viel Geld, so merk ich mal, wie es ist, wenns eim schlecht geht und das wird mir ne Leere sein, aber komm ins Besuchzimmer, bring aber Sami nicht mit, ich will nicht, das er mich hier siht, sagt ihm,

ich bin in Urlaub gefahren. Gib Oma ein Kuss von mir und grüs Sonia und Said und vergest nicht meine Nichte und Vanessa. Gib ihnen meine Adresse und sag, sie sollen mir schreiben, denn mit Lesen vergeht die Zeit.

Macht euch keine Sorge, man kann die Zeit eh nicht zurückdrehn. Ich schwör auch wenn ihr mirs nicht glaubt denn ich hab so viel gelogen aber seit ich im Gefängnis bin, hab ich keine Zigarette geraucht, obwohls welche gab. In der Früh mach ich 50 Ligestüz in Serie von 10 und 50 abends vorm schlafen, ich spiel Fusball und geh ins Krafttraining. Liebe Mama, lieber Papa, bitte gebt meinen Freunden meine Adresse und sagt ihnen, sie sollen mir schreiben. Jetzt hör ich auf, denn ich mach mein Mittagschlaf.

Grüße und Küse, lieber Papa, liebe Mama, ich denk jeden Tag an euch! Grad hab ich eure zweite Anweisung gekriegt, danke.«

Im Jahr darauf kam Kader in eine Klasse der privaten Fachoberschule in La Cabucelle. Madame Guillaume, die dem Kollegium angehörte, schickte ebenfalls zahlreiche Briefe an die Eltern. Souad las sie vor, da ihr Mann kein Französisch lesen kann.

»Kader hat in der Oberschule sehr große Schwierigkeiten, sein Niveau ist schwach und entspricht dem eines Grundschülers.

Dank der Betreuung durch seinen Vater kam er seiner Anwesenheitspflicht in der Oberschule ziemlich regelmäßig nach.

Dennoch blieb er vor Ort immer wieder dem Unterricht fern, da er absolut nicht in der Lage ist, sich zu konzentrieren, zuzuhören und auch nur die kleinste der gestellten Aufgaben zu erfüllen.

Über mehrere Wochen war seine Haltung gegenüber den Lehrern korrekt, aber seine hohe Wechselhaftigkeit und seine Unfähigkeit, auch nur die grundlegendste Anweisung zu befolgen, gestalten einen »normalen« Schulbesuch schwierig.

Sein Verhalten lässt auf ein tiefes Unbehagen schließen. Er zeigt den ganzen Tag über ein praktisch unstillbares Konsumbedürfnis (Zigaretten, Getränke, Kaffee, Gebäck, Pizzas ...) und ein Unwohlsein bis hin zur Frustration, wenn es nicht erfüllt wird.

Kader war auch in mehrere Zwischenfälle an der Oberschule verwickelt, bei denen beispielsweise schwere und gefährliche Gegenstände geworfen wurden. Zuletzt hat er in einem Werkraum ein Fenster zerschlagen, weil er bei einem Wortwechsel in die Defensive geriet.

In Anbetracht dieser Faktoren sind wir der Ansicht, dass eine traditionelle Bildungseinrichtung für einen Jugendlichen wie Kader nicht der richtige Ort ist und dass seine psychologischen Probleme eine ernsthafte Behandlung erfordern.

Dieser Schüler kann unsere Einrichtung nicht weiter besuchen.«

Im Anschluss wurde Kader von einem Richter an die Jugendgerichtshilfe im Viertel Chutes-Lavie im 4. Arrondissement überwiesen, wo ein Sozialpädagoge, Monsieur Boquillon, den »sympathischen Jungen« mehr schlecht als recht im Zaum halten konnte. Als Kader dann in ein geschlossenes Erziehungsheim in Forcalquier in den Alpen kam, floh er eher zufällig nach Paris und wurde dort wieder festgesetzt.

Ansonsten trieb sich Kader in seinem Viertel herum, verkaufte Dope und träumte davon, sein Business auf die benachbarte Siedlung Micocouliers auszuweiten, wo er als Schwarze Hand gearbeitet hatte. Ein kompliziertes Leben aus andauernden Querelen, die seinem Leben einen Sinn geben sollten, nämlich den, in diesem Strom aus gefährlichen Scherereien mitzuschwimmen.

Wenn er zu der Zeit nach seinem täglichen Pensum – einer Schlägerei, einer Verfolgungsjagd mit Zivilbullen und dem schwachsinnigen Palaver mit seinen Kumpels – nach Hause kam, hatte er noch mit dem Bammel zu kämpfen, dass er seinem Vater Rechenschaft ablegen musste. Was sollte er ihm sagen? Welches Lügenmärchen auftischen? Was abstreiten? Angriff ist die beste Verteidigung, sagte er sich. Die Wut und die Verachtung machten sein Verhältnis zu Nadir noch schwieriger. Ständig gerieten sie aneinander. Schließlich wurde Kader erneut zur Buße ins Heimatdorf geschickt. »Dort sagt niemand was, wenn man zuschlägt«, erklärt Souad, ohne das gutzuheißen oder in Frage zu stellen. Auf einem vergilbten Foto sieht man Kader auf der Laufbahn eines baufälligen Stadions in Algerien, gebeugt wie ein unfreiwilliger Marathonläufer. Sein Vater zwang ihn, bis zur totalen Erschöpfung zu laufen. Vier Stunden Buße. Genug Zeit, um bei jeder Runde noch mehr Hass anzusammeln und sich mit einem Panzer der Gewalt zu umgeben, der letztlich nur eine erbärmliche Kruste ist. Nun wäre es eine Schande, ein Versagen, Schwäche zu zeigen. Jetzt war er endgültig gegen Tränen gefeit. Aber nicht gegen Lachen.

Kader hatte wirklich Charisma, und er liebte es, die Leute aus seiner Umgebung aufzuziehen, darin stimmen alle überein. »Er war ein Teufel geworden«, gibt seine Mutter zu, »doch obwohl er sich aufspielte, war er sympathisch, man musste ihn einfach mögen, alle redeten und lachten mit ihm. Was hat der Spaß gehabt, so viel Spaß.« Er machte auch Dummheiten. 2007 wird Kader in Dignes, Departement Alpes-de-Hautes-Provence, vorübergehend festgenommen, weil er im Wagen seines Mentors Nabti zwei Kilo Dope dabeihat. Er landet im Gefängnis, wo er neue Bekanntschaften macht. Bei seiner Entlassung fühlt er sich wie ein Gangsterboss. Nun sieht man ihn stolz durchs Viertel flanieren, ganz so, als ob er wüsste, wo es langgeht. Er tut so, als würde er nach links rennen, und biegt dann nach rechts ab. Letztlich ist es eine Illusion. Wenn man Dealer ist und noch dazu bekifft, konzentriert sich die ganze

Paranoia auf den eigenen Alltag, weil man überzeugt ist, dass tausend Augen nur auf einen selbst gerichtet sind.

So irren Dutzende Kids durch die diversen Siedlungen und suchen nach einem Plan für ihr Leben. Wer es schafft, schnell (aber nur für kurze Zeit) ein bisschen Geld zu verdienen, verprasst es am Wochenende in den Bordellen an der spanischen Grenze. Die restliche Zeit sieht man sie auf ihren Maschinen ohne Helm Wheelies machen, als würden sie an der Tür eines Darkrooms mit einer Erektion ohne Kondom angeben. Sie verlieren sich in einer sterilen Männlichkeit.

Auch in dieser Hinsicht zeigt Marseille ein ganz spezifisches, typisch mediterranes Profil. Der Manager des Marseiller Rappers Jul, Charlie Tir, belehrte mich dahingehend, kurz bevor er in Paris mit einer Kugel mitten in die Brust hingerichtet wurde. »In der Region Paris ist der Stärkste und Brutalste der Boss.« Während er das sagte, rückte er sich entschlossen die Eier zurecht und rotzte mit voller Wucht einen Schleimbatzen auf den Boden. »In Marseille aber ist der Boss der, der die Leute bequatschen kann, sie einwickelt, das Großmaul. Beim Rap ist es genauso: Sie haben Booba, wir haben Soprano.« Der Onkel von Charlie Tir war ein schlauer Kerl. Er hieß Saïd Tir, war eine große Nummer in der Bandenkriminalität der Siedlungen und wurde 2011 ermordet, kurz vor seinem 60. Geburtstag. An einem Morgen im Frühjahr 2009 stattete er Kaders Vater einen diskreten Besuch ab und sagte ihm, dass Kader im Gefängnis immer mehr auf die schiefe Bahn geriet und Mist baute. Er ging sogar so weit, ihn vor seinem eigenen Enkel Farid zu warnen, »der für Geld jeden umbringen würde, egal wen«.

Damals wurde Kader von Gefängnis zu Gefängnis geschickt, nachdem zuvor ein Bruch in Saint-Étienne fehlgeschlagen war, bei dem er ein Auto als Rammbock benutzt hatte. Im dortigen Gefängnis La Talaudière prügelte er sich regelmäßig willkürlich mit irgendwem, damit er in Isolationshaft kam und seine Ruhe hatte. Danach schaffte er es, nach Lyon in den sogenannten Teufelskessel verlegt zu werden, bevor er wieder ins Marseiller Gefängnis Les Baumettes kam. Dort erwarteten ihn seine Freunde, seine Feinde und diejenigen, die beides gleichzeitig waren. Und seine Eltern, die froh waren, sich nicht mehr verschulden zu müssen, um ihn jede Woche zu besuchen. Kader hielt sich für ebenbürtig mit seinen neuen Bekanntschaften und stürzte sich in dieses Haifischbecken. Farid Tir protegierte ihn. Medhi Berrebouh aus dem Viertel Les Flamants borgte ihm seine Motorräder und schenkte ihm eine Rolex. Die Brüder Laribi aus der Siedlung Bassens machten ihn zu ihrem Partner. Da hielt sich Kader für den König der Micocouliers. Angeblich hat er einen gewissen Gomari umgebracht. Der blutige Test, ob er sich traut zu töten.

Das Typische an einem Gangster ist, dass er sich das Geld dort holt, wo es welches gibt. Die Kühnsten nehmen sich auch ihresgleichen vor, sind sich aber nicht unbedingt darüber im Klaren, wie heftig der Bumerangeffekt sein kann. Es gibt zwei Methoden: von einem Drogenring Schutzgelder erpressen oder seine Bargeld-, Dope- oder Kokainkuriere überfallen. Im Verbrecherjargon heißt das »den Umschlag verlangen« oder »die Taschen leeren«. Ich habe nie wirklich versucht zu erfahren, wer was macht – und frage mich, ob die Unterweltler am Ende nicht der Krieg mehr interessiert als die Beute an sich.

Im Jahr 2016 sitzt Farid Tir immer noch in der Nähe von Paris im Gefängnis. Gewissermaßen in Sicherheit. Ihm werden viele Tote der letzten Zeit zugeschrieben. Medhi Berrebouh, der andere Kumpel von Kader, saß 2014 auch im Knast: Er hatte 2009 mit einem Geländewagen einen Mann überfahren – vor und zurück, wie man ein Hemd bügelt –, der sich seiner Ansicht nach in einem Nachtclub danebenbenommen hatte. Während eines Hafturlaubs im April 2014 wurde er auf der Autobahn bei der Einfahrt nach Marseille mit Kugeln durchsiebt. Es war der Tod eines starken Mannes der Siedlung Les Flamants, dessen Brüder sich offiziell zurückgezogen haben, aber eigentlich im Ausland auf der Flucht sind. Die Brüder Laribi wiederum sitzen im Gefängnis. Einem von ihnen, Mohamed, genannt »Lamine«, wurde dort 2014 mit einer Glasscherbe der Bauch aufgeschlitzt, und ein Teil seiner Eingeweide fand sich auf dem Boden des Gefängnishofs wieder. Er wurde gerettet. Sie alle haben den Teufel versucht. Sie haben ihn gefunden.

5
Das Gerücht

Zwei Tage nach Kaders Tod geben seine Eltern ein großes Couscousessen in ihrer Wohnung. Für die Araber beginnt jedes Ereignis mit einem Couscous, selbst wenn es ein Trauerfall ist. Der einzige Zugang zur Siedlung Saint-Joseph-Vieux-Moulin ist eine kleine Sackgasse. Sie ist schnell verstopft, wie eine Autobahn zu Ferienbeginn. Das erste Gebäude ist gleich das richtige, Eingänge 11 und 12, zwei Etagen in einem tristen alten Kasten, dessen Türen man an dem Morgen ausgehängt und durch Vorhänge ersetzt hat.

Die Tradition will es, dass der Tod und die Lebenden einander begegnen, damit sich alle an den Verstorbenen erinnern. Das Gedenken ist wichtig, es schweißt zusammen wie eine gemeinsam geschlagene Schlacht.

Es kann kommen, wer mag, und sein Beileid zeigen, seine Neugier befriedigen oder an diesen Momenten intensiven Zusammengehörigkeitsgefühls teilhaben. Hier verläuft die Andacht geräuschvoll: Das Schreien und Weinen der Frauen drinnen, das energische Reden der Männer draußen. »Drinnen gibt es Frauen – und Schlangen«, flüstert mir eine Anhängerin der Tradition zu, »die essen mit dir und reißen dir dann das beste Stück aus der Hand.«

Solidarität entsteht aus einer Vielzahl persönlicher Interessen. Die Leute sind gern da. Nicht, weil sie sich über den Tod freuen, nein: Da zu sein gibt ihnen das Gefühl, an diesem Abschied teilzuhaben. Manche begleiten ihn, andere beobachten nur. Das Couscousessen für Kader ist jedenfalls riesig. Ich habe später noch anderen Gedenkfeiern dieser Art beigewohnt, nach weiteren Todesfällen durch Erschießen. Da gibt es immer eine Freiwillige, die sich um das Organisatorische kümmert. Um sie herum geht es geschäftig zu: Die Kaffees, Minztees, das Fladenbrot und das Gebäck wollen zubereitet sein. Und natürlich zerbricht immer ein Glas, ein Teller oder eine Tasse fällt herunter, oder ein Babyfläschchen muss aufgewärmt werden. Alles Dinge, die zeigen, dass die Leute hier am Leben sind, auch wenn es der Tod ist, der sie zusammenführt. In zwei Tagen erweisen fünfhundert Leute Kaders von Kerzen gesäumtem Foto die Ehre, denn die Polizei hat seinen Leichnam immer noch nicht freigegeben. Ein lang anhaltendes Lamento. Eine Kakophonie der zusammengeschnürten Kehlen. Der Junge wird danach in Algerien bestattet, »an meinem Geburtstag«, flüstert mir eine seiner Tanten zu.

Kader hätte in Frankreich beerdigt werden können, in seinem Land, in seiner Stadt, aber daran hat sein Vater keinen Gedanken verschwendet. Er hat zwar dafür gekämpft, dem Elend seiner Jugend und den verwahrlosten Baracken von Souk Ahras zu entkommen, aber er ist es sich schuldig, die sterblichen Überreste von seinem Fleisch und Blut in sein Heimatland zurückzubringen. In den Adern von Kaders Vater fließt das Blut der Berber aus dem Bergland. Dort hat er seine Kindheit verbracht, mit den Füßen im Blut und im Schwarzpulver, in diesem Algerien, das ausgelaugt ist von all den Schlachten, der Niedertracht, der Folter und dem Leiden. Nadir hat in dieser trockenen Erde schon so viele Familienangehörige und Freunde beerdigt, dass er es nun als Pflicht empfindet, zurückzukommen und die Seinen hier zu begraben. Als ob ihre letzte Ruhe verbunden sein müsse mit den Geistern der 3200 Soldaten der Armée de libération nationale, die an diesem Ort in zwei verheerenden Schlachten gefallen sind. Diese Kämpfer überquerten regelmäßig die Grenze, um sich in Souk Ahras in einer diskret errichteten Kommandozentrale mit Waffen und Munition zu versorgen.

Aber seit dem Tod seines Sohns verbringt Nadir keine ruhige Minute mehr. Schon kehrt sich die Tradition gegen ihn. Am Tag des Couscousessens für Kader wird er von einer Beileidsbezeigung zur nächsten gezerrt. Und jedes Mal wenn er umarmt wird oder zwei große und wütende Hände seinen Kopf umfassen und er ein ehrlich gemeintes »Dafür werden diese Hurensöhne bezahlen« hört, füllt sich sein Herz mit Tränen und Hass. Wahrscheinlich hat er schon Schmerzen von all dem ermutigenden Schulterklopfen und blaue Flecken von all den feierlichen Umarmungen. Mag dieser Trost auch gut gemeint sein, so geht er doch auf Kosten von Klarheit und Urteilskraft, und am Ende ist der Verstand vernebelt.

Bei einem Couscous wie diesem steht die schwer getroffene Familie im Mittelpunkt von drei Personenkreisen, die sich ihrer, so gut es geht, annehmen. Der erste Kreis ist die Gemeinschaft. Sie ist die Verbindung von Spirituellem und Familiärem, von Religion und Clan. Dieser Kreis beruhigt und gibt Halt. Der zweite Kreis definiert sich über Solidarität, er kümmert sich um die Organisation der Feierlichkeiten. Er ist größer und auch zurückhaltender. Ab fünf Uhr morgens beaufsichtigt jemand die Leute in der Küche. Da wird geschält, der Grieß enthülst, gekocht, bestrichen, sauber gemacht. Man telefoniert, um allen Bescheid zu sagen. Man kümmert sich um die Kinder, hier also die Geschwister von Kader, für die der Tod des Bruders in diesem Moment nicht viel Sinn ergibt. Allenfalls nehmen sie das wahr wie eine Programmänderung im Fernsehen. Dann kommt der dritte Kreis, der Kreis des Geldes. Er verschafft den Trauernden Luft bei den materiellen Problemen. So kann man wenigstens diesbezüglich einmal durchatmen. Denn bei Kader galt es, in zwei Tagen und zwei Nächten fünfhundert Personen durchzufüttern, und das ging nur dank dieser Solidarität, mit Hilfe von ein paar Kröten der einen und den helfenden Händen der anderen.

Nun kommt ein neuer, vierter Kreis hinzu, der aus Drogenhändlern besteht und diese schönen Traditionen durcheinanderbringt. Die einen bieten den Eltern Geld an. Viel Geld, das über den Rahmen der Solidarität hinausgeht. Wer es annimmt, gibt seine Zustimmung – zum Schweigen und zu dieser Gewalt. Andere kommen einfach nur, um Spuren zu verwischen, falsche zu legen und die Finten ihrer Gegner auffliegen zu lassen. Souad, die Mutter, ist im Moment sowieso nicht ansprechbar, nicht einmal eine andere Frau käme an sie heran, ganz egal, ob sie die Partnerin, Freundin, Schwester oder Tante eines hartnäckigen Dealers ist.

Außerdem gibt es bei solchen Zusammenkünften viel Gerede. Vor allem die Kiffer, die an dem überhängenden Felsen beim Haus der Familie Berrouag herumstehen, beteiligen sich daran. Alle wollen verstehen, warum Kader abgeknallt wurde. Jeder hat dazu eine Theorie auf Lager: ein Racheakt, ein Streit im Gefängnis, Schulden, jemand, der Lust hatte, einen anderen über den Haufen zu schießen … Wahrscheinlich ist von allem etwas dabei.

Nadir hört sich vieles an, fragt ein bisschen nach, traut aber den meisten Gerüchten nicht, bis einige von ihnen sich besonders hartnäckig halten. Zwei Tage Trauerzeit, Gerede und Gespräche, die durch fünfhundert Leute genährt werden, von denen viele im Zentrum des Geschehens sind, geben den Gerüchten schließlich eine gewisse Richtung. Nadir macht sich allmählich ein recht klares Bild von der Ermordung seines Sohnes. Auf einmal hat Nadir viele Vertraute. Und jetzt, wo Kader tot ist, hat auch er viele Leute, die ihn mögen. Alle diese Freunde geben tolle Verräter ab. Souad hat ein ungutes Gefühl. Ihr wäre es lieber, wenn Nadir sich raushielte, soll sich doch das Schwurgericht darum kümmern. »Aber da gibt's Leute, die ihn ganz kirre machen wollen«, seufzt sie.

»Nadir ist nicht mehr der Alte.« Immer wieder ist dieser Satz hinter vorgehaltener Hand zu hören. Und immer wieder sieht man diese besorgten Blicke, die hypnotisch sein wollen und doch nichts bewirken. Aber Nadir verliert sich in seiner Rache, denn sein Hass schwächt ihn, und er ist leicht zu manipulieren. Seine Gerechtigkeit wird nichts anderes sein als eine primitive Rache.

*

Bei jedem neuen Toten verbreitet die Gerüchteküche ihr Gift bis in die umliegenden Viertel. Es ist wie im Krieg: Gerüchte sind noch das Vertrauenswürdigste, was einem zu Ohren kommt. Selbst wenn ein Gerücht nicht stimmt, ist es immer noch aufschlussreich, zumindest was die Stimmung oder Ängste anbelangt. Die Arbeit eines Polizisten bleibt stets unvollständig, weil sie sich auf die Fakten konzentriert – ja, eigentlich nicht einmal auf die Fakten, sondern nur auf die Beweise, die jemanden vor Gericht überführen könnten. Doch wenn es keine Spuren, keine Zeugen und kein Geständnis gibt, tja, dann stellt sich der Polizist dumm und tut so, als wisse er von nichts. Und die Rubrik »Lokalnachrichten« wird in den Zeitungen fast ausschließlich von den Polizisten diktiert.

Die Justiz kann sich nicht mit Gerüchten zufriedengeben, die Ganoven schon ... So funktioniert das Ganze: Ein Gauner stirbt, dann reimt sich jeder seine Geschichte zusammen. Und weil alle miteinander reden, treten die Geschichten gegeneinander an, stimmen in Teilen überein, vermischen und ergänzen, widersprechen oder bestätigen sich. Leute, die nichts Besseres zu tun haben oder aber von der Sache unmittelbar betroffen sind, filtern das Ganze Stück für Stück und liefern schließlich eine Version, die der Realität ziemlich nahe kommt und sich natürlich nicht nachprüfen lässt. Das ist die Entscheidungsgrundlage der Ganoven. Das Gerücht geistert herum, bis es irgendwann tatsächlich in Erscheinung tritt. Ich bin einem dieser Gespenster begegnet.

Während er spricht, hält er seine Bierdose fest mit der rechten Hand umklammert, mit der linken fuchtelt er derweil herum – es ist dieses Marseille-typische, expressive Gestikulieren. So wahrt er das Gleichgewicht. Seine Stimme ist die eines Olympique-Marseille-Fans nach einer durchgemachten Nacht, kratzig von all dem mit Teer gestreckten Dope, das er schon viel zu lange raucht. Er brabbelt in sein Telefon und geht vor einer Bushaltestelle in der Nähe der Micocouliers hin und her, immer wieder dieselben zwei Meter. Seine gelben Augen versteckt er hinter einer Sonnenbrille, die auch einen Teil seiner schuppigen, mit grauen Bartschatten überzogenen Wangen verbirgt. Er hat einen Knopf im Ohr und verrenkt sich den Hals, um weiter in das kleine Mikrofon zu sprechen. Aber das Kabel hängt an der Seite herunter – es ist nicht angeschlossen. Ich taufe ihn »Headset«.

Später habe ich erfahren, dass Headset einer dieser armen Kerle ist, die in der Gesellschaft immer in der zweiten Reihe stehen, wie so viele Leute aus den Elendsvierteln. Seine Augen blinzeln übrigens auch wie Warnblinker, wenn man sie denn mal zu sehen kriegt. Der Junge ist verrückt, und deswegen gilt er in den Augen der bösen Jungs aus dem Viertel als harmlos. Er zahlt für sein Dope und hört stundenlang dem Palaver der Dealer zu, während er wortlos in den Hochhauseingängen herumlungert. Danach arrangiert er das Gehörte in seinen Hirnwindungen um und gibt es – ohne dass man wüsste, an wen – mit seinem imaginären Telefon weiter. Gut informiert, nichts anderes zu verarbeiten, zwanghaft: Er ist die perfekte Spyware.

»Ja, Bro … der mit dem fetten Arsch, weißte … ja … Dessen Mutter die ganzen Vereine in den Flamants hat … Ja genau, da! Berrebouh! Sind drei Brüder, und er managt die Deals … Ja … Ich hing mit ihm ab, bevor sie ihn eingebuchtet haben, ich hab 'n bisschen für die vercheckt, weißte. Ein Kilo hierhin, ein Kilo dahin, ich hab mir mein Rauch verdient, und die Bullen haben mich nie verknackt … Also der da, dieser Medhi, hat mit seinen Brüdern dem Vater von dem Typen das Hirn gewaschen, der beim Campanile abgeknallt wurde … Haben ihn scharf gemacht wie 'ne Waffe … Wie 'ne Waffe, sag ich dir! Damit er richtig was anzettelt … Und der Illegale hat Stress gemacht im Viertel, weißte … Voll den Stress! Hörte nicht auf, allen auf den Sack zu gehen, weil er rauskriegen wollte, wer seinen Sohn umgelegt hat … weiß ich doch … der Illegale hat die Straßendealer der Micocouliers und aus Castellas und Saint-Joseph verprügelt … hat ihnen die Hölle heißgemacht, dabei hatte er bloß seinen Schlagstock aus Holz … ist aber total ausgerastet … Er hatte Schaum vorm Mund, Bro, nur die Illegalen sind so drauf … Der Illegale hat getobt, echt … Dieser kleine Tir … ja, der gerissene, fiese … Und dieser kleine Farid, der in Bassens aufgewachsen ist … Das ist doch ein Kumpel von den Laribis und den Berrebouhs … Ja, und weißte was? Der hat sich an den Illegalen rangewanzt, war sein Vertrauter, hat bei ihm gegessen … von wegen, weil er so ein guter Freund von seinem Sohn gewesen ist, von wegen, dass er ihm hilft, ihn zu rächen, dass er ihnen hilft, wenn sie was brauchen … und haste nicht gesehen! Was …? Ach nee …! Hä, was …?! Nein, Bro, du spinnst doch, keine Ahnung, ob er dahintersteckt …

Der Illegale wurde von allen zugetextet ... Wenn du zu ihm gesagt hast: ›Der da war's!‹, stürmte er los wie ein Pitbull ... Und wenn er sein Verhör startete, teilte er ordentlich aus, wie bei sich aufm Dorf ... Aber er hat auch eingesteckt ... Die andern lassen sich nichts gefallen ... Wenn ein Illegaler sich mit den Dealern anlegt, ist er kein Illegaler mehr, Bro, dann ist er 'n Problem ...

Ich mein, sie konnten ja nicht alle seinen Sohn umgenietet haben ... Also hat er sich drauf versteift: Das Business hat seinen Kurzen gekillt. Viele sagen ja, er hat Allili abgeknallt ... Nabil Allili ... Was ...? Hey! Was weiß denn ich? Allili hat seinen Sohn nicht gekillt, aber er hat den Kopf dafür hingehalten ... Was soll das heißen, recht so, das war die Rache?! Ich mein, der Illegale hat eh gesagt, er will sie alle fertigmachen ... Tja ... Eigentlich war das Selbstmord. Ein Selbstmord mit der Kalaschnikow ... Zwei Magazine ... nur der Kopf war noch da, der Körper Hackfleisch ... Die Typen haben draufgehalten und geschrien: ›Du hast es so gewollt, Arschloch!‹ Seine Frau hat die Schüsse gehört, die Salven ... Wie ein Anruf aus der Hölle ... kam gleich angetrabt, die wohnen ja um die Ecke. Es war auf der Autobahnausfahrt, kurz vorm Stau ... 'n paar Leute sagen, der Illegale hat jemand aussteigen lassen aus seinem Picasso, dann hat ihn ein Auto gegen die Leitplanke gedrängt, weißte ... Zwei sind ausgestiegen und haben losgeballert – ratatatatatatatata! Alle haben's gesehen, es war Berufsverkehr ... Die Leute haben im Stau gestanden und Fotos gemacht ... Hey, weißte ja, Blut kickt!

Letztes Jahr haben die ihren Jungen gekillt, jetzt ist ihr Alter dran ... Mal ehrlich, die Berrouag ist am Ende, checkt nichts mehr ... Die weiß gar nicht mehr, gegen wen sie angehen soll ... Ohne Witz ...! Is doch wahr ...! Alle und niemand hatten was gegen die beiden ... Kader und Nadir waren zwei Niemands … Keine Knarren, null Protektion … Die hatten schon verloren, bevor … Obwohl der Vater am Anfang ein ruhiger Typ war, ehrliche Haut, mischte sich nicht in die Deals ein … Ging seinen Geschäften nach … Wollte nur seine Scheißruhe haben … Trotzdem haben sie's mit ihm gemacht wie mit dem Sohn … Nee! Müssen nicht dieselben gewesen sein … Aber der Sohn war ein Berserker, Bro … Weil er keine Knarre hatte, ihn niemand unter seine Fittiche nahm, hat er es mit der Brechstange versucht … wollte ein Gangsterboss werden … sich durchbeißen … Ihn haben sie auch vollgelabert, und um sich zu beweisen, hat er Gomari umgelegt … Ich schwör! Auf meine Bierdose …! Gomari war auch so 'n kleiner Aggrobolzen, aus Bassens, 'ne noch größere Nervensäge als Kader … Na ja, jetzt ist er tot … *Out!* Und Kader hielt sich für 'ne große Nummer … Einen Killer … Sie haben ihm die Nase gepudert, ihm eine megascharfe Ische zwischen die Beine geschoben … Die hat sich sogar die Titten vergrößern lassen …! Und dann noch die Rolex … Er ist zu Saint Honoré nach Paris, wo alle Gangster aus der Gegend hingehen, alles Louis Vuitton … Er hielt sich für den King, sie haben ihn abgeknallt wie einen beschissenen Hasen …«

Da ich ihn ein bisschen zu intensiv anstarre, während ich mir eifrig Notizen mache, wirft mir Headset über seine Brille hinweg den verlegenen Blick eines Narren zu, der auf frischer Tat ertappt wird. Schnell wechselt er das Thema. »Ach, übrigens … Hab ich dir meine Verfolgungsjagd mit den Bullen erzählt?! Ich saß mit zweihundertzehn Sachen auf meinem Motorrad. Pah, die sind immer kleiner geworden im Rückspiegel!«

Ich steige in meinen Bus ein, um so weit wie möglich die Fakten zu prüfen – zuerst mit den Polizisten, dann mit zwei

Ganoven, von denen ich weiß, dass sie gut informiert sind. Es stimmt alles. Sie haben sogar noch Dinge erfahren, die sie nicht wussten.

Headset hatte erzählt, warum Nadir nur ein Jahr nach seinem Sohn mit zwei Kalaschnikows ermordet wurde: Kaders Vater war von der Situation überfordert und drohte allen Dealern, sie umzubringen. Darum hat man ihn vorher unschädlich gemacht. Und »man« kann in diesem Fall jeder Gauner aus dem Bezirk sein.

*

Mit Kaders Tod kommen für die Familie Berrouag neben dem Hass noch neue Scherereien hinzu: ein überstürzter Umzug in ein baufälliges Haus, das eine soziale Institution der Stadt Marseille angemietet hat und im selben Viertel gleich neben der Autobahn steht, in Les Arnavants; der Kauf von Möbeln auf Raten, um bei den vier verbleibenden Kindern zumindest den Anschein zu erwecken, man versuche einen Neuanfang; ein neues Auto, ein Citroën Picasso, der bald von 7.62-Kugeln und mit Nadir am Steuer durchlöchert werden sollte … Nüchtern betrachtet der kürzeste Weg, um noch tiefer in der Überschuldung zu versinken.

Durch jahrelangen Tabakkonsum ist Souads Schilddrüse kaputt, eine scheußliche Sache in ihrem Hals, sie kann nicht mehr arbeiten. Früher hatte sie sich um eine Großmutter gekümmert, deren Sohn im Gefängnis verschimmelte, dann hatte sie schwarz Waren vertickt, die sie hier sehr billig kaufte und dort billig weiterverkaufte. So dass ein bisschen was hängenblieb. Nadir schafft es nur mit Mühe, die Raten zu bedienen, denn er hat sein normales Alltagsgeschäft und verfolgt zusätzlich noch sein Racheprojekt. Um seinen Lebensunterhalt zu verdienen, macht er nichts sonderlich Illegales, besonders legal ist es aber auch nicht gerade. Eine bescheidene Subsistenzkriminalität, die sich selbst nicht als verwerflich wahrnimmt.

Die Viertel, wo er tagsüber seine Geschäftchen abwickelt, liegen im Zentrum von Marseille, auf beiden Seiten der berühmten Canebière, von der die Touristen immer schnell enttäuscht sind und auf der sie dann nur kurz verweilen. Nadir beliefert die Klamottenläden, in denen alles billiger ist als anderswo. Es scheint, als herrsche in diesen Vierteln – Belsunce, Noailles oder Saint-Charles – ein preisliches Mikroklima. Nadir fährt regelmäßig nach Ventimiglia an der französisch-italienischen Grenze. Dort kauft er Fälschungen an, vor allem nachgemachte Sportbekleidung, oder echte Produkte, die aus den offiziellen Vertriebskanälen herausgenommen wurden und so billige Werbung für die Marken machen, weil sie überall getragen werden. Dann kommt er mit seinem randvoll bepackten Auto, das er ohne gültige Papiere fährt (denn sein algerischer Führerschein ist in Frankreich nicht gültig), zurück und bietet die Ware seinen Bekanntschaften an. Und er kennt sie alle. Die Netzwerke der Illegalen sind naturgemäß auch Handelswege.

Nadir wird sehr geschätzt. Den ganzen Tag ist er im Viertel unterwegs, schlängelt sich durch die Verkäufer von Schmuggelzigaretten. »Legend … Legend … Marlboro … Legend …«, murmeln sie mit zusammengebissenen Zähnen. Dabei ignorieren die *sauvettes** die Überwachungskameras, die die Stadt für fast 10 Millionen Euro installiert hat, denn sie stehen unter Sonnenschirmen für 4 Euro das Stück. Schließlich gibt es noch kein Gesetz, das es einem verbietet, sich vor der Sonne zu schützen. Einer der besten Spitzel in diesem Gebiet heißt

* Bezeichnung der Marseiller Polizisten für diese Schwarzhändler, frz. *vendeur à la sauvette.*

Octave. Das heißt, ich nenne ihn so, weil sein Lächeln an eine Klaviertastatur erinnert – ein weißer Zahn, ein schwarzer, ein weißer, ein schwarzer, zwei weiße. Octave kann viel mehr als die Überwachungskameras. Seine Kernkompetenz sind Informationen. Er erkennt jeden, der mindestens zweimal am Tag an seiner Ecke vorbeigeht. Sein in Alkohol eingelegtes Gedächtnis ist gut konserviert. Über Nadir weiß er alles: Morgens trinkt er seinen Kaffee im Socrate (*chicken halal* und Hamburger) auf dem Cours Belsunce. Manchmal legt er einen Schein auf den improvisierten Tisch des fliegenden Schaustellers mit seinem »Wo ist Kugel? Wo ist Kugel?«, der jeden dritten Spieler gewinnen lässt, um den zögernden Passanten Hoffnungen zu machen. Dann beginnt Nadir seinen Rundgang durch die Bekleidungsgeschäfte. Entweder hat er was zu verkaufen, und das immer zu einem guten Preis, oder er ist einen Gefallen schuldig, denn alles hat seinen Preis.

Längst nicht alle diese Typen in Noailles an ihren bunten Obst- und Gemüseständen sind Betrüger, genauso wenig wie alle diese Frauen, die auf der Straße kochen, oder diese Verpeilten, die wie gedankenverlorene Kinder umherlaufen, und ebenso wenig alle diese anderen geschäftigen Leute. In Marseille leben die armen Leute mitten in der Stadt. Und in dieser informellen Wirtschaft bemüht man sich nicht übermäßig darum herauszufinden, ob etwas erlaubt ist oder nicht. Wichtig ist, dass die Menschen irgendeinen Job machen. Es geht nicht wirklich um gegenseitige Unterstützung, sondern eher um ein prekäres Gleichgewicht, damit alle eine Beschäftigung haben, von der sie leben und mit der sie ein paar Euro verdienen können: Handel, Besorgungen, Transporte, Informationen, Überwachung und Hehlerei. Oft ist es Diebstahl. Die Ware findet sich immer bei dem wieder, der sie absetzen kann. Eine Art spontane Sortierung. Weder Herr noch Meister.

Und so läuft das im Stadtzentrum: Zuerst wird gestohlen. Entreißdiebstahl. Aber davon lässt Nadir die Finger.

»Unser Problem sind nicht die Kameras, sondern die echten Bullen, die uns nachstellen.« Aasgeier nickt diskret in Richtung einer der Überwachungskameras, die auf der Rue Saint-Ferréol, einer autofreien Einkaufsstraße, auf Masten angebracht sind. Natürlich heißt er nicht wirklich »Aasgeier«. Den Spitznamen verdankt er seiner Methode, den Leuten Halsketten oder Taschen zu entreißen. »Ich warte lange«, er rollt die Augen, »ich lauere, spähe mir jemand aus.« Er hebt den Zeigefinger. »Ich brauche einfache Ziele, Alte oder Touristen oder Leute, die ihre Tasche so halten ... « Er tut so, als würde er mit spitzen Fingern die Schlaufen einer Tasche halten. »Und bammm! Dann greife ich an«, er schlägt mit der Faust auf den Handteller. Aasgeier sagt von sich selbst: »Ich bin ein Arschloch.« Keine Gnade, »so verlangt es der Job«. Mit 21 ist er ein Profi in Sachen Überfälle. Aber er hat fast keine Vorstrafen. »Nach Schlägereien war ich ein paarmal in Polizeigewahrsam, und es gab ein Betrugsdelikt, als ich noch grün war.« Kein einziger Raubüberfall. »Wir überlegen uns das ganz genau, wir haben unsere Taktik«, ruft er stolz, ganz als würde er ein Lob erwarten. Mit »wir« meint er seine Bande, die »auf Entreißen spezialisiert ist« und deren Mitglieder alle aus der Siedlung Félix-Pyat kommen. Er hat Ringe unter seinen großen dunklen Augen, die er jetzt zusammenkneift. »Die Taktik« besteht kurz gesagt darin, sich an die Videokameras anzupassen, die seit einigen Jahren wie Unkraut aus dem Boden schießen. Dieses ausgetüftelte Know-how beruht auf einem Trick: Alle Bandenmitglieder sehen sich ähnlich, um die Kameras zu täuschen. Denn natürlich kann man am helllichten Tag und mitten auf der Straße nicht maskiert herumlaufen, damit würde man ja sofort auffallen, und die Pläne wären zunichtegemacht.

»Wir arbeiten zu viert oder zu sechst, aber wir bleiben nicht zusammen, um keine Aufmerksamkeit zu erregen.« Die Zusammenstellung der Teams erfolgt nicht zufällig, sondern nach dem Prinzip eines Zerrspiegels. »Also wenn wir zum Beispiel ein Zweierteam haben, bei dem einer lange Haare hat und der andere kurze und ein Käppi, dann würde sich das andere Team fast genauso anziehen, aber ein paar Kleinigkeiten wären anders.«

Wenn sie ihre Missetat begangen haben, treffen sich die Diebe und das andere Team sofort in einem der vielen verborgenen Winkel ohne Überwachungskameras. Von deren Standorten besitzt die Bande eine ständig aktualisierte Karte, die sie vor jedem Überfall ergänzt. Sie haben sie ganz genau im Kopf. Die Beute wird an das Mitglied des zweiten Teams übergeben, das dem Dieb nicht ähnlich sieht. Der tauscht ein paar Klamotten mit seinem Doppelgänger aus dem anderen Team, dann zerstreuen sie sich wieder, die Langhaarigen in die eine Richtung, die Kurzhaarigen in die andere. Der Träger des Diebesguts bringt es schnell in ein Versteck oder zu einem Hehler im Hinterzimmer eines Ladens.

Da die Polizisten die Personenbeschreibung per Funk durchgeben und diese ausschließlich auf körperlichen Merkmalen und Bekleidung gründet, nehmen sie selten die Richtigen fest. Selbst mit Videobildern schaffen sie es nie, irgendetwas zu beweisen. Selbstbewusst spielt Aasgeier sich auf. »Und manchmal ist es sogar noch komplizierter. Wir sind nicht so dumm, wie wir aussehen«, lacht er und zeigt seine kaputten Zähne. »Wir holen die Mikroben.« Was für Mikroben? Voller Verachtung verzieht er sein Gesicht. »Na, diese dreizehn-, vierzehnjährigen Dumpfbacken, die sich mit Dope ein bisschen Taschengeld verdienen und dann Lacoste-Sachen oder protzige Sneakers kaufen. Diesen Kurzen gaukeln wir schon was vor, seit sie ganz klein sind. Die wollen dann zeigen, was sie draufhaben, und klauen und rauben, was das Zeug hält, ohne auch nur eine Sekunde nachzudenken. Wenn die in die Stadt kommen, sehen die Bullen nichts anderes mehr. Und wir haben derweil unsere Ruhe und arbeiten noch mehr als sonst.« Da muss die Videoüberwachung sich aber ranhalten.

Nach dem Entreißdiebstahl geht die Beute in andere Hände über. Die ersten Zwischenhändler entlohnen die Diebe entsprechend der Ware – Telefone, Gold, Schmuck, Ausweispapiere, Zahlungsmittel – und geben die Produkte an mehr oder weniger spezialisierte Hehler weiter. Alles wird von Laufburschen an bestimmte Orte verteilt, weit weg von den Kameras, ans Ende dunkler Gänge oder in die Hinterzimmer irgendwelcher Läden. Ein Schmuckgeschäft in der Rue d'Aix kümmert sich um das Gold. Ein Dönerladen in der Rue des Convalescents nimmt die Handys. Die Ausweispapiere landen in einem Keller in der Rue de La Palud. Jeden Tag ändert sich alles, ist alles in Bewegung, gehorcht alles der ständig brodelnden Gerüchteküche der Straße. Die Elendsten übernehmen diese Aufgabe ohne Gewissensbisse, denn letztlich verlangt sie nichts anderes als Laufen und eine gute Kenntnis des Viertels. In einem zweiten Schritt kommen die Waren in spezifischere Kanäle. Sie landen oftmals bei wohletablierten Drogenhändlern, die einen guten Preis dafür aushandeln oder sie sogar in den legalen Handel einspeisen können.

Wer Geld verdienen muss, lernt schnell, pfiffig zu sein. Im Bahnhofsviertel Saint-Charles führen mir drei zehnjährige Kids mit Pfadfindergesichtern ihre Talente und ihre Anpassungsfähigkeit vor. In einem Café im Zentrum hat der Kleinste einer Frau die Handtasche gestohlen. Die Beute: ein Scheckheft und ein Ausweis. Was machen die beiden anderen? In einem Fachgeschäft im 4. Arrondissement, wo sie sonst nie unterwegs sind, leihen sie sich eine Playstation 4 und mehrere Spiele. Sie hinterlassen einen Scheck und den zugehörigen Ausweis als Kaution – »der ist von meiner Großmutter« – und behalten die Sachen, bis sie ihrer überdrüssig sind. Dann wird die Konsole verkauft.

Nadir, der Vater von Kader, klaut schon lange nicht mehr. Sicher, bei seiner Ankunft in Frankreich, als er nicht einmal etwas hatte, um sich im Winter vor dem eiskalten Mistral zu schützen, verdingte er sich als Taschendieb. Aber im Lauf der Jahre hat er sich ein verlässliches Netzwerk an Bekanntschaften aufgebaut und seine Tätigkeiten diversifiziert, ohne dabei jedoch über Kleindelikte hinauszugehen: Schwarzhandel, unangemeldete Verkäufe und kleine Dienstleistungen. Dieses Netzwerk stützt sich eigentlich ohne Ausnahme auf die Armen im Stadtzentrum. Nach all den Jahren, die diese Leute nun schon aufeinander angewiesen sind, werden sie sich schließlich ähnlich – egal, ob sie sich mögen oder nicht. Aber selbst wenn man sich verabscheut, sind in diesem Alltag, der gleichermaßen beruhigend wie belastend wirkt, gewisse Gemeinsamkeiten zu beobachten. Und alle diese Leute verbindet etwas, das sie beschäftigt und sie immer an eine bessere Zukunft glauben lässt: Sie spielen. Wie die überwältigende Mehrheit der Bedürftigen spielt auch Nadir viel. Die Hoffnung auf einen Geldgewinn ist doch schon die halbe Miete. Noch dazu gilt Nadir als Glückspilz! Das macht ihn großzügig, und darauf ist seine Frau eigentlich stolz, aber sie sagt auch: »Wenn er gewinnt, gehe ich die Kohle holen, denn ich kümmere mich ums Geld, sonst gibt er es seinen Freunden, lädt sie zum Essen ein. Dann wird was getrunken, er kauft der Frau von seinem Freund dies, den Kindern von seinem Freund das. Er hat schon ganz schön was gewonnen.«

Darüber kann sich Octave nur amüsieren. Er lacht wie ein Raucher und hustet dabei ein bisschen. Aber vor allem weiß er, wie man gewinnt: »Die Gewinnerlose gibt's im PMU der *chibanis,** auf der Canebière, da, wo die geschlossenen Läden sind.« Ich gehe hin, allein. Die Bewohner und Besucher des Gebäudes wissen nichts über dessen historische Vergangenheit: von dem Brand der Galeries Lafayette im Jahr 1938 mit seinen 73 Opfern und der nachfolgenden Errichtung dieses Gebäudes mit den runden Formen durch den Architekten Fernand Pouillon, das von Pouillons Berufsgenossen bewundert wird und den gewöhnlichen Passanten missfällt. Heute führt ein großer, heruntergekommener Portalvorbau zu einer halbverlassenen Einkaufspassage. Auf der linken Seite zieht sich eine schmale Treppe hoch, deren Stufen so unregelmäßig sind wie die Zähne von Octave. Sie endet an einer schrecklichen blauen Neonröhre in Form der Buchstaben PMU, das M ist allerdings erloschen. Unter der Tür dringt Zigarettenrauch hervor, was einen stickigen, kleinen Raum vermuten lässt. Doch der Saal ist riesig. Links reihen sich mehrere Warteschlangen alter Araber vor Wettschaltern für alle möglichen Rennen. Sie werden auf Bildschirmen übertragen, die von der Decke herunterhängen wie die geschlachteten Schafe beim islamischen Opferfest. Rechts steht nur eine Warteschlange: für die Gewinne. Zwischen zwei Rennen blicken Junge und Alte auf, um keine Ziehung des Rapido zu versäumen, eine Art ununterbrochenes Lotto. Hier wird ein Teil der *chibanis*-Renten, der Sozialhilfe und Pensionen verspielt, nur um ein bisschen Hoffnung zu

* PMU, Abkürzung für *Pari Mutuel Urbain,* größter Pferdewettanbieter Europas. *Chibani* (Westarabisch »alter Mann«) sind Rentner maghrebinischer Herkunft, die zur Wirtschaftswunderzeit als Gastarbeiter nach Frankreich kamen. Häufig sind ihre Renten niedriger als die ihrer französischen Ex-Kollegen.

schöpfen. Aus der rechten Schlange löst sich regelmäßig einer und geht zu einem noch ziemlich jungen Mann auf einem Barhocker. Er ist zwar jung, aber fett und hat eine Wampe, über die er sich immerzu streicht, als würde er ein Kind erwarten. Er spricht laut. »Gewinnerlose! Ich kaufe und verkaufe.« In seiner Hand hält er Wettscheine, die bei den heutigen Rennen gewonnen haben und deren Preis er wie ein kleiner Trader verhandelt. Das Ganze ist nicht mehr und nicht weniger als eine simpel angelegte Geldwäscheoperation.

Ein Spieler kommt beispielsweise mit einem Gewinnschein über 1000 Euro. Der dicke junge Mann kauft ihm den Schein für 1100 Euro ab, ohne ihn bei der Maschine von Paris Turf einzulösen. Etwas später taucht jemand auf, der Geld aus einem Deal, einem Hehlereigeschäft oder einem Diebstahl hat, und kauft diesen Gewinnschein für 1200 Euro, den er daraufhin ganz offiziell einlöst. Er erhält also 1000 Euro und einen offiziellen Beleg für ein gewonnenes Spiel. Am Ende haben der echte Gewinner ebenso wie der Zwischenhändler jeweils 100 Euro mehr, während der Straftäter sein Geld gewaschen hat. Die Polizei hat sich daran gewöhnt, dass die festgenommenen Ganoven immenses Glück im Spiel haben. Geldwäsche kostet immer etwa 20 Prozent der Summe, egal, welche Methode angewendet wird. »Nadir hat fast jede Woche gewonnen, es war nicht viel, aber es hat uns sehr geholfen. Einmal hat er 20 000 Euro bei einer Dreierwette gewonnen«, erklärt seine Frau. Glück ist auch käuflich. Man muss nur vorstrecken.

Nadir kennt diesen Mikrokosmos voller kleiner Tricksereien und großer Betrugsmanöver ganz genau. Octave sieht, wie er mittags in einem Café etwas trinkt, weiterzieht zum nächsten, dann geht er in ein Restaurant, setzt sich kurz darauf noch in ein anderes. Von einer Station zur nächsten zu wandern ist Teil seiner Tätigkeit – Präsenz zeigen, am Ball bleiben, keine

Geschäfte verpassen. Bis zum Tod seines Sohns. Das hat ihn mit einem Schlag ernüchtert, zumindest tagsüber, und nun sieht man ihn nur noch mit den Dealern herumziehen, die ihn manipulieren wollen. Und abends wird dieser hasserfüllte Vater gefährlich.

Schon einmal hatten seine neuen Vertrauten ihn in einen Nachtclub bei Salon-de-Provence mitgenommen, betrunken gemacht und dann versucht, ihn auf dem Parkplatz mit ihrem Auto zu überfahren. Er hat es überlebt und keine Anzeige erstattet. Er hatte keine Zeit zu verlieren. Nadir will nachvollziehen, was in den letzten Lebenstagen seines Sohns passiert ist, nachdem dieser mit einer Rolex am Handgelenk aus dem Gefängnis Les Baumettes entlassen wurde. Der Junge wollte nicht, dass seine Eltern ihn abholen, denn er befürchtete, vor ihren Augen abgeknallt zu werden. Wer konnte ein Interesse daran haben, ihn zu töten? Der Typ, den er im Besuchszimmer verdroschen hatte? Für Kader gab es Hochzeitspläne. Er sollte Sarah, dem Dealerpüppchen, den Laufpass geben und Sonia heiraten, ein gefügiges, »häusliches Mädchen«. Farid Tir – auch er kein guter Umgang für Kader – hat sie ihm vorgestellt. Denn wenn man ein richtiger Ganove wird, bereiten allzu auffällige Freundinnen nur Probleme. Als er aus dem Gefängnis kam, nahm ihn Farid Tir mit in einen Nachtclub an der spanischen Grenze, bei dem er Teilhaber ist. Der Eintritt ist frei, aber eine winzige Flasche Bier kostet so viel wie ein erstklassiger Champagner, und je mehr man trinkt, desto anhänglicher werden die anwesenden Damen. Offiziell läuft der Laden als Swingerclub, in Wahrheit ist er ein Bordell. Viele Marseiller wie Kader gehen dort ein und aus. Für sie ist Spanien der American Dream zum Discountpreis. Kader lässt sich blenden. »Farid hat ihm den gemieteten BMW gezeigt, er hinten drin wie ein Pascha, Dope bis zum Abwinken, die Frauen in den Clubs, das Hotel mit Pool, die große Welt …« Die Fotos von Kader, die Souad überall in ihrem Wohnzimmer aufgehängt hat, wurden alle in Spanien gemacht. Aber auf allen ist Farid Tir mit einer schnell ausgeführten Retusche entfernt worden. Und das Original in der Glasvitrine ist mit einer einzigen, geradlinigen Geste von oben nach unten entzweigerissen worden, so dass es nur noch Kader neben einer großen Leerstelle zeigt.

Als Nadir seine Nachforschungen anstellt, wird ihm allmählich klar, dass das Reich seines Sohns das eines Rebellen oder Verschwörers war und dieser nicht mehr wusste, wem er in diesem Haifischbecken noch trauen konnte. Wer zu lange zögert, entscheidet sich letztlich für die schlechteste Lösung. Und wer wirklich auf dem Vulkan tanzt, verheizt vor seinem Tod noch seine Illusionen. Rache ist eine Art Selbstmord. Kader hat seine Zukunft zerstört, ohne dass seine Eltern etwas dagegen tun konnten, genauso wenig wie die sozialen Einrichtungen, das Bildungssystem oder die Justiz. Als wäre es seine Bestimmung gewesen, jung zu sterben. So empfindet es seine Mutter heute. Die Liebe zu seinem Kind bedeutet nicht, dass man seinen Tod verhindern kann. Sie verhindert höchstens, dass man es vergisst – und das ist schon eine ganze Menge.

6
Die zementierte Misere

Immer wieder hat Kader im Viertel alle herausgefordert, den Bullen an der Straßenecke genauso wie den Dealer von gegenüber. Dabei war er derart bösartig und verbissen, dass er dem Tod wohl schon einige Male von der Schippe gesprungen ist. Wie im 13. Arrondissement war es eine kleine Bande, die sich für unbezwingbar hielt, und dennoch rafften diverse Kaliber das eine oder andere Mitglied dahin. Kader war einer der Ersten. Und sein Tod hat anscheinend gewisse Leute angestachelt. Denn seitdem folgten ihm fünfzehn weitere junge Männer in den Tod. Es ist ein wirrer Krieg, der ausgetragen wird, ohne den Feind richtig zu kennen. Eigentlich kämpft jeder gegen jeden. Wenn sich die Kontrahenten ans Werk machen, fließt nicht Schweiß, sondern Blut, das alle bespritzt, die den Kampf aufnehmen, verhindern oder begleiten wollen. Ihr Leben – ihr kurzes Leben – ist nichts anderes als ein Blutstropfen auf einem weißen Laken. Jung abgeknallt, Opfer ihrer Naivität.

Diese »Durchgeknallten« sind jedoch nicht repräsentativ für die Jugend der Vorstädte. Man kann es nicht oft genug sagen: In den Arbeitervierteln bilden die jungen Straftäter eine verschwindend kleine Minderheit. Und innerhalb dieser Minderheit schlagen noch weniger eine dauerhaft kriminelle Laufbahn ein. Nur fünf Prozent der Straftäter, die mit den Jugendgerichten zu tun bekommen, werden am Ende Wiederholungstäter. Aber es kann auch nicht darum gehen zu leugnen, dass in Marseille kriminogene Milieus vorhanden sind. Manchmal mag das von einer Familientradition herrühren, oft ist es Gruppenzwang. So sind in einer Gang von Straßendealern nicht alle dazu bestimmt, sich zum »Raubüberfall hochzuarbeiten«, was als ultimativer Beweis für Mut und Männlichkeit gilt. »Im Gegensatz zum Manager des Drogenrings schmieden die Straßendealer keine Karrierepläne«, erklärt mir ein junger Mann, dessen Kindheitsfreunde vor einem Wohnblock Dope verticken. »Sie legen auch kein Geld zur Seite. Ihr einziger Karrierehorizont besteht darin, ein bisschen weiter zu kommen.« Die Sturmmaske überziehen. Eine golddurchwirkte Maske.

Denn das ist die fixe Idee: mit großer Geste Geld zu machen! Sie wissen, dass sie nicht in die richtigen Kreise hineingeboren wurden, und übertreten die rote Linie, um sich zu holen, was ihnen ihrer Meinung nach zusteht. »Wer mit fünfzig noch keine Rolex hat, hat sein Leben verpfuscht«, sagte die Werberlegende Jacques Séguéla einmal. Sie wollen es in der Hälfte der Zeit schaffen. Und zum Pflichtsortiment gehören Marken wie Lacoste oder Longchamp, BMW oder Audi – immer die größten Modelle –, denn sie gelten in den Siedlungen, wo sich sogar die Ratten zu Tode langweilen, als Symbol für Erfolg.

Um diese Tragikomödie vollkommen zu machen, spricht man möglichst grob, artikuliert nicht mehr, redet mit gepresster Stimme und benutzt immer dieselben Wörter. *Foutre le bordel* heißt »aufmischen« und erhält je nach Kontext unterschiedlichste Bedeutungen. Ein Dealer, der »aufmischt«, hält sich nicht an die derzeit gültigen Codes der Unterwelt. Wenn die Polizei »aufmischt«, hat sie gerade ihre Operationen in einem bestimmten Gebiet verstärkt. Erzählen Jugendliche, sie hätten »den Bus aufgemischt«, berichten sie über das Chaos, das sie bei ihrer Heimfahrt vom Strand veranstaltet haben. Und ein Lehrer, der einen Schüler »aufmischt«, versucht einfach zu verhindern, dass dieser auf die schiefe Bahn gerät. Kommen also mehr als drei Kids zusammen, verstehen sie sich nicht mehr und prügeln sich.

Solche Kinder begegnen mir nach der Beerdigung von Skander: noch so einer, der erschossen wurde. Er hat mehr Kugeln abbekommen als Lebensjahre. Ein Mord, ähnlich dem an Kader – zumindest ist es derselbe Krieg. Die Kids sitzen mit Colas oder Mirindas auf einem Mäuerchen wie Hühner auf der Stange. Wer noch nicht mal zwölf ist, glaubt nicht an den Tod. Man nimmt ihn nicht ernst. Natürlich gibt man sich traurig, wenn es nötig ist, aber dann überkommt einen wieder unglaubliche Lust, den anderen zu nerven, nur um ein bisschen Spaß zu haben. Wer zu lange nachdenklich bleibt, kriegt einen kleinen Kiesel ab oder einen Klaps auf den Hinterkopf. »Ho! Verpiss dich! Schwuchtel!«; »Es reicht, hau ab!«; »Lass mich, zieh Leine!«; »He! Genug jetzt, zisch ab, mach schon, du Arschloch!«; »He! Das nervt, der mischt alles auf hier!«; »Verdufte! Na los, verdufte!«. Selbst Kinder, die sich korrekt ausdrücken, wenn sie zu zweit sind, trauen sich nicht, vor der ganzen Clique verständlich zu sprechen. Ihr Niveau lässt beständig nach. Denn man muss verdammt mutig sein, um sich in einer Gruppe gebildet zu zeigen. Wer will schon reden wie ein Richter, ein Bulle, ein Lehrer oder ein Erzieher. Daher gestalten die Jugendlichen ihre Sprache wie einen Schlag ins Gesicht. Hier brüstet man sich, ein Großmeister in Krav Maga, im Kiffen oder des Kamasutra zu sein, aber nie, niemals wird sich jemand in Sachen Bildung exponieren – einen auf dicke Hose machen, das natürlich schon! Man hat ihnen nur zur Genüge zu verstehen gegeben, dass Bildung nicht ihre Welt ist. In gewisser Weise betonen die Beschimpfungen das und bieten einen Schutzwall der Vulgarität, hinter dem man sich langfristig verschanzen kann. Wer mit vierzehn die Schule geschmissen hat, um zu kiffen und Dope zu verkaufen, verliert den Sinn für Verhältnismäßigkeit, gewinnt aber den für Aggressivität hinzu. Für Kids mit so dünnen Ärmchen zeigen sie eine erstaunliche Mannhaftigkeit und spucken dabei Beleidigungen aus, die schneidend sind wie ein Messer an der Kehle.

Sie nennen das »Respektkultur«. Wer gefürchtet wird, »existiert«. Der Soziologe Philippe Bourgois sieht das als eine Folge der Scham über ihre soziale Stellung. Die Schande als höchstes Regulativ von Emotionen. »Der Drogenhandel und die Gangs gewährleisten mehr als nur einen Brotberuf. Sie bieten darüber hinaus eine alternative Gesellschaftsordnung, in der Mut, Härte und Geschäftssinn geschätzt werden. Vor allem aber befreien sie von der Scham, arm, arbeitslos und nicht in der Lage zu sein, für eine Familie aufzukommen.« Die Kultur der Straße bietet eine Alternative zu ihrer sozialen Ausgrenzung.

Wenn ich solchen Jugendlichen zum ersten Mal begegne, fragen sie mich meistens nach Arbeit. »Hey, Franzose, haste nicht 'ne feste Stelle für mich?« oder »Na, Journalist, haste 'nen Job?«. Sie verfügen über keinerlei Netzwerke, um Arbeit zu finden. In der Siedlung Félix-Pyat sagt mir eine kleine Schwarze Hand voller Dope und Verzweiflung: »Ich möchte einfach nur ein Frédéric werden.« Ein was? Ein gekränkter Blick, dann ein bisschen aggressiver die Antwort: »Na, ein Frédéric halt, Bro: ein Weißer, ein Franzose, ein Typ mit einem Auto, ohne Sorgen, mit einer fleißigen Frau daheim, einem Hund, Kindern und einem Kredit ...« Ein Kredit bedeutet, ein Haus zu haben und folglich einen Job. Der Traum vom Einfamilienhaus am Stadtrand von Marseille, »weit weg von dieser beschissenen Siedlung«. Die Befreiung durchs Spießertum. Für andere kommt sie durch die Kriminalität, wenn sich eine Gelegenheit zum Einstieg bietet.

»Wir leben in einer Gesellschaft, in der alles über die Rangfolge läuft. Aber diese Jugendlichen sind überall die Letzten. Wenn sie zur Tat schreiten, haben sie den Eindruck, sie wären auf Erfolgskurs«, bemerkt Sofiane Majeri, ein Berufsberater in den Siedlungen Grand Saint-Barthélemy. Nicht alle jugendlichen Schulversager werden straffällig und noch weniger kriminell. Von denen, die auf die schiefe Bahn geraten, sind aber die Mehrheit Schulabbrecher. Und das, obwohl die meisten ihrer Schulen in einer *zone d'éducation prioritaire** liegen und die Lehrkräfte, von denen ich viele kennengelernt habe, engagiert und gut ausgebildet sind. Dennoch bleiben diese Schulen größtenteils Orte des Scheiterns. Banden und andere Außenstehende, die vor der Schule herumlungern, sowie die Lethargie zahlreicher Eltern, die sich nicht in den Schulalltag einbringen, tragen nicht dazu bei, ein bildungsfernes Umfeld zu verbessern. Die, die am wenigsten gefestigt sind, werden so von den Drogenringen abgeschöpft, aber dennoch entgehen die meisten den Dealern. Das größte Handicap ist die Ghettoisierung in den Schulen. In ein und derselben Einrichtung kommen die Schüler mit den größten sozialen und familiären Problemen zusammen. Das liegt ganz einfach daran, dass die Eltern, die noch Hoffnung in die Schule setzen und über die nötigen finanziellen Mittel verfügen, ihre Kinder in andere Schulen schicken. Dabei umgehen sie das Sprengelprinzip oder melden die Kinder auf Privatschulen an, die in Marseille von den großzügigen Gaben des Bürgermeisters Jean-Claude Gaudin profitieren. Den sieht man in den nördlichen Stadtvierteln sonst nur in den seltenen Fällen, wenn es ein rotes Band für eine Eröffnung durchzuschneiden gilt.

So kommt es, dass verschleierte Frauen, die sich um eine

* Etwa »Bevorzugte Erziehungszonen«. Einrichtungen in diesen Gebieten erhalten zusätzliche Mittel und größere Autonomie, um schulische und soziale Probleme zu lösen.

gute Schulbildung für ihren Nachwuchs sorgen, morgens ihre Kinder an katholischen Privatschulen abgeben. Parallel dazu verarmen die öffentlichen Schulen in den prekärsten Vierteln immer mehr und lassen die Schüler ohne jegliche Hoffnung zurück. Und alle diese Schulaussteiger werden Kinder ohne Abschlüsse. Manche von ihnen empfinden sogar das Gefängnis als eine Zukunftsperspektive. Einige bekommen tatsächlich im Gefängnis eine Schulbildung. Mitunter ist es das erste Mal. Das Jugendgefängnis in La Valentine wurde 2007 eröffnet und ist seitdem immer rappelvoll.

*

Eine schwere Metalltür. Ein Schlüssel dreht sich im Schloss. So klingt es, wenn man eingesperrt wird. Sylvain, sechzehn Jahre alt, ist der 554. Häftling im Jugendgefängnis La Valentine, im 11. Arrondissement von Marseille. Er kommt hierher, weil er »eine große Dummheit« begangen hat.

Ihm wird erklärt, wie das Gefängnis funktioniert. »Es gibt fünf Abteilungen mit jeweils zehn Häftlingen, einen Disziplinarbereich, eine Turnhalle und die sechs Plätze, die den Neuankömmlingen vorbehalten sind.« An diesem Tag ist das Gefängnis voll: 56 Plätze für 56 Häftlinge. Er muss seine Haftstrafe bei den Neuankömmlingen verbringen. Seit meinem ersten Besuch 2011 hat sich nichts verändert, weder zum Besseren noch zum Schlechteren. Es gab zwei erfolgreiche Ausbrüche, als Häftlinge über die Gefängnismauern kletterten. Das erste Mal benutzten sie einen Basketballkorb, das zweite Mal stapelten sie Stühle und Tische aufeinander. Die jungen Ausbrecher wurden wieder gefasst. Sie wollten einfach nur die Helden spielen und der Staatsgewalt einen großen Stinkefinger zeigen.

Nach wie vor wacht in jeder Abteilung ein Zweierteam aus einem Erzieher und einem Wärter über die Einhaltung der Gefängnisregeln und begleitet die Jugendlichen bei ihrer Wiedereingliederung. Die Gebäude stehen im rechten Winkel, quer dazu liegt ein Sportplatz. Die Schulanstalt schließt das Dreieck, in dem Sylvain die nächsten drei Wochen verbringen wird.

Außer am Wochenende wird er jeden Tag die Schule besuchen. Ein Lehrerteam evaluiert seinen Kenntnisstand. Die Klassen zu je vier oder fünf Schülern sind nach Niveau zusammengestellt und nicht nach Alter. Da Sylvain nicht allzu sehr zurückliegt, kann er am leicht angepassten Unterricht der neunten Klasse teilnehmen.

Für andere ist es hier fast wie eine erste Einschulung. Cédric hält es nicht auf seinem Stuhl. Er hat eine Aufmerksamkeitsspanne von fünf Minuten. »Die erste Herausforderung ist, dass er an seinem Platz bleibt«, gibt ein Lehrer zu. Wer auch immer in der Nähe seiner Klasse vorbeikommt: Cédric muss ihm dringend etwas mitteilen. Und jedes Mal springt er auf: »Ich muss meinen Anwalt sprechen«; »Mein Fernseher geht nicht richtig«; »Gibt's was Neues vom Richter?«. Diese Kids kennen die Abläufe. »Sie haben alles im Blick«, bestätigt ein Erzieher, »und wissen genau, was sie tun.«

In La Valentine wird also versucht, ihnen Erfolgserlebnisse zu verschaffen: kleine Abschlüsse, ein bestandener Verkehrssicherheitstest oder positive Sanktionen, wie sie viele von ihnen vor ihrer Inhaftierung noch nie erlebt haben. Schule schwänzen ist praktisch unmöglich. Wenn nötig, erhalten die größten Störer Einzelbetreuung; nur in der Strafzelle entgeht man dem Unterricht. Einen Wärter anzurempeln genügt, um dort zu landen. Aber niemand hat Lust, mehr als einmal in einer winzigen Zelle ohne Fenster und ohne Fernseher zu sitzen. Nicht einmal der hartnäckigste Schulverweigerer. Die Zellen im Disziplinarbereich sind also durchschnittlich nur drei Tage im Monat belegt.

Das Leben in Gemeinschaft gibt dem Alltag und den Handlungen der Häftlinge einen Rahmen – außer nachts sind sie praktisch nie allein. Wie alle Neulinge kann Sylvain nur von einem Gebäude ins andere gebracht werden, wenn der Hof leer ist. »Damit es nicht gleich bei der ersten Begegnung mit den anderen kracht«, erklärt ein Wärter und fügt dann hinzu: »Es kommt zu Verbalattacken.« – »Wir werden beschimpft«, bestätigt ein junger Häftling. Das Gefängnis bleibt ein feindliches Umfeld. Und obwohl die Jugendlichen praktisch ununterbrochen von Wärtern oder Kameras überwacht werden, bricht sich das Recht des Stärkeren bei der erstbesten Gelegenheit Bahn. Bisweilen kommt es zu Erpressungen – also wird alles getan, um sie zu unterbinden. »Den Häftlingen ist jeglicher Tauschhandel untersagt.« Auch deswegen gibt die Anstaltsleitung vollkommen identische Kleidung aus.

Als Sylvain im Neulingsbereich ankommt, erhält er wie die anderen den *livret du détenu*, eine Art Gefängnispass, den er dann auf dem Bett seiner Zelle studiert. Wie alle Zellen der Einrichtung ist es eine Einzelzelle mit Dusche, Toilette, Waschbecken, Regal und Schrank, Fernseher und Schreibtisch. Auf diesen fällt Licht durch ein mit Stäben versehenes Fenster, vor das jüngst noch ein feineres Drahtgitter montiert wurde. Er muss die Zelle selbst sauber halten und darf sie ausschmücken, wie es ihm gefällt. In einer anderen Abteilung hat Cédric Poster von amerikanischen Rappern und eigene Fotos aufgehängt und sich so das Zimmer zu eigen gemacht. An diesem Tag trifft per Post das Radio ein, das er sich von seinem eigenen Geld gekauft hat. Für einen Moment blinzelt er wie ein Kind bei der weihnachtlichen Bescherung. Dann setzt er wieder sein gelangweiltes Gesicht auf und beschwert sich, dass er die letzte CD von Rohff nicht bekommen hat.

Auch Sylvain kauft sich von seinem eigenen Geld ein Radio, das er »nicht zu laut hören darf«, wie es in der Hausordnung der Anstalt heißt. Während seiner Haftstrafe darf Sylvain nicht rauchen, er hat keine Playstation, natürlich kein Handy und keinen MP3-Player. »Das ist wirklich hart«, seufzt Samir beim gemeinsamen Essen der Abteilung. Samir ist Stammgast hier, denn er hat zahlreiche krumme Dinger gedreht. »Er kommt schon zum fünften Mal«, betont ein Erzieher.

Neben dem verpflichtenden Schulbesuch und dem mit dem Erzieher erarbeiteten Wiedereingliederungsprojekt gibt es Sport, um sich abzureagieren, den Fernseher, um sich zu entspannen, und den Kicker, um sich zu amüsieren. »Aber jedes Mal, wenn Samir nach Hause kommt, verleitet ihn sein Umfeld wieder zu weniger vernünftigen Unternehmungen«, beklagt der zuständige Betreuer. In den acht Jahren seit der Eröffnung des Jugendgefängnisses La Valentine im November 2007 waren hier 2400 Jugendliche zwischen 13 und 18 Jahren inhaftiert. Weniger als 10 Prozent kamen nach Rückfällen erneut hierher. Wenn sie dann volljährig sind, landen die Häftlinge oft in Les Baumettes, der Vollzugsanstalt von Marseille, der nicht umsonst der Ruf eines ekelhaften Gefängnisses vorauseilt. Wer eine Karriere in der Unterwelt und im Knast anstrebt, legt sich ein dickes Fell zu. Jeder weiß, dass Gefängnisse wie ein Schnellkurs und wie ein Jobcenter in Sachen Verbrechen wirken, schließlich findet man dort die besten Kriminellen des Markts.

Freddy hat dort gelernt. Er ist einer meiner Kindheitsfreunde, und seit zwanzig Jahren geben Inhaftierungen und Entlassungen den Rhythmus seines Lebens vor, ähnlich einem aggressiven Rap. Sein Lächeln wirkt inzwischen wie eingetrübt, als ob die Ablagerungen und die Flechten der Zellenwand auf seine

Zähne übergesprungen wären. Außerdem strahlt er die spröde Geschmeidigkeit von jemandem aus, der ganz plötzlich töten kann. Er ist mittelgroß und lebhaft, jedoch nicht gerade furchteinflößend. Dennoch hat man ihn besser zum Freund. Das ist bei mir der Fall. Wenn er nicht gerade den Ganoven gibt, ist er sehr nett. Solange ich ihn kenne, war er in irgendwelche Mauscheleien verstrickt. Wir gingen an dieselbe Uni, Freddy war aber nicht viel da, und wenn, dann nur, um dort Frauen aufzugabeln. Dabei war er richtig erfolgreich: der Charme des bösen Buben. Wenn ich ihn in seiner Wohnung im Stadtzentrum besuchte und wir einen Abend mit Pizza, Playstation und Kiffen verbrachten, hatte er immer eine Betrugsgeschichte am Laufen, es lagen frisch geklaute Sachen herum oder irgendetwas wurde vertickt … Aber seine Freunde zog er nie in seine strafbaren Handlungen hinein: »Krumme Dinger drehen ist wie Rauchen, am besten, du fängst erst gar nicht damit an, dann musst du auch nicht aufhören.« Bei ihm war immer alles angeschaltet – das Licht, die Musik oder der Fernseher. Immer alles an. Um den Anschein zu erwecken, er sei dauernd da. »Wenn du ständig etwas hast, das man dir zur Last legen könnte, musst du dich entweder rund um die Uhr verstecken, oder du tust so, als wärst du immer am selben Ort. Irgendwann mal verschafft dir das ein Alibi.«

Dem Stromableser hatte er einen Schein zugeschoben, damit der beide Augen zudrückte, denn er hatte den Zähler manipuliert, so dass der Verbrauch stets kostenlos war. In seinen Schränken war alles zwei- oder dreifach vorhanden. Einfach so, um Geld auszugeben und sich für alle Fälle gewappnet zu fühlen. Manchmal schauten wir bei seiner Großmutter vorbei, die ganz in der Nähe von Noailles wohnte. Sie war eine sehr aufmerksame, alte kleine Italienerin, wie diese Italo-Einwanderer, die sich in ihrem alltäglichen Verhalten ein Stück Kalabrien bewahrt haben. Das Aufopfernde und die Armut hat sie aus Italien mitgebracht. Freddy wühlte, ohne zu fragen, in ihrer Handtasche und brüllte, obwohl das Fenster offen stand: »Oma! Wo hast du das Dope hingetan? Oma!« Ganz verlegen kam sie angelaufen, und in einem Ballett großer Gesten stritten sie herum. Dann stellten sie das ganze Haus auf den Kopf, um dieses Piece wiederzufinden – bis sie sich schließlich daran erinnerte, dass sie es in einer Tupperdose im Kühlschrank versteckt hatte, »denn die Polizei würde doch nie darauf kommen, dass es dort etwas zu finden gibt«. Nun war Freddy plötzlich stolz auf sie und küsste sie auf die Stirn. Sie errötete und tat so, als würde sie ihn verscheuchen.

Doch eines Morgens war Freddy mal wieder von der Polizei geweckt worden. Sie hatten alles abgesucht, Schubladen, Schränke, das Sofa, den Vorratsschrank, die Klamotten, die Schuhe, unter der Matratze und dem Bettgestell. Bücher hatte er keine, nur ein Paar Pornohefte aus der Zeit vor YouPorn und dem ganzen Sex im Netz. Alles war umgekrempelt worden, Freddy wartete also, welche Art von Post er bekäme – er wurde zu einem Ermittlungsbeamten einbestellt. Wegen all des Diebesguts. Deshalb ging seine Bewährung flöten, und er landete wieder im Knast.

Während seiner Kindheit hatte Freddy nicht allzu viel Gelegenheit, mit seinem Vater zu sprechen. Sein »Alter« war fast immer im Gefängnis und im Alltag draußen fast immer auf der Flucht. Der Mann befand sich einfach in der absurden Situation, immer wieder Einbrüche zu begehen, um seine Gefängnisaufenthalte zu finanzieren. Im Knast überschnitten sich die Zeiten von Freddy und seinem Vater einige Monate lang, so dass sie sich besser kennenlernen konnten. In der Bibliothek flüsterten sie miteinander, während sie vor geöffneten Büchern saßen. Dann wurde der Sohn entlassen, und der Vater kam in eine Vollzugsanstalt für schwere Straftäter, wo er 2015 immer noch einsaß.

Als er zum ersten Mal in eine Zelle einrückte – »recht spät eigentlich, mit über zwanzig«, meint Freddy fast verwundert –, hatte er sich aufgestylt. Ein mit seinem Namen beflocktes Olympique-Marseille-Trikot, Adidas-Trainingsanzug mit Khalifa-Airways-Aufdruck und Fila-Schlappen. »Kurz nach dem Duschen kam ein Typ und sagte mir, dass die Schlappen nun ihm gehörten. Er war ein bulliger Kerl mit Stiernacken und kantigem Kinn. Ich habe nur einmal zugeschlagen. Er lag im Duschwasser und hat ein bisschen geblutet. Von da an ging mir niemand mehr auf die Eier. Ich wurde bloß zum Boxtraining geschickt.«

Im Gefängnis kommt alles auf die ersten Tage an. Auf den Ruf, der dann bestimmt, welche Haftbedingungen man hat. Es ist, als wäre man in einem Collège ohne Lehrer und Aufsichtspersonal, in dem nur die Brutalsten und Sadistischsten belohnt werden. Freddy hat gesehen, wie einige gute Schüler des Verbrechens zu Werke gingen. Insbesondere ein gewisser Michel Filippi, der 2001 wegen Drogenhandels in der Siedlung Frais-Vallon (13. Arrondissement) verurteilt worden war. Dort geht es allerdings weniger idyllisch zu, als der Name vermuten lässt. Natürlich suchte sich der Mann die Schwächsten aus. Freddy erinnert sich an einige Situationen. »Er befahl zwei seiner Leute, alten Männern eine ordentliche Tracht Prügel zu verpassen.« Immer wieder Schläge, jeden Tag, Würgen, Verstauchungen. »Die Typen mussten ihre Familien um Geld bitten, damit es aufhörte.« Manche Familien hätten ein Vermögen gegeben, ja sich ruiniert, damit ihr Onkel, ihr Vater oder ihr Bruder im Gefängnis seinen Frieden hat. Das Geld wurde im Besuchszimmer angefordert und draußen, in Frais-Vallon, an einen Gefolgsmann des Gangsterbosses übergeben. Im Gefängnis spritzten sich Filippi und seine beiden Komplizen Wachstumshormone, das bläht die Muskeln auf und macht aggressiv.

Seine rechte Hand war ein großer, muskelbepackter Kerl mit einem bösen und verschlagenen Blick, einer Narbe auf der Stirn und einer Rasierklinge im Mund. »Er hatte sie die ganze Zeit drin, wenn er aß, wenn er schlief, wenn er rauchte; und wenn er einen widerspenstigen Typen zur Begrüßung auf die Wangen küsste, fügte er ihm plötzlich eine Schnittwunde zu – so!« Freddy macht die heftige Rechts-links-Bewegung nach. Scharf und schnell. »Solchen Typen geht man aus dem Weg, man zeigt weder Schwäche noch Verletzlichkeit, und man mischt sich nicht ein«, fasst mein Kumpel zusammen. Ein echter Fachmann in Sachen Gefängnisleben. »Wenn du den Filter einer Zigarette verbrennst und mit dem Fingernagel plattdrückst, kannst du eine Klinge herstellen.« Er führt es mir vor wie ein fleißiger Handwerker: Es entsteht ein richtiger kleiner Kurzsäbel, dem keine Haut standhalten kann. In der Zelle war seine Hauptbeschäftigung das Nichtstun, die vollständige Lethargie. Vor dem Fernseher hängen bis zur Epilepsie. »Draußen liebe ich es, ständig in Bewegung zu sein. Im Gefängnis bin ich wie im Winterschlaf.« Der Hochgenuss, sich einen Scheißdreck zu kümmern. Alles wird langsam. »Wenn es im Sommer heiß wird, riecht es in der Zelle nach Schimmel, und wenn das Klo verstopft ist, stinkt es nach Scheiße. Darum setzten wir uns ans Fenster, schoben Arme und Beine zwischen den Stäben durch und ließen sie raushängen, die Hände waren frei und die Füße baumelten im Wind. Wir unterhielten uns, ohne die anderen zu sehen.« Aber nachdem dauernd Abfall aus den Fenstern geworfen wurde, vermehrten sich die Ratten und wurden immer fetter. Deshalb ließ die Gefängnisleitung zusätzlich zu den Stäben noch Drahtgitter an den Fenstern anbringen. Das war's mit dem Armeschlenkern. »Und das ist verdammt hart.« Keine Freiheit mehr für einzelne Körperteile, weniger Licht, der freie Austausch dahin. Von der Hitze mal ganz abgesehen. Mit dem sogenannten Jo-Jo ist es auch vorbei: »Also wenn man sich durchs Fenster mit einer Schnur von einer Zelle zur anderen etwas rüberschiebt, zu essen, zu rauchen oder zum Kochen.« Im Gefängnis muss man gut organisiert sein. Wer ein paar Nudeln, Tomatensoße und ein bisschen Knoblauch kaufen will, muss zwei bis vier Wochen darauf warten. Im Knast wird über Nudeln gesprochen, über Pastagerichte, überhaupt geht es drei Viertel der Zeit ums Essen. Den Rest der Zeit unterhält man sich über Sex oder über Dinger, die man gedreht hat oder drehen will. »Für Sex legt man selbst Hand an, manche leisten einander gute Dienste, andere werden erst gar nicht gefragt.« Sich darüber zu beklagen hieße, eine Bestrafung zu riskieren. Auch hier gilt wieder: Die Schwächsten sind bald nicht mehr in der Lage, sich zu verteidigen. In all diesen Fällen können sie nur noch totale Unterwürfigkeit anbieten.

»Als ich in Luynes war, haben wir Sachen in die Anstalt geschmuggelt, Dope, Handys oder einfach Essen. Zwiebeln sind Gold wert im Gefängnis – Zwiebeln, um Nudeln mit Tomatensoße zu machen. Wir haben sie mit Fallschirmen reingeschmuggelt. Du hast einen Kumpel draußen stehen, der eine Dose über die Mauer wirft. An der ist wie ein Fallschirm eine Plastiktüte angebracht, damit sie langsamer fällt. Aber die landeten immer wieder auf demselben Dach. Deshalb schossen wir während des Hofgangs immer einen Ball auf dieses Dach und schickten das Opfer hoch, also den, der sich gerade nicht wehren konnte. Ungefähr jedes zweite Mal wurde er erwischt.« Durch die Schikanen und Demütigungen brechen die Schwächlinge zusammen. Oder sie mucken auf und werden schlimmer als alle anderen. Nach ihrer Entlassung ziehen sie los, um ihre Siedlung zu erobern, als wären sie gerade der Hölle entstiegen. Sie schrecken vor nichts mehr zurück, sind engstirnig, paranoid und brutal. Sie haben kein anderes Argument mehr als ihren grenzenlosen Hass, der all ihre Ängste ausgelöscht hat. Voller Eigensinn und Trotz bestimmen sie allein über ihre Zukunft und vernichten sie gnadenlos. Nur Leute, die sie noch von vorher kennen, können sie treffen, ohne sich vor ihnen fürchten zu müssen. Nur die Vergangenheit erscheint ihnen vertrauenswürdig. Die Zeitgenossen hingegen sind Feinde, Konkurrenten, Verräter oder Tunten, jedenfalls Leute, mit denen man in einem gewissen Spannungsverhältnis verkehrt. Ich hatte mit ein paar von diesen Typen zu tun und habe das zu spüren bekommen. Einige kannten mich gut vor ihrer Haftstrafe, andere nicht. Das machte einen Riesenunterschied.

Lamine Laribi zum Beispiel. Er ist einer der Bosse der Siedlung Bassens und 2017 immer noch in Haft. Als ich ihm begegnet bin, verhielt ich mich sehr vorsichtig. Die Gewalt kam und ging bei ihm fast so regelmäßig wie die Pendelbewegung eines Metronoms. Ein anständiger Bursche, der plötzlich zum größten Berserker werden konnte. Sogar seine Großzügigkeit konnte sich unerwartet und brutal äußern. Einmal bekam er einen Tobsuchtsanfall, weil die im Sommer untätig herumhängenden Jugendlichen seinen Drogenhandel störten. Also zog er los, klaute einen Bagger und hob am Hauptplatz seiner Siedlung Löcher aus: »Legt Planen rein und macht einen Pool daraus!« Der Befehl wurde sofort ausgeführt. Die Kids konnten den ganzen Sommer über planschen. Darüber hat sich Lamine dann nicht mehr echauffiert. Seine Stimmungswechsel waren wohlbekannt. Diese Launenhaftigkeit kultivierte er auch ein bisschen, um gefürchtet zu werden. Viele von den ehrgeizigen Gaunern sind so: gleichermaßen unberechenbar wie unnachgiebig. Und fast immer sympathisch, wenn gerade keine Gewalt im Spiel ist.

Freddy hat sich während seiner Zeit im Gefängnis nicht verändert. Kein Vorher-Nachher-Effekt – er ist sich selbst treu geblieben. Wenn er sagt, er sei ausgestiegen, ist das relativ. Bei sich zu Hause hat er zwei Pumpguns, »meine Lieblingswaffe«, zwei Kilo Gras, »damit ich meinen Lohn als Müllmann ein bisschen aufbessern kann«, und in zwei kugelsicheren Westen liegen mehrere Granaten: »Das muss ich meinem Cousin im Auftrag von einem Kumpel vorbeibringen.« Bei seiner Strom- und Gasabrechnung betrügt er weiterhin, und er weiß stets, wo jedes beliebige Produkt zu unschlagbar günstigen Preisen aufzutreiben ist. Im Gefängnis hat er Kontakte mit Schwergewichten aus dem Milieu geknüpft, die ihm eine steile Laufbahn in der Unterwelt ermöglichen. Allerdings hat er seiner Freundin im Besuchszimmer ein Kind gemacht. Er hat es erst erfahren, als er aus dem Gefängnis kam. Aus diesem Grund wurde er solide und ging den Weg, der in solchen Fällen in Marseille üblich ist: Mit ordentlich Vitamin B ließ er sich bei der Stadtverwaltung anstellen. Ein Kerl aus dem Knast, der beim Kommunalverband Marseille Provence Métropole gut eingeführt ist, dankte ihm damit für seine Liebenswürdigkeit im Knast, vor allem für seine Kochkünste. »Ich hab nur Nudeln mit Soße gemacht.«

Seit Freddy im Gefängnis war, hält er den Ball flach – denn er ist nicht schwach genug, um sich dort in eine Bestie zu verwandeln, und nicht ehrgeizig genug, um dort über sich selbst hinauszuwachsen. »Und dann heißt es, das Gefängnis sei wie der Club Med. Weil es Typen gibt, die so tun, als würden sie dort ganz ausgeglichen rauskommen. Oder sie machen dort Selfies, auf denen sie lächeln und mit Geld posen, um damit auf Facebook anzugeben. Aber dabei geht es nur darum, nicht schwach zu wirken. Wer dort weint, ist eine Schwuchtel. Es gibt so schon genug Probleme, da kann man es sich nicht erlauben, zusammenzubrechen. Nur nachts hört man dann Kerle in ihre Matratze heulen. Dieselben, die dich beim Hofspaziergang abstechen können und zu Hause im Viertel erzählen, dass ihnen das Gefängnis scheißegal ist.« Draußen lügt man sich in die Tasche, und im Knast versucht man Schlaf zu finden, so gut es eben geht. Um einzuschlafen, wird gekifft, und zwar reichlich. Jedes Gefängnis hat seine Dealer, und natürlich ist es viel teurer als draußen. Dort werden auch Anabolika konsumiert, um ein bisschen Muskeln zuzulegen und seinen Körper zu stimulieren. Man kommt noch chemieverseuchter wieder raus, als man reingekommen ist. Im Gefängnis wird ein Konzentrat reinster Kriminalität gebraut.

*

Wie beschissen das Dope ist, das in Marseille geraucht wird, kann man gar nicht oft genug sagen. Es gibt etliche Substanzen, mit denen man es streckt: Zucker, Altöl, Dünger und Pestizide, Pilzvernichtungsmittel. Auf das Nervensystem eines Jugendlichen wirken sie sich fatal aus. Henna und Talg gibt es auch noch. Das billigste Dope ist natürlich das schädlichste. Am Ende der Verkaufskette haben bereits mehrere Zwischenhändler das Dope mit Henna, Schuhcreme, Kohle oder Reifengummi gestreckt. Der letzte kleine Dealer vertickt folglich etwas derart Scheußliches, dass er wieder etwas dazumischen muss, damit sein Kunde noch irgendwie das Gefühl hat, er nehme eine Droge zu sich. Beruhigungsmittel sind dafür perfekt geeignet. Solange der Kunde ein bisschen high wird, ist es ihm ziemlich egal, warum er abhebt. Ich frage einen Dealer aus der Siedlung Kalliste, womit er sein staubtrockenes Dope streckt. Er antwortet wie ein Chemielehrer. »Wir haben Dikaliumclorazepat, das ist Tranxilium. Jemand hat es mir aus den Alpen mitgebracht, aus einer Tierarztklitsche geklaut. Das kriegen Kühe, glaub ich, die Tabletten sind so groß wie Haribo-Erdbeeren.«

Selbst wenn das ein Einzelfall ist, der sich aus einer günstigen Gelegenheit ergeben hat: Es ist passiert und kann auch wieder vorkommen. Und dieses toxische Produkt landet immer bei den Jugendlichen aus den Siedlungen, denn die rauchen das billigste Zeug. Im Januar 2012 beschrieb die Französische Agentur für die Sicherheit von Gesundheitsprodukten die schädlichen Auswirkungen dieser Substanzen auf die Gehirne der Kids. Zu einer heißt es da: »Sie kann ein Syndrom zur Folge haben, das Verhaltens- und Gedächtnisstörungen mit einer Veränderung des Bewusstseinszustands verbindet. Es lassen sich weitere Wirkungen beobachten: Verschlimmerung von Schlaflosigkeit, Albträume, Unruhe, Nervosität, Wahnideen, Halluzinationen, Oneirophrenie, psychotische Symptome, Enthemmung gekoppelt mit Impulsivität, Euphoriezustände, Reizbarkeit, anterograde Amnesie und Beeinflussbarkeit.« Wie viele Straßendealer sind in diesem Zustand? Alle – ein bisschen. Im Februar 2012 schreibt das Gesundheitsamt der Region Provence-Alpes-Côte d'Azur in einer »Voruntersuchung über die nördlichen Viertel von Marseille«, dass deren Einwohner überdurchschnittlich oft an psychischen Problemen leiden. »Laut der Akteure vor Ort sind psychosoziale Leiden, die aus den Lebensbedingungen und den sozialen Problemen hervorgehen, in den nördlichen Vierteln ein bedeutendes Problemfeld«, heißt es im Fazit der Untersuchung. Der Verdacht fällt auf den übermäßigen Konsum gesundheitsschädlicher Produkte. »Die Aussagen der Fachleute vor Ort (...) legen nahe, dass der Konsum psychoaktiver Substanzen in den nördlichen Vierteln problematisch ist, insbesondere durch das frühzeitige Experimentieren (Alkohol, Cannabis) und die Banalisierung des Cannabiskonsums.« Sicherlich ist die psychische Entwicklung eines dreizehnjährigen Spähers gefährdet, wenn er astronomische Mengen Cannabis intus hat, das mit Beruhigungsmitteln oder Teer gestreckt ist.

Darüber hinaus drängt sich die Fettleibigkeit als weiteres großes Gesundheitsproblem auf, wie ich bei meinen Besuchen selbst feststellen konnte. »Zwischen 2004 und 2008 wurde in den gesamten nördlichen Vierteln von Marseille eine bedeutende Erhöhung des Anteils übergewichtiger oder fettleibiger Kinder (von 5,1 auf 7,8 Prozent) beobachtet«, erläutert dieselbe Studie des Gesundheitsamt. Dieser übermäßige Konsum erklärt sich zwangsläufig aus der Suche nach etwas Unbestimmten. Cola, Mirinda, Selecto oder Sambo, verschiedenste Bonbons, Schokolade, Kekse – die labilsten Kids dopen sich immer erst einmal mit Zucker, bevor sie irgendetwas angehen. Sprich: erst abfüllen, dann loslegen. Manche sind dennoch nicht sonderlich dick, ja sogar eher schlank und drahtig, ihre hervortretenden Muskeln trainieren sie nur während ihrer Gefängnisaufenthalte. Beraubt man sie ihrer Kinderschokolade oder ihrer Fanta, nimmt man ihnen den Zucker mit der aufputschenden Wirkung und legt sie lahm. Darum werden sie zu Junkfood-Fundamentalisten und leisten eine Art fröhlichen Widerstand gegen die Aufforderung, gesund zu leben und jeden Tag fünfmal Obst und Gemüse zu essen. Immerhin haben sie eine Freiheit für sich erobert: Scheiße zu fressen und sich an deren Giften zu laben. Da werden saubere Früchtchen mit Gülle gedüngt.

Im Jahr 2001 haben die Neurowissenschaftler Nicole Avena und Bartley Hoebel aufgezeigt, wie der Neurotransmitter der Befriedigung, das Dopamin, aus dem Gleichgewicht gerät und dadurch eine Abhängigkeit entsteht. Es ist der gleiche Mechanismus wie bei anderen Suchtkrankheiten, und er ist nicht schwer zu verstehen. Exzessiver Zuckerkonsum verursacht eine Hyperglykämie und bedingt eine plötzliche Erhöhung des Glukosegehalts im Blut, ganz so, als würde es ein bisschen karamellisiert. Die Bauchspeicheldrüse schüttet daraufhin eine große Menge Insulin aus, um all diesen Zucker abzubauen. Nun kommt es zu einer Hypoglykämie, die einen niederstreckt wie ein Aufwärtshaken auf die Leber. Um diesen rasanten Energieabfall wettzumachen, verlangt der Körper wieder nach Zucker. Das Gehirn hat Hunger, und das verursacht die Abhängigkeit und einen zwanghaften Konsum. Diese Einbrüche des Zuckerspiegels rufen Verstimmungen hervor und führen zu Wutausbrüchen.

Diese blitzartig verfügbare Heftigkeit sorgt dafür, dass die Kinder, die sich unbedingt Respekt verschaffen wollen, sogar von Stärkeren gefürchtet werden, die sich lieber nicht mit ihnen anlegen. Wer in den Siedlungen ein Ganove werden will, muss die Fäuste schwingen. Und bevor es mit Koks und Amphetaminen losgeht, ist der Zucker dran. Aber all diese Drogen richten nichts gegen die Kugeln aus. Wenn die erst mal getroffen haben, sterben die Kids in den meisten Fällen. Irgendjemand trauert immer um diese Halbstarken, die groß und stark sein wollen und dabei draufgehen. Sogar um die schlimmsten, diese durchgeknallten Draufgänger. Von denen, die ich kennengelernt habe, sind inzwischen manche getötet worden, und manch andere wird es wahrscheinlich auch noch erwischen. Sie alle sind hart und zornig – ihre Beleidigungen drücken eine tiefe Verzweiflung aus, die sie mit einem virilen Hass überspielen. Doch hier ist das, was ich heraushöre, wenn sie sich in einem Schwall von Beschimpfungen ergehen:

»Ach, ihr habt ja so viel für mich getan. Habt mir so viele Chancen gegeben. Die ganzen Leute, die sich um meinen Fall gekümmert haben: Lehrer, Sozialarbeiter, Erzieher, Psychologen, Richter und das restliche Arsenal des selbstgerechten guten Gewissens, das sich über ›Fälle‹ wie mich auslässt. Aber ich erlaube mir zu denken, dass man Güte nicht unbedingt schätzen muss, wenn sie nicht für einen bestimmt ist. Eure Wohltätigkeit ist nicht für mich bestimmt, und das habe ich immer gewusst. Man versteckt die Monster, die man erschaffen hat. Und so bin ich einer von diesen Draufgängern geworden, die erst dann Vernunft annehmen, wenn es mächtig geknallt hat. Irgendwer muss ja sterben, denn was hätten sonst die Journalisten zu schreiben, die Politiker zu erzählen und die Leute zu grübeln, diese anständigen Bürger, die die Journalisten als Leser wollen und die Politiker als Wähler? Ich bin eine politische Waffe, die fabriziert wurde, um im richtigen Moment zu explodieren. Waffen sind nicht für die Liebe bestimmt.«

7
Verlorene Liebesmüh

»Terroristen aus den nördlichen Vierteln«.

Unter schmutzigen und verschlossenen Fensterläden prangt dieser gelbe Schriftzug auf der Mauer einer baufälligen Fassade wie eine Warnung. Eine abgerissene Regenrinne hängt herunter bis zur Eingangshalle, wo zwei Langhaarige in Kapuzenpullis einander gegenüber herumfläzen und die Stellung halten. Der erste ist bärtig und dicklich, der zweite groß und gebeugt. Sie sind noch keine achtzehn. Augenscheinlich wirkt alles ganz normal. Unvorstellbar, dass sich in diesem zentral gelegenen Hochhaus der Siedlung Campagne-Lévêque in den nördlichen Vierteln von Marseille seit dem Frühjahr eine kriminelle Vereinigung über zwei Etagen ausgebreitet haben soll. Die beiden hier sind zugleich deren erste Aufpasser und die eher noch sympathischen Händler. Hinter dem Dicken steht auf einer Tafel mit abwaschbarem Folienstift geschrieben: »Aus lokalem Amnesia-Anbau«, dazu wie in einem Teeladen der Preis je nach Abnahmemenge. Hier wird in über zwei Etagen verteilten Wohnungen Gras angebaut. Die Abnehmer sind bereit, mehr zu zahlen, damit sie keinen Shit mehr rauchen müssen. Denn das marokkanische Cannabisharz wird immer weiter gestreckt: mit Teer, Reifen, Henna oder Medikamenten. Was im Kleinen nur ein paar Gramm ausmacht, ergibt am Ende einen großen Gewinn. Die Dealer dieses Drogenrings sind hingegen für die anspruchsvollen und qualitätsbewussten Kunden da. Erfinderische und unternehmungslustige kleine Gauner.

Nur wer etwas kaufen will, darf in die Eingangshalle und muss dabei ein oder zwei Scheine hochhalten, so als würde er seinen Pass bei der Grenzpolizei vorzeigen. Ansonsten ist es klüger, sich nicht hierher zu verirren.

Toufik prescht mit seinem Motorroller heran, einen Helm trägt er nicht. Mit einem breiten Grinsen begrüßt er die gesamte Truppe und umarmt der Reihe nach alle seine Kumpels. »Alles in Ordnung, Bruder?« Toufik ist ein wertvoller Kontakt und Führer, der sich selbst als »muslimischer Bruder« bezeichnet. Er ist einer dieser jungen Bärtigen in Dschellaba und Sneakers, die zur Begrüßung die Hand aufs Herz legen und immer einen Joint zwischen den Fingern haben. »Ich hab lang hier gedealt, hab das Zeug geliefert, aber, *wallah,* ich hab aufgehört.« Toufik ruft den Himmel als Zeugen an, als könne der für seine Aussage einstehen. Er betet jetzt fünfmal am Tag. Manchmal auch öfter, um einen Alltag aufzuwiegen, der nicht immer ganz *halal* ist.

Wer in der Eingangshalle die fast neuen Briefkästen hinter sich gelassen hat, stößt auf eine erste Umbaumaßnahme. Mein Führer erklärt sie: »Dieses Loch in der Wand ist ein Durchgang für die Leute aus der dritten und den weiteren Etagen, damit sie die Treppen im Nebenhaus benutzen können. Denn hier lassen sie die Jungs von der Gang nicht durch. Im dritten Stock gibt es das gleiche Loch.« Es ist eine tragende Wand. Schulterzucken. Also ehrlich, hier »geht uns das am Arsch vorbei«. Nicht umsonst müssen die Nachbarn einen Umweg machen – der Schatz ist wertvoll.

Eine zweite Umbaumaßnahme erwartet uns im ersten Stock: eine selbstgebaute Panzertür. Mit einem Rad, um sie zu öffnen, wie in Unterseebooten oder in den alten James-Bond-Filmen, die hier keiner je gesehen hat. »Die Typen, die sich als Maurer verdingen, machen die Löcher und die Mauern. Und für das hier gibt es einen *gadjo*, der gut mit dem Schweißbrenner umgehen kann. Der hat das hier gemacht, diese Stahltür und die gleiche noch mal einen Stock höher.« *Gadjo* ist aus der Sprache der Roma. In Marseille ist diese Bezeichnung für einen Typen in die Populärsprache eingegangen.

Auf dem Gang duftet es wie nach Heu, nur würziger. »Ich weiß nicht, wie viel Pflanzen es sind, aber sie werden in den Wohnungen angebaut«, erklärt mein Führer. »Sie arbeiten mit Hydrokultur, glaube ich, mit Lampen und allem Drum und Dran.« Es bleibt keine Zeit für weitere Details: Der große Gebeugte kommt, um nach dem Rechten zu sehen. »*Wallah*, Bruder, das ist kein Bulle, ich kenn ihn.« Die restlichen Informationen sammle ich später, weiter nördlich, in Toufiks Imbissbude.

»Uns ist aufgefallen, dass die Kiffer bei sich zu Hause anbauen, und das nicht, weil sie Angst haben, in den Siedlungen einzukaufen, sondern weil sie gutes Pot wollen. Also haben ein paar Schlauberger Samen aus Holland importiert, Amnesia, eine der stärksten Sorten. Und jetzt machen sie einen auf Bauern.« Toufik spricht wie einer dieser PMU-Barbesitzer im Stadtzentrum. Zuerst singend, dann am Satzende guttural, um den erzählten Gemeinplätzen mehr Gewicht zu verleihen. Und wenn er »wir« sagt, wenn er von den Dealern redet, dann nur, weil er sich mit seinen Kumpels über Cannabis unterhält, »*wallah*«.

Für die Gründung ihrer Plantage betrieben die selbst produzierenden Dealer autodidaktische botanische Studien, vor allem im Internet, und werteten die Erfahrungen von Homegrowern aus. Als Kleindealer kann man nicht von einem Tag auf den anderen von der Schwarzen Hand auf den grünen Daumen umschalten. Zuerst einmal musste ein Ort gefunden werden. Ein erster Versuch in Kellern scheiterte: Das war zwar unauffällig, aber zu feucht. Die Ware verfaulte. Die Idee, auf Dächern anzubauen, wurde schnell fallengelassen, »wegen des Geruchs«. Bis die »Aufklärer« des Drogenrings vier Wohnungen in zwei Etagen dieses Hochhauses ausfindig machten. Orte, die »fast völlig leer stehen«. Nachdem sie sich um das *Fast* (es waren Hausbesetzer) mit Eisenstangen gekümmert hatten, begannen die Investitionen mit dem Kauf von Material für den Anbau. Die Ausrüstung für die »Bewirtschaftung« beinhaltet Natriumdampflampen, die über die etwa 400 Quadratmeter verteilt wurden. Außerdem galt es, die Position der Ventilatoren für die Raumlüftung festzulegen, den Boden zu isolieren und die Wände weiß zu streichen. Dann musste alles abgedichtet werden.

Die Ziele mögen zweifelhaft sein – aber alle diese Fähigkeiten und das Know-how zeigen einen Unternehmungsgeist, wie ihn die legalen Geschäftsleute und Investoren nur mit Mühe finden in diesen Vierteln, die bloß Arbeitslose und vergeudete Talente hervorbringen.

Toufik ist hingegen ein erfolgreicher Unternehmensgründer: Er hat einen Imbiss eröffnet. »Ein Großteil des Gelds kommt vom Dope«, gibt er zu, während er eine Flasche billigsten Aprikoseneistees leert. Fünftausend Euro reichten, damit er die Sache zusammen mit einem Kumpel starten konnte, auch er ein »muslimischer Bruder«. Seine Projekte für die Zukunft? »In billige Immobilien investieren, renovieren, dann vermieten.« An abgewohnten Gebäuden fehlt es nicht in den Dorfkernen der nördlichen Viertel. Toufik hat Kontakte zu Leuten, die anpacken können, und weiß, wo er Abnehmer für seine Immobilien findet. Damit kennt er sich aus. Warum sollte er also nicht loslegen? »*Inschallah.*«

*

In der Siedlung Les Oliviers erzeugt die Vollgasfahrt – zwanzig Meter auf dem dicken Hinterrad einer Crossmaschine – vor den ausgelassenen und zerzausten Zuschauern in der staubigen Atmosphäre eines Spätnachmittags ebenso viel Freude wie CO_2. Der Fahrer sieht aus wie alle diese oberschlauen Kids, die fanatische Motorradfans sind. Lange, nach hinten gegelte Haare, die im Nacken zusammengebunden sind, große Klappe und spielerische Vulgarität, eingeübte Gesten, Pilotenbrille, Nike-Turnschuhe und Adidas-Trainingsanzug – darüber trägt er allerdings eine graue Dschellaba. Und nicht zu vergessen den Bart des Propheten. Die »Dschellaba-Sneakers« tauchten plötzlich 2012 auf und bilden seitdem eine kleine, aber gut sichtbare Gruppe. Egal, ob sie pissen oder beten – diese Typen wenden sich gen Mekka. »Es gibt die Ehrlichen, die den Weg Allahs gefunden haben«, kommentiert ein gut informierter Polizist. »Aber die meisten nutzen das als eine Art Alibi für ihr Leben voller Mauscheleien.« Für die ist der Islam nur ein Vorwand.

Yamina Benchenni ist seit jeher Aktivistin. In ihrer Siedlung La Simiane berichtet sie bei einer Tasse Tee von ihrer Beobachtung, dass sich die Kämpfe von den großen Idealen hin zu einer persönlicheren Identitätssuche verlagert haben. Ein Wandel vom Che-Guevara-T-Shirt hin zu den Dschellaba-Sneakers. »Die Leute in den Vierteln wissen nicht, wie sie sie ansprechen sollen«, klagt sie. »Es gibt drei Arten von jungen Leuten, die sich nach einer schwierigen Phase dem Islam zuwenden: Die Ersten sind aufrichtig und finden dort einen Weg und einen Sinn. Sie schaffen es aus all den gesellschaftlichen und psychologischen Zwängen, denen sie seit jeher unterworfen sind, haben den Eindruck, das hinter sich zu lassen, und beten fünfmal am Tag, ohne dass sich jemand davon gestört fühlt. Dann gibt es eine zweite Gruppe von Leuten, die bei den

Menschen in den Vierteln ihren guten Ruf wiederherstellen wollen, indem sie einen Glauben zur Schau stellen, der nicht immer ganz ehrlich gemeint ist. Die Dritten schließlich geben sich diesen Anschein, um mehr denn je schwunghaften Handel zu betreiben und alle zu täuschen. Die Leute sagen dann: ›Ja, er hat mit Drogen zu tun, er dealt, aber es geht bergauf mit ihm, Allah wird ihn auf den rechten Weg zurückführen.‹ Und dann gibt es noch welche, die glauben sogar, die Polizei hege keinen Verdacht, dass sie dealen. Selbst wenn das mal funktioniert hat, bin ich mir sicher, dass die Cops sich da inzwischen nicht mehr täuschen lassen.«

Diese Suche nach Identität, um zu existieren, nach Sinn, um die Zukunft in Angriff zu nehmen, oder nach einer Tarnung, um unter dem Deckmantel der Radikalisierung in aller Ruhe zu mauscheln: All das beunruhigt Yamina weniger als die anhaltende Ungleichheit in Frankreich. »Heute wie gestern steht die Gleichheit nach wie vor nicht im Fokus.« Dabei hat Yamina Benchenni für dieses Ideal gekämpft. Sie zählt zu den Marseillerinnen mit Migrationshintergrund, die sich durch zivilgesellschaftliches Engagement integriert haben.

Am 18. Oktober 1980 tötete ein CRS-Polizist in der Nähe der Siedlung Les Flamants Lahouari Ben Mohamed und bekam dafür wenig später nur achtzehn Monate auf Bewährung. Dieser Prozess wegen eines rassistischen Mordes war eine der Ursachen für den großen Marsch für Gleichheit und gegen Rassismus, der 1983 von Marseille nach Paris führte. Doch das Engagement der Teilnehmerinnen und Teilnehmer entsprang keinem spontanen Impuls. Auch bei Yamina Benchenni nicht, die unter den Marseillerinnen und Marseillern, die damals nach Paris marschierten, eine der aktivsten war. Dreißig Jahre später ist sie weiterhin hochengagiert und fordert wieder und wieder, was immer noch nicht erreicht ist, nämlich

»Gleichheit und Gerechtigkeit für alle«. Sie ist algerischer Abstammung, bezeichnet sich aber schon immer als »Französin, die ihre Kultur nicht verleugnet«. 1983 wagt sie es, mit ihren Freundinnen in ihrer Brautausstattung durch Paris zu marschieren. Damit war eine doppelte Botschaft verbunden: zunächst die offensichtliche Hommage an ihre Wurzeln, aber auch eine subtilere Nachricht an ihre Mutter. »Als meine Mutter sah, dass wir unsere Brautkleider trugen, hat sie mich gewarnt, dass ich damit nicht mehr heiraten könnte – und genau das war es, was wir alle wollten.« Es war der Kampf gegen die Zwangsheiraten, der Auslöser des ersten Engagements, des Feminismus. Später machte sie der Tod einiger Leute aus ihrem Umfeld zu einer entschlossenen Antirassistin. Unter ihnen war ihr Onkel Slimane, der 1972 in Narbonne ermordet wurde. Von einem Balkon aus schoss jemand auf ein Auto mit drei Arabern und einem Schwarzen. »Er war nicht sofort tot, und als die Polizei ihn fand, stellten sie zunächst einen Strafzettel aus: ›Person in alkoholisiertem Zustand‹. Dabei hatte er eine Kugel im Kopf.«

Die Wurzeln von Yaminas Engagement reichen jedoch noch weiter zurück, in die Geschichte der Familienmitglieder der Benchennis, die auf algerischem Boden geboren wurden. Nachdem ihr Vater seinen Grundbesitz an einen Kolonisten, einen gewissen Monsieur Albert, hatte abtreten müssen, verpflichtete er sich während des Zweiten Weltkriegs bei der französischen Armee. 1944 war er an der Befreiung des Viertels Les Goudes in Marseille beteiligt und kam danach nach Verdun, um bei der Rückeroberung Frankreichs zu helfen. Das schickte ihn anschließend nach Indochina – der Soldat überlebte, kehrte aber mit ruinierter Gesundheit heim. Ohne jeden Skrupel verkaufte ihm Monsieur Albert sein eigenes Land zurück. Yaminas Vater baute dort ein Haus für seine jüngeren Brüder, für die er seit dem Tod seiner Eltern sorgen musste. Da er Französisch sprach und den Führerschein hatte, ging er ganz selbstverständlich nach Frankreich zurück, als das Land Arbeitskräfte brauchte. 1958 kam er in Cannes an und arbeitete dort als städtischer Gärtner. »Er hatte während des Kriegs einen kommunistischen Widerstandskämpfer kennengelernt, der ihm geraten hatte, in Frankreich zu bleiben. Dieser Mann hat meiner Mutter und ihren fünf Kindern die Reise hierher bezahlt«, erklärt Yamina, die zwei Jahre später in der Nähe der Croisette geboren wurde. 1969 zog die Familie nach Marseille. Nun ja, das heißt, sie richtete sich in der großen Barackensiedlung von Saint-Barthélemy ein, »unter Blechdächern, mit den Füßen im Schlamm«. Ein halbes Jahr später zog die Familie dann in eine winzige Wohnung im Durchgangslager Bassens um. Eine Übergangslösung – für 35 Jahre.

Damit begann ein Leben, das geprägt war von gegenseitiger Hilfsbereitschaft, dauernder Plackerei und ab Mitte der 1970er Jahre der Angst vor Übergriffen. Hinzu kam der Druck der Tradition, wie zum Beispiel in puncto Heiraten. »In dem Haus, in dem wir wohnten, hatte man das Mädchen aus dem vierten Stock dem Nachbarn aus dem ersten in die Arme geworfen. Sie wurden verheiratet, machten Anstandsbesuche bei allen Nachbarn in der Siedlung und lebten dann zusammen im ersten Stock. Nur über meine Leiche!« Sechs Monate im Jahr verbrachten die Eltern in ihrem Heimatland, um dort eigenhändig ein Haus zu bauen – ihr Haus. Für Yamina und ihre Schwestern war eine Rückkehr unvorstellbar. »Für uns wäre das keine Rückkehr gewesen, denn wir sind ja hier zu Hause.«

Nachdem sie Erzieherin in Les Flamants geworden war, mietete sie mit ihren Schwestern eine größere Wohnung in Bassens. Die Feten dort wurden zum Treffpunkt der Aktivisten. »Wir haben da unseren Mai 68 erlebt.« Eine Generation von Frauen, »wir waren etwa dreißig«, die sich einsetzten, sich akzeptierten, sich emanzipierten.

Yamina wurde auf französischem Staatsgebiet geboren und hat auch um die französische Staatsbürgerschaft gekämpft. Sie wollte aufräumen mit dieser Idee, dass »ein Emigrant einen Emigranten hervorbringt«. Außerdem kämpfte sie gegen die Ausweisungen, die allein von der Polizeipräfektur beschlossen wurden. Alle diese Forderungen führten zu dem Marsch von 1983 und dann 1985 zur Gründung von SOS Racisme. Die Dinge haben sich nicht so entwickelt, wie sie es sich erträumt hatte. »Was in einen Prozess der Politisierung hätte münden sollen, wurde zerschlagen. Mit dem Slogan ›Mach meinen Kumpel nicht an!‹ ›Touche pas à mon pote‹ hat man die politische Bewusstwerdung einer Klasse auf den Schutz des lieben kleinen Arabers reduziert.«

Die Folgen sind offensichtlich. Dreißig Jahre später setzt sich das Gedankengut des Front National auf allen Ebenen der Politik und in den Wahllokalen immer mehr durch, während die jungen Leute nicht zu den Abstimmungen gehen. Wer von ihnen noch wählt, scheint manchmal zu glauben, man werde Franzose, indem man die zuletzt angekommenen Immigranten zurückweist. Integration durch Rassismus.

»Mein Sohn Joris ist 27 und wählt nicht.«

Eines Morgens, eigentlich eher im Morgengrauen, klopfte es an der Tür, so wie Polizisten an die Tür klopfen: durchdringend und dreimal schnell hintereinander, alle fünf Sekunden von neuem. Yamina hat mir gezeigt, wie man an einer Tür in der Siedlung so anklopft, dass niemand denkt, man sei ein Polizist. Man streicht mit den Fingern über die Tür, um niemanden zu erschrecken. Langsam und gedämpft, »wie eine Katze«. An jenem Morgen waren es tatsächlich die Bullen. Das Gebäude war von Beamten der Drogenfahndung und der CRS abgeriegelt, mehrere Wohnungen wurden durchsucht, darunter ihre und die von Joris' Freunden. »Ich habe aufgemacht und gleich kapiert, was los war«, erinnert sich Yamina. »Die Polizisten waren sehr angespannt, also habe ich ihnen angeboten, als Erstes in das Zimmer meines Sohns zu gehen.« Sie befürchteten, er könnte bewaffnet sein, Yamina befürchtete Übergriffe der Polizisten – und ihr Sohn befürchtete gar nichts, weil er tief und fest schlief. Yamina unterstützte die Beamten regelrecht bei der Durchsuchung. »Schauen Sie auch da rein … Sie haben das hier vergessen.« Falls er etwas angestellt hatte, wollte sie, dass er bestraft wird, falls er nichts getan hatte, wollte sie, dass das klargestellt wird. Die Justizbehörden warfen Joris vor, er habe dem lokalen Drogenring geholfen, und machten ihn zum Komplizen, als sie ihn zu einem Jahr Gefängnis mit Bewährung verurteilten. Yamina war sich durchaus im Klaren, dass ihr Sohn viel Dope rauchte.

»Und natürlich kiffen die Jungs mit Leuten, die dealen, die zu ihrem familiären, sozialen, emotionalen und kulturellen Umfeld gehören! In meiner Jugend gab es eine Generation Heroinsüchtiger. Bei denen kann man versuchen, sie zu behandeln. Dafür haben wir Aktionen gestartet, da habe ich mich richtig reingehängt, das war mein Spezialgebiet. Aber was soll man denn bei Cannabis machen? Für die Justiz bist du entweder drinnen oder draußen. Sobald du kiffst, wirst du bestraft wie ein Dealer. Für den Konsumenten an sich interessiert sich keiner, nicht einmal wenn eine Abhängigkeit vorliegt und es dem Betreffenden schlecht geht. Dabei gäbe es auch hier Behandlungsmöglichkeiten. Aber heute ist der Regelfall Bestrafung. Die großen Bosse erwischen sie sogar, aber dafür kommen andere wieder zurück. Weil man nicht im Detail nachweisen kann, wer was gemacht hat, kriegen alle ein bisschen was aufgebrummt, und natürlich auf Bewährung, weil die Gefängnisse schon bis oben hin gefüllt sind. Aber das ist doch keine Lösung. In den Vierteln schafft das noch mehr Distanz gegenüber der Polizei und der Justiz, niemand will mehr mit ihnen zusammenarbeiten. Es müssen Therapiegruppen eingerichtet werden, man muss den Unterschied zwischen Konsument und Dealer klarmachen. Ich kann mir nicht ganz erklären, warum junge Leute wie Joris so sehr dem Cannabiskonsum und der Drogensucht verfallen. Meine Tochter ist wie meine Schwester Facherzieherin, mein Bruder Quartiersmanager. Alle sind im sozialen Bereich tätig.«

Wenn man Joris trifft, hat man den Eindruck, seine ganze Jugend sei den Bach runtergegangen. Was ihm bleibt, ist Enttäuschung – in Form von Apathie. Wer ihm wie ich alle drei Monate begegnet, erlebt ihn mal dick, mal dünn, manchmal arbeitet er ein bisschen, dann vegetiert er vor sich hin. Es wirkt fast so, als wolle er sich dafür entschuldigen, dass er einem die Hand schüttelt, so als würde er sein berufstätiges Gegenüber beschmutzen. Sein Vater Pierre Godard, der Mann von Yamina, ist ein in Marseille recht bekannter Intellektueller. Er ist seit langem Gewerkschafter und war der Erste, der den Klientelismus der Gewerkschaft Force Ouvrière und ihre Kontrolle über die städtischen Angestellten publik gemacht hat. Vater und Mutter sind beide sehr engagiert, und dennoch fühlt sich Joris von der Gesellschaft völlig im Stich gelassen. In den Siedlungen gibt es viel mehr Verzweifelte als Kleinkriminelle oder große Banditen. Yamina sucht nach einer Erklärung.

»Sie stehen unter psychischem Leidensdruck. Sie glauben, dass man sie endgültig aufgegeben hat, und kämpfen um nichts mehr. Ich weiß, wo ich herkomme. Als wir in Bassens ankamen, dachte ich, wir seien auf einem Campingplatz, ich hielt es für ein Provisorium. Wie Ferien. Diese Ferien haben dreißig Jahre gedauert! Für mich war das ein Beschiss, aber aufgegeben fühlte ich mich nicht. Schließlich hatte die Gesellschaft meinen Vater beschissen und nicht mich. Aber unserer Generation wurde klar, dass wir um den Platz in dieser Gesellschaft kämpfen müssen, und das habe ich getan, obwohl klar war, dass es nicht einfach werden würde. Bei meinem Sohn dagegen: Egal wie er auch kämpft, es läuft darauf hinaus, dass er niemals irgendwo ankommen wird, nirgends. Er ist verzweifelt, und dagegen braucht es als erste Maßnahme eine Behandlung.

Wie soll man in einem solchen Umfeld leben? Wenn jemand Arbeit hat, fällt er auf und ist anders als die anderen, weil es so selten vorkommt. Wenn jemand denkt, ist er anders, weil sich die meisten von ihrer Lethargie beherrschen lassen. Wenn jemand wählen geht, wird er anders, weil er einer krassen Minderheit angehört. Und diese wenigen anderen passen bald nicht mehr dazu, denn die meisten Leute hier glauben, dass die Gesellschaft sie fallengelassen hat. Joris richtet seine Zerstörungswut gegen sich selbst. Die Konsumenten sind arbeitslos, kulturell verarmt und von der Politik hoffnungslos enttäuscht, also projizieren manche ihren Hass in das Dope und andere in den Ruf ›Allahu Akbar‹. Sie sind alle potenzielle oder zukünftige Dealer, selbst wenn sie nur große Kiffer sind. Da spielen das Umfeld und die Kultur rein. Ich verstehe, dass Joris zu seinen Freunden geht, also raucht er, erst Zigaretten, dann Joints. Das ähnelt einem Drogenring, deshalb hält man sie alle für Dealer. Im Gefängnis ist es noch schlimmer. Aber Joris verlässt unsere Wohnung nicht mehr. Ich bin die Wärterin der Baumettes! Hier wache ich über ihn. Er muss selbst für seine Kosten aufkommen. Er hat seine neun Quadratmeter, sein Essen, er kann duschen und im ›Besuchszimmer‹ mit seinem Vater reden, denn mit mir sind keine Gespräche möglich, ich bin sein Gegenpol. Er hatte eine glückliche Kindheit und Zugang zu Bildung. Ich bin sein Problem, weil ich sein Gegensatz bin. Ich komme aus dem Nichts und arbeite seit dreißig Jahren im sozialen Bereich. Er aber hatte etwas und kriegt es nicht hin.«

Als ich 2007 zum ersten Mal in die Siedlung Bassens ging, hingen seltsame blutige Früchte von den Bäumen: Es waren frisch geschlachtete Schafe, die an den Hinterbeinen aufgehängt waren. Sie baumelten hin und her, wenn die Kinder sie berührten, die drum herum Fußball spielten oder so taten, als würden sie sich beschießen. Es war das islamische Opferfest Eid al-Adha, und die Erde war rot. Damals, im Jahr 2007, kümmerte es die Brüder Laribi nicht die Bohne, dass man ihr Territorium betrat. Medhi Laribi war gerade mal ein Jugendlicher und noch nicht wirklich Dealer, und sein Bruder Mohamed, der berühmt-berüchtigte Lamine, feilte noch an seiner Rolle, die einstweilen nicht allzu böse war.

Wenn man später dort hinwollte, brauchte man immer eine Begleitung und einen guten Grund für seinen Besuch. 2011 rief mich eine Familie an, die einen polizeilichen Übergriff gefilmt hatte – wie sie an meine Mobilnummer gekommen waren, weiß ich nicht. Angetrieben von einem Präfekten, der so angespannt war, als hätte er sich etwas vorzuwerfen, verfolgten die Polizisten zu dieser Zeit die kleinen Späher jeden Tag bis in die Eingangshallen der Gebäude. Doch sie erwischten die Kids nie, weil diese in diversen Wohnungen Unterschlupf fanden, woraufhin einige Polizisten – es waren immer dieselben – Tränengasgranaten ins Treppenhaus warfen. Aus Stolz oder Imponiergehabe machte niemand die Fenster auf, um die schädlichen Schwaden abziehen zu lassen, und das, obwohl es dort auch viele Babys gibt. An jenem Tag hatten die Polizisten nichtdealende Bewohner angegriffen, die in den Alleen der Siedlung ihrem Tagwerk nachgingen. Auf dem Video, das aus einiger Entfernung aus einem Fenster gefilmt worden war, konnte man sehen, wie kleine Knirpse bei der Ankunft der Polizisten in Schutzanzügen zum Zeichen der Kapitulation die Hände hoben. Es war zu erkennen, wie die ungeschützten Kinder grundlos Prügel bezogen. Der Cousin des Typen, der mir das Video zeigte, hatte eine sehr dick angeschwollene, gebrochene Nase, die im rechten Winkel zu ihrer eigenen Achse stand.

Schon in ihrer Kindheit hat Yamina Razzien miterlebt, wenn zwei oder drei Mannschaftswagen voller Bullen anrückten und Zusammenstöße unvermeidlich waren. »Häufig sprachen sie Arabisch, denn es waren *pieds-noirs* aus Algerien, manche konnten uns nicht ausstehen.« Bassens hatte viele Bewohner des Bidonville Les Treize Coins aufgenommen, das seinerseits unterhalb eines Roma-Lagers entstanden war, an das die prekärsten Einwanderer andockten, Neuankömmlinge aus dem Maghreb oder aus dem Spanien Francos. Sie alle weckten von vornherein Misstrauen, so dass sie nicht in den Genuss der mehr oder weniger organisierten Hilfeleistungen oder der gemeinschaftlichen Wohnprojekte kamen, wie etwa der sogenannten »Castor«-Häuser, die gleich gegenüber von den bereits vorhandenen Bewohnern selbst gebaut wurden. Die Projektträger waren stets Franzosen, häufig *pieds-noirs* oder ehemalige Einwanderer aus Italien oder Spanien. Jedenfalls waren sie Europäer, und selbst wenn ihre Immigrationsgeschichte schmerzhaft gewesen war, fand sie hier doch ein erfolgreiches Ende. Hier kamen vor allem die Ärmsten aus den Einwanderervierteln rund um den Vieux-Port unter, gestrandete Beamte der früheren Kolonien, Großfamilien und ehemalige Kriegsgefangene. Diejenigen hingegen, die als Letzte angekommen waren, mit ihren neuen Gesichtern, ihrer kümmerlichen Kleidung und ihren Überlebensstrategien, konnten in ihrer abstoßenden Armut nur dort eine Bleibe finden, wo sich niemand darum scherte, sie zu vertreiben.

In den 1960er Jahren testeten die Behörden der Stadt und der Präfektur eine sehr spezielle Methode, um die Integrationsfähigkeit der Bewohner in das Durchgangslager einzuschätzen. »Man muss die Leute drinlassen und sie beobachten. Wenn sie sich gut benehmen, kommen sie in eine Sozialwohnung. Wenn sie sich in der Sozialwohnung nicht gut benehmen, kommen sie zur Strafe wieder ins Durchgangslager.« Die Bauherren von Bassens betrachteten ihre Bauten also als eine Art Fegefeuer. Auf dem Papier sah die Politik für die Bewohner der Durchgangslager soziale Begleitmaßnahmen vor, um die Integration der Einwanderer zu fördern. In der Siedlung Bassens wurde diese Aufgabe der ATOM (Aide aux travailleurs d'outre-mer) übertragen. Diese Agentur gab eine Art Integrationsbibel heraus. Aber auf lange Sicht kam es zu einer unerbittlichen Segregation. In der Siedlung blieb nur zurück, wer den ATOM-Anforderungen für eine gute Integration nicht folgen konnte oder wollte. Damit stempelte man die Bewohner von Bassens gewissermaßen als »letzten Dreck« ab. Die Formulierung stammt von Yamina, die sie auf Arabisch gesagt hat. Sie hatten also keine andere Wahl, als dort Wurzeln zu schlagen.

Die Laribis wohnten im selben Haus wie Yamina. Sie sind Sufisten aus der Sahara, sogenannte *jouatanes,* arabische Sinti und Roma und sehr arm. Gewöhnt an immense Weiten und somit an die Freiheit, versuchten sie alles, um zu überleben. Für sie war Bassens nur eine winzige Wüste. »Damals hattest du die Wahl zwischen Diebstahl, Drogen, Alkohol, Heiraten oder Politik. Bei mir ist der Kampfgeist erwacht, als Anarchos, Maoisten und Revoluzzer in der Siedlung vorbeikamen«, betont Yamina. Bei ihren Nachbarn, den Laribis, hatten manche große Schwierigkeiten, ihr Glück zu finden. Aids und Alkohol forderten ihren Tribut. Für die Überlebenden blieben das Gefängnis und die Hochzeiten, viele Hochzeiten, denn auf der Suche nach der richtigen Mitgift ging die Familie beständig neue Verbindungen ein. Aus gutem Grund: Die Fabriken in der Umgebung begannen zu schließen. »Die Ersten, die bei der *Générale sucrière* und bei Haribo entlassen wurden, waren wir Maghrebiner, weggeworfen wie benutzte Taschentücher. Wir hatten gelernt, uns zu wehren. Aber dann hat man alles darangesetzt, mich aus Frankreich rauszukriegen. Von den Begleitmaßnahmen zur Rückkehr, dem Stoléru-Gesetz von 1977, bis hin zur Unschlüssigkeit meines Vaters, mit dem wir zwei Jahre nach Algerien zurück sind – ein Land, in dem ich mich nicht zu Hause fühlte. Ich bin wieder hergekommen. Da habe ich das französische und das algerische Modell verworfen, um mir mein eigenes Modell des Heimischwerdens in Frankreich zu schaffen. Damit hat mein Sohn Joris nichts mehr zu tun. Bei ihm ist es wie bei einem Jungen aus der Bourgeoisie, der ein existenzielles Problem hat, weil er nie gearbeitet hat. Aber dieses Hin- und Hergerissensein hat er nicht mitgemacht.«

*

Im tiefsten Bassens kann man das Phantom einer Schule entdecken. Sie ist an den zwei Säulen zu erkennen, die gestreift sind wie Werke von Daniel Buren und farbenfroh wie ein Mondrian. Auf dem Boden liegen schwärzliche, verbrannte und geschmolzene Gegenstände. Sie dienten ein paar Kindern als Spielzeug, die am schmutzigsten Ort der Siedlung auf der Suche nach Abenteuern waren. Dieser Ort ist zugleich der verfluchteste, der verbotenste – und damit natürlich auch der lustigste für sie. Hier sind mehrere Personen per Kopfschuss von ihren Konkurrenten getötet worden, die ihre Leichen dann weit weg in einem Auto verbrannt haben.

Nicht nur die Schule ist verflucht. Auch die Mauer. Sie trennt die Siedlung von der Eisenbahntrasse. Eine Gedenktafel sagt alles: »1963–1976. Zur Erinnerung an die elf Kinder unserer Siedlung, die der Verständnislosigkeit unserer Gesellschaft zum Opfer fielen. Sie haben das Fehlen dieser Schutzmauer, die seit dreizehn Jahren gefordert worden war, mit dem Leben bezahlt. Die Siedlung Bassens«. Die Kinder überquerten die Schienen, um auf dem gegenüberliegenden Gelände zu spielen, zum Bürgerhaus zu gehen oder um die Gasflaschen aus den Küchenherden zurückzubringen. Inzwischen, im Jahr 2016, benutzen sie dazu eine Eisenbrücke, die die Schienen überspannt. Von da oben haben die Kinder Ausblick auf einen Teil des Marseiller Mülls, der dort in Zügen in der Sonne steht. Gegen den aufsteigenden Gestank wird chemisches Zitronenöl versprüht. Auf Verlangen der Leiter des benachbarten Gewerbegebiets und der Eigentümergemeinschaft Servières umschließen noch weitere Mauern die Siedlung. Die etwa 900 Unternehmen, die um Bassens herum angesiedelt sind, bescheren den Bewohnern zwar keinerlei Arbeitsplätze, aber zahlreiche morgendliche Kunden für ihre Dealer. Eine eingeschlossene Welt, Elend bis zum Abwinken, teilnahmslose Kunden, eine Autobahn ganz in der Nähe: Wie könnte Bassens etwas anderes sein als einer der größten Umschlagplätze der Stadt – hier, gleich angrenzend an die Feuerwehrhauptkaserne und direkt gegenüber vom Polizeirevier für die nördlichen Viertel?

La zone – die Zone. Der Begriff steht in der französischen Umgangssprache ohnehin für eine ausweglose Situation oder ein heruntergekommenes Viertel, in jüngerer Zeit insbesondere für die sozialen Brennpunkte in den Vorstädten. Doch die Behördensprache hat diese Stigmatisierung mit den Bezeichnungen für ihre sozialräumlichen Maßnahmen unfreiwillig untermauert: *zone franche urbaine, zone urbaine sensible, zone de sécurité prioritaire, zone à urbaniser en priorité.* »Wir sind Zonenkinder«, bringt es Shéhérazade Ben Messaoud, die Vorsitzende des Vereins Made in Bassens, auf den Punkt. Und in diesen Zonen muss man kämpfen, wenn man auch nur das Geringste erreichen will. »Engagement heißt, sich bemerkbar zu machen, dem anderen zu sagen: ›Siehst du, da sind wir.‹« Nun ist die Zoneneinteilung überarbeitet und vereinfacht in einer einzigen Karte zusammengefasst worden und hat nur noch eine einzige Bezeichnung: *quartiers prioritaires* (»vorrangige Viertel«).

Der Verein hat ein Buch herausgebracht: *Bassens, chronique d'une cité particulière* (»Bassens, Chronik einer besonderen Siedlung«). Es erzählt eine kollektive Geschichte, von den Verhandlungen, den Formen der Solidarität, den Spannungen, der Urbanisierung, den städtebaulichen Ungereimtheiten, den Forderungen, den Strukturen, den Aggressionen – von all dem, was ganz allmählich Aktivisten, Politiker und Bürger hervorbringt, trotz der Allgegenwart von Alkohol, Drogensucht und Verbrechen. Ohne den Mut, den Optimismus und die Hartnäckigkeit von Leuten wie Shéhérazade und ihren Mitstreitern bei Made in Bassens hätte sich die Siedlung endgültig von der Außenwelt abgekapselt. Sie haben Türen und Fenster in die Mauern des Ghettos geschlagen.

Kader, der vor dem Campanile abgeknallt wurde, träumte in Bassens von einem Drogen-Drive-in, um dort der Boss eines Drogenhändlerrings zu werden. Joris, der Sohn von Yamina, war mit ihm am Collège befreundet. Und Yamina unterstützt nun Souad, die untröstliche Mutter, bei ihren Behördengängen und in juristischen Dingen. Die Welt der Siedlungen ist klein. Eine Welt voll selbsternannter Herrscher, deren Regentschaft aber oftmals recht kurz ist. Eine Welt, in der die gegenseitige Hilfe fortbesteht, wie ein Überlebensreflex, um ein wenig aufzuwiegen, was sonst an allen Ecken und Enden fehlt.

*

Seit dem Tod ihres Mannes ist Souad jeden Tag unglücklich. Die Verzweiflung lässt niemals nach. Niemals. Diese unersetzlichen Verluste zehren sie auf. Ihre beiden Männer sind tot. Aber zugleich erschöpft es sie, dass sie ständig da sind – in ihrem Alltag, in ihrem Kopf, an ihren Wänden, in den Blicken ihrer Nachbarn. Ihr Fernseher läuft ununterbrochen, denn sie hofft, dort eine Erklärung zu bekommen für diesen Doppelmord, der auch ihr Leben hinweggerafft hat. Souad leidet an sozialen Verletzungen, aus denen Verzweiflung und Wut heraussickern. Sie erfährt keinerlei Hilfe, um das gigantische Durcheinander zu bewältigen, das sich vor ihr auftürmt. Jedenfalls keinerlei koordinierte Hilfe.

Nach Nadirs Tod bediente niemand mehr die Raten der zahlreichen Kredite, die das Paar ein Jahr zuvor aufgenommen hatte, um den Tod ihres Sohnes zu verwinden. Souad war sehr schnell überschuldet, konnte keine Rechnungen mehr bezahlen und musste befürchten, mit ihren vier verbliebenen Kindern im Dunkeln zu sitzen. Die Unterlagen für ihre Privatinsolvenz hat sie unter Tränen zusammengetragen, doch kam sie damit durch und konnte wieder aufatmen. Sie hat sogar einen Prozess gegen die Stadt Marseille gewonnen, weil sie mehr als dreißig Jahre in der asbestverseuchten Wohnung in Vieux-Moulin gewohnt hat. Ihr Mann ist leider nicht deswegen gestorben. Man hat ihr 5000 Euro Entschädigung zugesprochen. Nicht mehr. Was ein Armer eben so wert ist. Und wer soll bei all diesen Nöten entscheiden, welchen Anteil das Asbest, der Stress und all die anderen guten Krankheitsgründe haben? In der Tat schwierig, da den Asbestfaktor festzulegen …

Souad hat auch immer noch keine andere Wohnung. Sie und ihre Kinder Celia, Zohra, Sammy und Medhi leben weiter in dem Haus neben der Autobahn. Der Bau wird zunehmend rissiger, je mehr die Arbeiten der nahe gelegenen L2 mit Hilfe von großen Sprengungen vorangetrieben werden. Auf die Umgehungsstraße L2 wartet Marseille seit mehr als vierzig Jahren. Sie ist ein wahres behördliches Meeresungeheuer, wurde aber unter François Hollandes erster Regierung nach einer ganzen Reihe von Vergeltungsakten im Viertel wieder in Angriff genommen. Der öffentlichen Hand ist bewusst geworden, dass es vielleicht an der Zeit wäre, einige Viertel der Stadt aus ihrer Isolation herauszuholen. In gewisser Weise haben Kader und Nadir ein wenig dazu beigetragen.

Souads Vermieter, Habitat Marseille Provence, ein Subunternehmen der Stadt Marseille, hat ihr im Winter 2014/15 sogar einen Räumungsbefehl zugestellt, weil sich ihr Haus auf der geplanten Trasse der L2 befindet. Sie hat ihn ignoriert. Man bot ihr an, in eine der anderen Siedlungen umzuziehen – dorthin, wo wahrscheinlich die Familien der Mörder wohnen. Souad verweigert sich diesen Plänen. Immerhin ist ihr Viertel ein Schlachtfeld, auf dem sie jede Falle und jeden Winkel kennt. Das ist fast beruhigend. Fortzugehen hieße, sich in eine andere Löwenhöhle zu begeben. Da hat sie lieber freie Wahl. Eine ihrer Töchter ist geschlagen und beraubt worden, »weil sie aussieht wie Kader«, wie ihr der Angreifer sagte. Souads jüngster Sohn Medhi ist mit seinen gerade einmal zwölf Jahren ebenso nett wie rauflustig. »Im Moment läuft es in der Schule, aber danach kommt das Collège.« Souad sieht in ihm einen neuen Kader, »er ist ein Teufel«. Aber am meisten sorgt sie sich um Sammy. Es bereitet dem Jugendlichen große Probleme, dass er mit siebzehn plötzlich der Mann im Haus ist. Als sein Vater mit der Kalaschnikow niedergemäht wurde, war er erst elf. In der Schule gab es natürlich Kids, die ihm nur zu gern alle morbiden Details erzählten, die seine Mutter ihm vorenthielt. Aus Grausamkeit, als würde man eine Nacktschnecke mit Salz bestreuen. Er kam schon nicht über den Mord an seinem Bruder hinweg und sah, wie sein Vater bei dem Blumengebinde vor dem Campanile verzweifelte. Nach dem Tod Nadirs verfügte ein Richter seine Einweisung in eine soziale Versorgungseinrichtung für Kinder aus dem Departement. Somit kommt er also in eine Notunterkunft in Salon-de-Provence, für höchstens zwei Wochen, wie es anfangs heißt. Tatsächlich bleibt er neun Monate und lernt dort schwierige Kids mit dicken Vorstrafenregistern kennen, »wo er doch gerade ein Massaker hinter sich hatte«, klagt seine Mutter. Doch Sammy wird dort nicht härter, er igelt sich ein, er weigert sich gewissermaßen, älter zu werden. Fast scheint es so, als könnte ihn seine Naivität retten. Seit nunmehr über fünf Jahren lebt er bei einer Pflegefamilie in Forcalquier. Er besucht keine Schule, arbeitet ein wenig im Garten, vegetiert viel vor sich hin und überwirft sich regelmäßig mit den anderen Jugendlichen, die härter sind als er. Die Wochenenden verbringt er bei seiner Mutter, die er mit Vorwürfen bombardiert: »Du hast mich fallenlassen, Mama, für dich bin ich ein Bastard«, »Du hast Papa umgebracht«. Er ist dreifach gestraft: erst der Tod seines Bruders, dann der des Vaters, schließlich die Trennung von seiner Mutter. In einem Wutanfall hat er Souads Auto verbeult. Dennoch ist sie eine der wenigen, in die er ein bisschen Vertrauen hat, und er versteht nicht, warum sie ihn nicht von seinem Unglück erlöst. Am Ende hat sie so sehr gekämpft, dass das Jugendamt Sammy nun erlaubt hat, den Sommer bei ihr zu verbringen. Was danach geschieht, ist ungewiss. Der Junge versteht das nicht. Man verlangt von ihm, er solle Pläne für die Zukunft machen, und errichtet zugleich eine Mauer vor ihm.

Sammy hat das Niveau eines Zweitklässlers – wenn es hoch kommt. Und das mit siebzehn. *Subway Surfers*, ein Handyspiel, bei dem ein kleiner Ganove der Polizei entwischen muss, spielt er hervorragend. Sammy raucht Kippen, aber kein Dope. Allein in seinem Kinderzimmer, markiert er den harten Mann, doch wenn ich überraschend hereinkomme, wird er ganz schüchtern. Er hört mich an wie einen moralisierenden Onkel. Sein Blick ist dabei leer, und sein kleines Lächeln scheint zu sagen: »Red du nur.« Für ihn zählt ein Journalist zu den Reichen.

Eines Tages habe ich Souad zu der Sozialarbeiterin und der Psychologin begleitet, die für Sammy zuständig sind. Hier stößt sie auf totales Unverständnis. Schon bei der Suche nach Antworten auf einfachste Probleme tut sich ein Abgrund auf. Die Behördensprache ist unangemessen. Das Unbehagen der Familie wird geflissentlich ignoriert, ja sogar zurückgewiesen. Freud, Dolto und Cyrulnik mögen zwar am Tisch sitzen, doch wird das Gespräch von kafkaesken Personen geführt. Die Sozialämter sind zu einer wirklichkeitsfremden Bürokratie geworden, die mehr der institutionellen Logik und den Budgetvorgaben gehorcht, als nah an den gesellschaftlichen Realitäten und alltäglichen Nöten zu sein. Aber für das daraus entstehende Leid fühlt sich niemand schuldig oder gar verantwortlich. Ich habe über diese Situation mit verschiedenen Präfekten, Volksvertretern, Kommissaren und Vereinsvorständen gesprochen: Alle geben zu, dass die Situation anormal ist. Dann wechseln sie das Thema.

Souad kämpft allein, um Sammy eine Zukunft aufzuzeigen. Sie kämpft allein, um die gerichtlichen Untersuchungen voranzutreiben. Sie kämpft allein, um eine annehmbare neue Wohnung zu bekommen. Sie ringt jeden Tag darum, ihre Kinder zu kleiden, sie zu ernähren und ihnen ein bisschen Freizeitbeschäftigung zu verschaffen. Dabei sind die Kids nicht immer einfach. Sie verausgabt sich bis zur totalen Erschöpfung. »Ich habe keine Stimme mehr, weil ich so viel schreien muss mit ihnen. Ich habe keine Stimme mehr.« Die vorherrschende

Gleichgültigkeit erdrückt sie. »So kann man unmöglich leben, es geht nicht mehr, ich sehe nur noch den Tod vor mir.« Sie hoffte auf die staatliche Opferhilfe, »zumindest für meine Kinder, die können doch nichts dafür«. Abgelehnt. Die Berufung auch, in erster und zweiter Instanz. Die Justiz vertrat die Ansicht, dass an Kaders und Nadirs Händen Blut klebte und dass dies erkläre, warum sie umgebracht wurden. Es ist dieselbe Justiz, die bei der Aufklärung dieser beiden Tötungsdelikte keinen Millimeter vorangekommen ist. Kaders und Nadirs Ermordung wurde nicht vor Gericht verhandelt, aber sie sind schuldig, getötet worden zu sein – und die Familie muss das Urteil hinnehmen.

»Sie treiben uns in die Enge. Aber ich will auf gar keinen Fall, dass mein Sohn so endet wie Merah*. Ich will, dass Sammy lernt, was Arbeit heißt, und dass er ein bisschen Geld verdient. Sauberes Geld, verdient durch Arbeit, bei der er selbst geschwitzt hat.«

Souad sitzt mit ihrer Familie in einem Loch, und von oben fragen sie Schatten, ob es auch nicht zu tief sei.

* Anspielung auf Mohammed Merah (geb. 1988 in Toulouse), einen islamistisch radikalisierten Franzosen algerischer Abstammung, der im März 2012 bei drei Attacken sieben Personen (darunter drei jüdische Kinder) erschoss, ehe er selbst von einer Anti-Terror-Einheit getötet wurde.

8
Einträgliches Elend

»Uns werden nur Stellen als Sozialarbeiter, Erzieher oder im Sicherheitsdienst angeboten … Also sieht man zu, dass es aufwärtsgeht, ohne dass man verleugnet, wo man herkommt. Ich habe einen Lebensstandard erreicht, der mir verwehrt war, unerreichbar, und gleichzeitig helfe ich den Leuten bei uns im Viertel, ein bisschen besser zu leben.«

Karim hat die Gabe, immer wieder auf die Füße zu fallen. Schon am Gymnasium schaffte er es, zu allen Gruppen dazuzugehören: zu den Fußballern, obwohl er nie einen Schuss aufs Tor gebracht hat; zu den Musikern, auch wenn man falscher als er nicht singen konnte; zu den *Gamern*, auch wenn es für ihn zwischen einem Amiga und einem Atari keinen Unterschied gab; und zu den Kiffern, auch wenn er nie in seinem Leben an einem Joint gezogen hat. Karim ist nicht sein richtiger Name, sondern der, den er mir stattdessen vorgeschlagen hat. Und Karim besteht darauf, dass ich nichts bezahle, als wir zum McDonald's in Sainte-Marthe gehen. Man bedient uns, und wir setzen uns hin, ohne einen Cent auszugeben. »Versuch gar nicht erst, es zu verstehen.« Die Sicherheitsleute kommen, um ihn zu begrüßen, als wäre er ein Fußballstar, und drei Viertel der Leute aus der Gegend grüßen ihn mit einem Nicken. »Ha! Pujol! Hast du gesehen, wie ich mich seit dem Gymnasium gemacht habe … Sieh mal.« Er zeigt mir seinen Audi A6, metallic schwarz, Cabrio mit Leichtmetallfelgen. »Schau an, du hast dir eine Dealerkarre gekauft …« Er lächelt. »Ich habe das Zeug nicht angerührt, du hast doch gesehen, wie es meinen Bruder fertiggemacht hat … Sobald er da reingerutscht war, konnten wir nichts mehr für ihn tun.« Der Bruder hat sich mehrere Jahre Gefängnis eingehandelt, und dann, als er wieder rauskam, mehrere Kugeln. »*Game over*«, knarzt Karim mit Roboterstimme. Er erinnert sich, dass ich ein Großkonsument von Videospielen war. Sein Gedächtnis, sein bester Trumpf. Seit zwanzig Jahren haben wir immer ungezwungen miteinander geredet. Ich frage ihn: »Und für wen schaffst du jetzt an?« Prompte Antwort: »Für Samia; jetzt, wo sie Sylvie abserviert haben, war es nicht gut, bei der zu bleiben …« Da ich an meinem Big Mac kaue und den Mund voll habe, muss Karim denken, ich schweige, um mehr darüber zu erfahren. »Und offen gesagt mache ich keinen schlechten Tausch, sie hat mir eine gute Aufgabe gegeben, meine Vereine machen den Job, ich helfe den Kids, nicht auf die schiefe Bahn zu geraten, bei mir können sie slammen, rappen, Nachhilfe kriegen … Wir machen das gut, sie subventioniert uns fett, und alle Welt arbeitet für sie, entweder um ihren Konkurrenten zu schaden oder um Stimmen zu sammeln bei jeder Wahl. Wir haben alle etwas davon.« Einen Orangensaft später schaffe ich es, auch mal etwas zu sagen: »Alle … echt? … Nicht wirklich, oder? Weil das jeder Abgeordnete macht, gibt es haufenweise Knete, die überall ein bisschen lockergemacht wird; nicht Gießkannenprinzip, sondern große Schwemme. Kohle gibt es, aber mit einer unglaublichen Vergeudung; konkurrierende Vereine, die sich die Kids streitig machen, je nachdem, was die an Unterstützung vom Departement, von der Stadt oder von der Region einbringen.* Die Kids selbst blicken da längst nicht mehr

* Marseille liegt im Departement Bouches-du-Rhône, dieses in der Region Provence-Alpes-Côte d'Azur (PACA). Die zuständigen Verwaltungsbehörden heißen Departementsrat (bis zur Reform der Gebiets-

durch. Ganz zu schweigen von der Mentalität, die dann viele Leute entwickeln, für die alles Geld abwerfen muss, alles für Geld zu haben ist, vor allem ihre Wählerstimme.« Ich strahle stolz wie der Sieger in einer Fernsehdebatte. Während Karim seinen Bissen hinunterschluckt, gibt er mir einen freundlichen Klaps auf die Schulter. »Du hast recht, aber du bist richtiger Franzose, du wohnst nicht mehr in den Ghettos, du hast studiert ...« Ich packe die Gelegenheit beim Schopf: »... aber ich habe weniger Kohle als du.« Die Hände hinterm Kopf verschränkt, erwidert er grinsend: »Brauchst du ja auch nicht zum Existieren, die Kohle ... Wir schon ... Um nicht mehr nur der gute kleine Araber zu sein wie unsere Eltern. Image ist alles, Alter ...«

Mit einem Nicken zu einem Spiegel deutet er auf ein Mädchen. »Schau sie dir an ... Verstehst du, was du da siehst?« Ungefähr zwanzig, perfekte Figur in zu knappen Jeans, daraus hervorschauende Spitzenhöschen, darüber ein schöner Bauch, und auf ihrem ziemlich kurzen und von einer wohlgeformten Brust leicht verformten T-Shirt steht das Wort *Perfect*. Während sie rittlings auf ihrem Freund sitzt, schaut sie mit ihrer schönen kleinen Visage, die von einem ebenso unpassenden wie ästhetischen islamischen Schleier eingerahmt wird, nach links und nach rechts. Ihre blauen Augen halten den Blicken so lange stand, bis diese sich abwenden. Ich gehe nicht in die Falle. »Reine Provokation, oder?« Meine Antwort soll auch meine Verlegenheit rechtfertigen. Karim zuckt mit den Schultern. »Image ist alles, Alter ... Sie ist ein Mädchen aus dem

körperschaften von 2015 Generalrat) bzw. Regionalrat. Die Stadt Marseille selbst ist in 16 Arrondissements unterteilt, wobei jeweils zwei benachbarte Arrondissements einen Sektor bilden. Bei den Kommunalwahlen wird also nicht nur der Bürgermeister der ganzen Stadt gewählt, sondern auch acht Bezirksbürgermeister.

Milieu, hat gerade erst ihre Karriere begonnen und tut schon so, als würde sie für ihre Macker jeden Tag putzen und kochen. Das gefällt den Typen wie dem unter ihr, einem Dealer aus Font-Vert. Sie wird ihm den Laufpass geben, wenn er in den Knast geht. Und sie wird ein Scheißleben haben, wenn sie nicht mehr so schön ist. Also nutzt sie es aus, solange sie kann. Einer meiner Vereine für Frauen versucht, diese Mädchen zurückzugewinnen, ihnen andere Perspektiven zu geben und ihnen Lust darauf zu machen, anders vorwärtszukommen als damit, Huren für die Dealer zu spielen. Durch eine Eingliederung ins Berufsleben, in die Welt der Mode, der Parfümerien, der Schönheitssalons. Wir nehmen Knete dafür, mehr als eigentlich nötig, doch wir machen wirklich etwas, und ein bisschen klappt das trotz allem.« Was er sagt, stimmt.

Es ist recht hübsch, kluge Ratschläge zu erteilen, wie ich es oftmals in Artikeln über den Klientelismus getan habe. Doch ohne Alternative sprießt das schlimmste aller Unkräuter, das Elend samt seiner logischen Folge, der Kriminalität, mit der man dem Elend zu entkommen versucht.

Die Affäre um Sylvie Andrieux, jene Abgeordnete, die verurteilt worden ist, weil sie zu wahltaktischen Zwecken fiktive Vereine finanzierte, hat viele andere Vereine, für die sie zuständig war, ins Zwielicht gerückt. Erst wurden sie weniger subventioniert, dann in ihrer Tätigkeit weitgehend beschnitten. Oft haben die Dealer ihren Platz übernommen, mit Gewalt. Der Front National ebenfalls, mit Tücke. Ihr Populismus als erste Etappe hin zum Klientelismus.

»Sylvies Fehler war es, einige Vereine zu finanzieren, die überhaupt nicht tätig wurden, leere Läden. Das ist dann aufgefallen«, bedauert Karim. Eine ausgesprochen schöne Frau tritt hinzu und begrüßt ihn mit Küsschen, ohne sich für unsere Unterhaltung zu interessieren. Eine Brünette, an die vierzig, die wie eine Jugendliche gekleidet ist und für ihn all ihren Charme spielen lässt. »Sie hat zwei Kids, und die Väter sind weg, einer tot, der andere im Gefängnis. Wenn die Mädchen aus dem Milieu älter werden, wenden sie sich Typen wie mir zu, clean, aber trotzdem was zu melden.« Er sieht ihr nach, wie sie mit wiegendem Schritt dem Ausgang zustrebt. Dabei gibt sie sich im Rhythmus ihres Gangs abwechselnd Klapse auf die üppigen Oberschenkel. Als wolle sie ihren Reiterhosen sagen, dass jetzt aber andere Seiten aufgezogen werden.

*

Das erste Mal habe ich Sylvie Andrieux, die Abgeordnete eines Wahlkreises der Quartiers Nord, an der kein Weg vorbeiführte, 2004 getroffen. Auf der Bühne, in ihrem rosafarbenen Chanel-Kostüm, begleitet vom Song *Barbie Girl,* der aus mächtigen Lautsprecherboxen dröhnte, im Herzen der von ihr gewonnenen Cité des Flamants, mit einer engagierten und sehr sozialen Rede.

Dicht bei ihr Haddah Berrebouh. Madame Berrebouh für die einen, Haddah für die anderen. Sie wird ebenso sehr geliebt, wie man sich vor ihr hütet. Eine rundum engagierte Persönlichkeit im Kampf gegen die Drogensucht, bei der Familienbegleitung, an der Seite der Frauen und Alten, aber auch bei der administrativen Unterstützung, bei Kulturausflügen, organisierten Reisen, handwerklichen Aktivitäten und humanitären Aktionen zugunsten von Burkina Faso. Eine unverzichtbare Persönlichkeit in der Cité des Flamants. Für ihre Tätigkeiten wurde sie zweimal ausgezeichnet: 2000 mit dem Orden der Ehrenlegion, 2008 mit dem nationalen Verdienstorden durch den guten Sarko höchstselbst. Doch jede Medaille hat ihre zwei Seiten. Was man ihr vorwirft, ist gerade ihre Nähe zu Sylvie Andrieux, die 2014 zu einem Jahr Haft, 100 000 Euro Strafe und fünf Jahren Nichtwählbarkeit verurteilt wurde. Sie wurde schuldig gesprochen, in ihrer Zeit als Vizepräsidentin des Regionalrats von Provence-Alpes-Côte d'Azur zwischen 2005 und 2007 mehr als 700 000 Euro öffentlicher Gelder an fiktive Vereine in ihrem Wahlkreis gezahlt zu haben, im Austausch für Wählerstimmen. Seither stehen die Unterstützer von Sylvie Andrieux unter Verdacht. Allen voran Madame Berrebouh.

Was man Haddah darüber hinaus zum Vorwurf macht, sind ihre Söhne. Insbesondere Medhi, bekannt als Großdealer der Cité des Flamants und zudem als Mörder. Er war es, der mit seinem Geländewagen am Ausgang eines Nachtclubs einen Typen überfuhr. Indem er zweimal über ihn drüberrollte. Während einer bedingten Haftentlassung setzten ein paar Garben vom Kaliber 7.62 seiner Karriere ein Ende. Ihr anderer Sohn, Akim, hat auch ein hübsches, prall gefülltes Vorstrafenregister, doch es heißt, er sei solide geworden, seit er die Leitung eines großen Sicherheitsunternehmens übernommen hat. Oft fährt er am Steuer seines schönen, weißen BMW im Viertel herum, mit derselben Brille wie Sarkozy, wenn er in New York joggen ging. Lange sollte man Akims Dienste nicht ausschlagen; wer seine Sicherheitsbude nicht in Anspruch nimmt, bekommt das zu spüren. Diese Leute können sehr überzeugend auftreten, wenn es darum geht, einem bei einer anstehenden Abstimmung das Wahlverhalten zu diktieren. Selbst wenn sie eher das politische Bewusstsein einer Kalaschnikow haben.

Drei Welten überschneiden sich permanent: die Ganoven, die politisch aktiven Vereinsmitglieder und die Politiker. Wo alles in Netzwerken abläuft, wo man auf beschränktem Territorium in Konkurrenz steht. Und wo man seine Zeit damit zubringt, Kompromisse zu schließen, um miteinander auszukommen. Während des Andrieux-Prozesses war die Rede vom »verfluchten Dreieck«, das die Hochhaussiedlungen

Font-Vert, Picon-Busserine und, über Saint-Barthélemy, Les Flamants verbindet. Dieser Prozess, der als ein »Prozess gegen den Klientelismus« bezeichnet wurde, fand in der Öffentlichkeit breite Beachtung. Am Ende ist die Abgeordnete als Einzige verurteilt worden. Dabei wird in Marseille nie irgendetwas im Alleingang gemacht. Alles ist hier wie ein Kartenhaus konstruiert, und hier ist nun eine einzige Karte, die Herzdame, weggepustet worden. Öffentlich durchbohrt vom Schwert der Gerechtigkeit. Erstaunlich, wie Sylvie Andrieux beschrieben wird, wenn das Gespräch auf sie kommt oder sie zum Gegenstand eines Presseartikels wird. Am Anfang geht es immer um ihr Aussehen, ihre stets tadellose Frisur, ihre ausgesuchte Garderobe, ihre durchdringenden blauen Augen … als ob sie versuchen würde, ihre Umgebung zu täuschen. Dann folgt stets ein »aber sie hat Eier« oder eine ähnlich subtile Bemerkung.

Die Urteilsbegründung ist unmissverständlich: »Der Straftatbestand der Veruntreuung öffentlicher Gelder ist eindeutig.« Und es ist vor allem eine einzelne Person, die die Justiz ins Visier genommen hat: »Diese Tatsachen stellen eine außerordentliche Beeinträchtigung der öffentlichen Ordnung dar, insofern sie eine gewählte Vertreterin der Republik für schwere Verfehlungen gegenüber der mit ihrer Funktion einhergehenden Redlichkeitspflicht verantwortlich machen und das Vertrauen in Frage stellen, das die wählenden Bürger in ihre gewählten Vertreter haben können.« Es waren 700 000 Euro, die im Austausch für Wahlzusagen bei jeder ihrer Wahlen an Marionettenvereine gezahlt wurden. Das Gericht prangert in seinem Urteil an: »Das Geld des Steuerzahlers wurde im Rahmen eines Wahlklientelismus unüberlegt und willkürlich ausgegeben und war Privatpersonen für ihre persönlichen Belange von Nutzen. Sylvie Andrieux hat sich der regionalen Fonds, über die sie regulär und offiziell verfügen konnte, als einer finanziellen Rücklage bedient, um ihre politische Etablierung in ihrem Wahlkreis zu stärken.« Einundzwanzig weitere Personen sind ebenfalls für Betrug, Urkundenfälschung und Verwendung gefälschter Urkunden verurteilt worden, doch selbst die höchsten verhängten Strafen darunter werden nicht mit jener mithalten können, die die hübsche kleine Bürgersfrau dafür erhält, dass sie gekommen war, um die Stimmen des gemeinen Volkes in einem Problemviertel zu kaufen. Für jedermann war sie das heimtückische und dominierende Haupt des Netzwerkes. Jetzt, da das Haupt abgeschlagen ist, denken sich alle, dass die Dinge wieder einen geordneten Lauf nehmen werden. Genau das ist manchmal das Problem des Justiztheaters – es kommt vor, dass man sich im Stück täuscht. Man bestraft, doch man beseitigt nicht die Ursachen des Problems.

Ein kriminelles Netzwerk wie dieses ist aus einer Menge persönlicher Interessen und Ambitionen aufgebaut. Im Grunde sind die Medien und die Justiz die Einzigen, die dort nach einem Kopf suchen, der das Sagen hat, und sie tun dies aus jeweils unterschiedlichen Gründen. Die einen wollen eine Geschichte zu erzählen haben, die andere will ihre Strafgewalt rechtfertigen. Allerdings gibt es keinen Grund, dass deshalb der Klientelismus der Vereine verschwindet. Seine Entwicklung ist zuallererst strukturell bedingt.

Unter den verschiedenen Verurteilten auf Seiten von Sylvie Andrieux findet sich auch Benyoub Same, glücklicher Nutznießer ihrer großzügigen Subventionen. Dieser Kerl sah das Gericht offenkundig nicht zum ersten Mal von innen, fühlte sich dort beinahe wohl und fiel den Sprechern, sogar der vorsitzenden Richterin, hier und da ins Wort, wie in der Sportkneipe. Ohne Zeit zu verlieren, gab er alles zu. Er hat das chaotische Leben jener geführt, die in den Problemvierteln um ihre Existenz kämpfen müssen. Nachdem er ein wenig Erfahrung mit dem Gefängnis gemacht hatte, nutzte er seine relativ gute Bildung, um aus Algerien kommenden Geschäftsleuten dabei zu helfen, sich niederzulassen. Im Jahr 2005 unterhielt er in Font-Vert einen Callshop, in dem sich das ganze Viertel traf. Die Diskussionen drehten sich lebhaft um alle möglichen Wege, den Alltag zu verbessern. Vereinstätigkeit war einer davon. Damals begreift Benyoub Same, dass man »an Gelder herankommt, indem man Vereine aufbaut«. Ein weiterer Weg, um Geld zu verdienen, besteht darin, sich so zu arrangieren, dass man einen guten Platz auf einer Wahlliste bekommt. Stadtrat von Marseille zu werden sichert einem monatliche Einkünfte von knapp 2000 Euro. Departementsrat fast 2500 Euro. Regionalrat etwas über 2600 Euro.

So verlockend die Posten sind, so hart ist der Wettbewerb um sie: Konkurrenten sind all jene, die über ein Netz von Bekannten verfügen (oder den Eindruck erwecken, eines zu haben) und versuchen, es zu Geld zu machen. Bevor Benyoub Same seinen Callshop zum Laufen brachte, betrieb er den Imbiss in der Cité Picon, gleich gegenüber. Er machte dort lautstark Wahlkampf für den Kandidaten der UMP*, Michel Bourgat, und hatte in seiner Snackbar sogar den Bürgermeister Jean-Claude Gaudin und dessen damaligen ersten Stellvertreter Renaud Muselier zu Gast. Da für ihn selbst eine Politikerkarriere realistischerweise nicht in Frage kam, hatte er sich entschieden, über die eher in seiner Reichweite liegenden Vereine für Abgeordnete zu »arbeiten«. Der Bistrobetreiber vertickt sein Geschick im Umgang mit Leuten in seinem lokalen Mikrokosmos. Jeden, der hier steht und geht, spricht er an, er ist mit allen sofort gut Freund, hilft, erweist Gefälligkeiten, verschenkt Flaschen, so wie Korsen Wurst verschenken wür-

* *Union pour un mouvement populaire.*

den … ohne mehr politisches Bewusstsein zu haben als ein kleiner Schmieresteher an einer Drogenecke. »Ich war nie Anhänger einer politischen Partei. Für mich ist links und rechts dasselbe«, erklärte er vor Gericht. Trotz seines Mangels an politischen Prinzipien wurde er von Roland Balalas, dem parlamentarischen Berater von Sylvie Andrieux, umworben, was dieser während des Prozesses so begründete: »Da er jemand war, der 2001 in seinem Viertel Font-Vert-Picon mächtig Stimmung gegen Sylvie Andrieux gemacht hatte, zog sie es vor, ihn eher auf ihrer als auf der Gegenseite zu haben. Als Gegenleistung für diese Kehrtwendung zahlte sie ihm die Subventionen, die er über die Vereine einforderte.« 2007 war es Zeit, ihn zu rekrutieren und andere mit denselben Absichten aus dem Feld zu schlagen. Ein schönes kleines Essen »bei Nora Preziosi in Endoume«, und der Mann hätte umstandslos die Farben gewechselt. Besagte Nora hat es aus Font-Vert herausgeschafft, indem sie einen angesehenen Anwalt heiratete, und nun hegt sie den Ehrgeiz, Abgeordnete und Bürgermeisterin für den mit seinen 130 000 Wählern größten Wahlkreis Frankreichs zu werden. Die Frau, die es zu schlagen gilt, heißt Sylvie Andrieux, dafür braucht es Soldaten. Sie bietet Benyoub »Geld und Arbeit« an und verkündet vor etlichen Zeugen: »Lass sie doch sausen, bei mir ist es interessanter!« Dann stellt sie ihm den Polizeipräfekten Bernard Squarcini vor, der einige Monate später der Chef des französischen Inlandsgeheimdienstes wird. Andrieux weist übrigens auf Folgendes hin: »Das tüchtige Tracfin, das die Ermittlungen gegen mich geführt hat, ist genau in dem Moment in die Spur geschickt worden, als Squarcini seine Funktion an der Spitze der DCRI übernommen hat, und gerade seine Institution ist ja verantwortlich für das Tracfin.«

Nachdem jeder ihm Avancen gemacht hat, schwankt Benyoub Same also zwischen dem Departementsrat, der einem stets eine Sozialwohnung verschaffen kann, der Stadt Marseille, die nie mit guten Posten geizt, und der Region, die ihrerseits großzügig Subventionen austeilt. Er entscheidet sich für letztere Option, auch mit einem Hauch politischer Haltung. »Ich habe akzeptiert, weil Roland Balalas mir erklärt hat, dass die Linke sozialistischer sei als die Rechte. Während der Kampagne habe ich die Taktik der Politiker angewendet: versprechen und niemals halten. Ich habe so viel versprochen!« Der Mann ist kein schlechter Kerl, sogar eher ein ehrlicher Geschäftsmann, der sich um die Leute in seinem Viertel wirklich Gedanken macht. Er ist zufrieden, dass er dank der Subventionen für seinen Händlerverein eine Straßenüberführung finanzieren konnte, »um den alten Leutchen zu helfen, die nicht mehr Treppen steigen konnten«. Vor Gericht zeigt er sich froh darüber, dass »viele Leute mit ihren Vereinen in den Vierteln ehrlich ihre Arbeit machen. Zum Glück sind sie da!« Das ändert nichts daran, dass er mit seinem fiktiven Verein außer Wahlwerbung weder Tätigkeiten noch Dienstleistungen anbot, dafür aber reichlich Fördermittel einstrich, die er für seinen persönlichen Bedarf verwendete. Zu der Zeit, als die Dinge außer Kontrolle geraten sind, steckte Benyoub Same eine ganze Reihe von Schicksalsschlägen ein: eine Scheidung, ein an einer Überdosis gestorbener Bruder, eine Schwester, die Selbstmord beging, und noch ein Bruder, der an einer schweren Krankheit starb. Er sah, wie er von diesem fiktiven Verein verschlungen wurde wie eine kleine Motte vom Licht. Eine unwiderstehliche Anziehungskraft.

Eine weitere Figur in dem Bild, das sich vor Gericht bietet, ist Boumediene Benamar. Gründer von Vereinen, an deren Spitze Strohmänner standen, die nach dem Grad ihrer Notlage rekrutiert wurden: mittellose Studenten, Arbeitslose, Leute, die von einem Trauerfall betroffen oder von einem persönlichen Drama überwältigt waren. Er selbst kassierte dann das Geld ein. »Wie alle hier habe ich gut meinen Bauch gefüllt.« Nicht als Einziger, wie er sagt. »Ich erhielt das Geld in bar, ich übergab es in einem Umschlag an Balalas, der zu mir ins Auto stieg, auf einem Parkplatz. Einen Teil davon behielt ich für mich, für meine Ausgaben.« Sein Vorstrafenregister enthält fünf Einträge zwischen 1990 und 2009, darunter eine Haftstrafe von 18 Monaten für Freiheitsberaubung sowie einen Mordversuch. Benamar, genannt »Boumé«, ist der Polizei bestens bekannt. Der Eigentümer eines Nachtclubs und einer Bar im Viertel Les Catalans nicht weit vom Zentrum Marseilles, am Ufer des Meeres, ist dynamisch und sportlich und nimmt hin und wieder ein wenig Anabolika, von denen er knallrot und cholerisch wird. Er beherrscht die Codes der Ganoven: schweigen, solange er es nicht mit einer himmelschreienden Ungerechtigkeit zu tun hat; sich organisieren, als würde man ständig überwacht; für jeden Protagonisten seiner kleinen Geschäfte ein eigenes Telefon besorgen, jeweils als geschlossener Kreis. Ein Profi eben. »Ich kenne mich mit solchen Sachen aus, weil ich im Gefängnis war.« Vor Gericht führte er detailliert auf, worin die Dienstleistungen für die Abgeordnete Andrieux bestanden haben: »Ich habe Plakate für Monsieur Balabas geklebt. Ich nahm an Essen in Altersheimen teil. Journalisten kamen. Meine Aufgabe war es, mich in Debatten einzumischen. Ich stellte mich als jemand vor, der ursprünglich aus dem Viertel La Busserine kam, und musste sagen, dass ich mit den Maßnahmen der Sozialisten zufrieden war. Jedes Mal wenn ein Abgeordneter im Viertel vorbeikam, rief mich Roland Balalas an, und ich musste da sein.« Ein guter Ganove kennt andere Ganoven. Diskrete Leute, die sich schnell mobilisieren lassen, immer für einen

Gefallen empfänglich sind und auch selbst einen erweisen können. Es ist nicht einmal sicher, dass Sylvie Andrieux ihn jemals getroffen oder auch nur von seiner Existenz Wind bekommen hat. Er war eines der Glieder in der Kette, mehr nicht.

Die Kette war lang. Ein weiteres Glied: Abderrezak Zeroual, »aktiver Freiwilliger« in zwei falschen Vereinen. Unmittelbar nach dem Prozess gegen Andrieux stand er wieder vor Gericht und wurde wegen Drogenhandels verurteilt, genauer für die Einfuhr von 337 Kilogramm Haschisch marokkanischer Herkunft. An seiner Seite in der verglasten Angeklagtenkabine einer seiner alten korsischstämmigen Marseiller Kumpel und ein Abteilungsleiter der Stadtreinigung, natürlich Anhänger der Gewerkschaft Force Ouvrière. Abderrezak Zeroual verkörpert auf seine Weise den typischen Werdegang der aufgeweckten Jungen aus den Problemvierteln, die versuchen, dort rauszukommen. Als in Algerien geborener, aber schon als Kleinkind nach Frankreich gekommener Chaoui* wächst er im Marseille der Zeit nach dem Algerienkrieg auf. Eine Weile im Slum, dann haust die Familie zusammengepfercht in einer Neubausiedlung, Saint-Barthélemy 3. Ein Großvater, der für Frankreich in den Krieg gezogen war; ein gebildeter Vater, öffentlicher Schreiber für die alten Gastarbeiter, die »Chibanis«, und alle anderen, die seiner Dienste bedurften. Als Gaullist neigte der Vater insgeheim Messali Hadj zu, dem Gründer des Mouvement national algérien (MNA), der in einem brudermörderischen Kampf mit dem Front de Libération Nationale (FLN) lag, dem auch sein eigener Bruder angehörte.

Als echtes Bindeglied zu den Harkis wird Vater Zeroual für die Abgeordneten der 1970er Jahre rasch interessant. Er debütiert als Wahlwerber, der seinen Namen für sich behält, bei

* Berber vom Stamm der Chaouia.

einem Politiker der gaullistischen UDR*. Der kleine Abderrezak ist immer mit von der Partie. Nach dem Tod des Vaters zieht die Sippe (dreizehn Geschwister) nach Noailles ins Stadtzentrum. Dort entwickelt Zeroual junior aufgrund der miesen sozialen Umstände politisches Bewusstsein, klebt falsche Diamanten auf die Plakate von Giscard d'Estaing, erweist sich als charismatisch und ergattert, von den Größeren im Viertel gedrängt, ein Diplom für »soziokulturelle Animation«. Voller Hoffnung beteiligt er sich sogar am großen Marsch für die Gleichheit von 1983.

Als er nach einem Aufenthalt in Brasilien eine Stelle bei der Fédération Léo Lagrange antritt, die sich der kulturellen Bildung des Volkes verschrieben hat und deren Vorsitzender Lucien Weygand ist, ein Gefolgsmann Gaston Defferres**, begreift Zeroual, dass Typen wie er dazu benutzt werden, sich aneinander abzukämpfen. Er legt Prüfungen ab, um einen Leitungsposten an einem soziokulturellen Zentrum zu erlangen, gerät jedoch genau in das Konjunkturtief der 1980er Jahre und erleidet die Legitimitätskrise all jener, die einen arabisch klingenden Namen tragen. Die Stellen sind rar, und die Maghrebiner stehen nicht oben auf der Prioritätenliste – ein wenig aus Rassismus, vor allem aber als Ergebnis einer nachlassenden Integration. Die simple Tatsache, nach der ersten Einwanderungswelle angekommen zu sein, bedeutet, weniger Beziehungen zu haben und bei seinen Netzwerken auf die Bekanntschaften im Viertel beschränkt zu sein. So ist seine Dienstvorgesetzte zwar geringer qualifiziert als er, jedoch in der vorteilhaften Lage, die Nichte von Lucien Weygand zu sein. Abderrezak

* *Union des démocrates pour la République.*

** Gaston Defferre war ein sozialistischer Politiker, Kämpfer der Résistance und 33 Jahre lang bis zu seinem Tod 1986 Bürgermeister von Marseille; siehe auch Kapitel 9.

Zeroual eröffnet stattdessen also eine Wäscherei in der Siedlung La Busserine und wird Dienstleister für die Klinik von Dr. Peschard. Letzterer überlässt ihm einen Teil der Aufträge aus seinen Einrichtungen und bekommt dafür eine hübsche Summe Geld, die Abderrezak zusammenträgt, indem er seine Bezüge aus der Fédération Léo Lagrange durch ein Bankdarlehen aufstockt. Peschard überlegt, ihm eine Assistentenstelle im Jugend- und Sportressort zu verschaffen, wird aber beim Verlassen einer Pizzeria in Sainte-Marthe erschossen – vor Zeroua1s Augen. Der Arzt wurde Opfer des Klinikkrieges, der in den 1990er Jahren Marseille in Blut tränkte.

Geld zu zahlen, um an Aufträge zu kommen, ist nicht legal, und folglich kann Zeroual nach dem Tod Peschards nicht einfordern, was Letzterer ihm versprochen hatte. Er verliert alles dabei: seine Kohle, sein Projekt, seine Statur und seine Haare. Obendrein taucht sein Name plötzlich im Zusammenhang mit Schwerkriminalität in den Akten auf, als sei er selbst ein Akteur des Klinikkrieges. Involviert in ein kleines Geschäft mit Schrottautos, die zum Schein überholt und teuer in fernen Ländern verkauft werden, schlittert er dann mehr oder weniger wider Willen in den Schmuggel von Haschisch, das kofferweise über Spanien aus Marokko geholt wird. Sein Komplize ist Stadtdezernent in Marseille, aber auch Kindheitskumpel aus einer Familie notorischer Banditen. Dieser, schwere Goldkette auf der Brust, verballert wahnsinnig viel Kohle, zeigt eine gewisse Vorliebe für Luxushotels, profitiert vom gewerkschaftlichen Schutz der Force Ouvrière, um trotz der Tatsache, dass er Amtsträger ist, eine Bar zu betreiben. Mit ihnen arbeitet ein Korse, Doumé, ein Vabanquespieler und Prahlhans der eher zwielichtigen Sorte. Im November 2008 wird ihr Konvoi nach einer Denunziation an der Mautstelle Lançon-de-Provence gestoppt. Zeroual stellt sich der Polizei, profitiert von einem

Formfehler und wird im Andrieux-Prozess als freier Mann vor Gericht auftreten. Dort wird er nicht viel von dem leugnen, was ihm zur Last gelegt wird. Allerdings wird er vergessen, einige nicht unwesentliche Details zu liefern.

Im zweiten Wahlgang der Parlamentswahlen von 2012 leitete Zeroual auf Bitten von Nora Preziosi, der im ersten Wahlgang ausgeschiedenen Kandidatin der UMP, das Wahlbüro der Cité Font-Vert für den Front National. Nora Preziosi, die Erzfeindin von Sylvie Andrieux. Für die Parlamentswahlen von 2012 und die Kommunalwahlen von 2014 hat sie, obwohl UMP, eindeutig Wahlkampf für den Front National gemacht.

Ihr Hass auf Andrieux speist sich aus den tragischen Schicksalen ihrer beiden Neffen, Jojo und Zachary, die im Abstand von zwei Jahren, 2012 und 2014, bei Vergeltungsaktionen erschossen wurden. Nora beharrt darauf: »Meine Neffen wären nicht derart auf die schiefe Bahn geraten, wenn die Vereinsarbeit ordnungsgemäß erledigt worden wäre.« Um Sylvie Andrieux zu schlagen, hat die Kandidatin sich also kräftig für den Kandidaten des Front National, Stéphane Ravier, ins Zeug gelegt. Die Marseiller UMP hätte sich, was diese Komplizenschaft angeht, etwas mehr Diskretion gewünscht, weniger Kumpelfotos, weniger Freundschaftserklärungen in den sozialen Netzwerken und weniger ostentatives Duzen. Doch in diesem ganzen Mikrokosmos verkehrt man auf einem recht klar abgegrenzten Terrain regelmäßig miteinander. Stéphane Ravier, nunmehr Senator und Bürgermeister des Front National in dem Wahlkreis, den er Sylvie Andrieux entrissen hat, kennt deren parlamentarischen Berater Roland Balalas sehr gut. In Marseille segelt man leicht von einem Ufer zum anderen. Selbst mit einer Vorgeschichte beim Front National kann man beschließen, dem PS beizutreten, da die Sozialisten besser imstande sind, Mandate mit den dazugehörigen Bezügen und Vorteilen anzubieten.

So geschehen im Fall von Théo Balalas, dem Vater von Roland. Diese erstaunliche Persönlichkeit mit ihrem Marseiller Akzent, den man für aufgesetzt halten könnte, und ihrem stets gesund und munter wirkenden Gesicht beherrscht die Kunst, abzustreiten, ohne zu überzeugen, aber auch ohne sich zu verheddern; er streut durch sibyllinische Andeutungen Zweifel, ist um keine Unaufrichtigkeit verlegen, unterstreicht seine Sätze gern mit einem »da verstehen wir uns doch«, nur damit am Ende überhaupt nichts verständlich ist. Théo Balalas, Ex-Mitglied der OAS, verurteilt für seine Handlungen während des Algerienkrieges, Ex-Exilant bei Franco, Ex-Kompagnon der neofaschistischen Bewegung Ordre nouveau, Ex-Initiator der Etablierung des Front National in Marseille im Jahr 1972, Ex-Kandidat des Front bei den Parlamentswahlen von 1973 und Ex-Korrespondent der rechtsextremem Wochenzeitschrift *Minute* in den Zeiten der großen rassistischen Ausschreitungen, tritt also dem Parti Socialiste bei, um dort im Organigramm des Parteiverbands Bouches-du-Rhône einen der wichtigsten Posten einzunehmen, »Verantwortlicher für Mitgliederwerbung«. Und dabei bis heute treuer Anhänger der extrem rechten Organisation Adimad-OAS zu bleiben. »Man muss überall Freunde haben. In Marseille haben sich mindestens 100 000 Repatriierte angesiedelt, das macht ebenso viele Wähler«, erklärte Balalas 2006 am Sitz des Parti Socialiste Bouches-du-Rhône der Marseiller Monatszeitschrift *CQFD*. Dabei verwies er auf die mythische Figur Gaston Defferre, »der Personen jeglicher politischen Strömung zu einem Bündnis zusammenzuführen verstand«. Sein Sohn Roland ist in diesem Umfeld aufgewachsen, in einem Haus, in dem ein Zimmer dem Gedenken an das Dritte Reich gewidmet war, hier und da Nazifahnen hingen und sich die Freunde seines Vaters trafen, darunter Ronald Perdomo, einer der lokalen Führer des Front National. Dort verkehrte er auch mit dem jungen Stéphane Ravier, der Wachablösung aus den Reihen des Front, der 2014 seinen Wahlkreis Sylvie Andrieux weggeschnappt hat, bevor diese verurteilt wurde. Erstaunlich ist auch, dass sich auf dem Briefkasten von Roland Balalas der Name von Marine Cassina befindet, die für die Gruppe des Parti Socialiste im Regionalrat mit der Vorprüfung der Förderanträge betraut ist …

Angesichts dieser fröhlichen Melange der Rollen und Gesinnungen bleibt bei Sylvie Andrieux ein bitteres Gefühl zurück, kommt es ihr nach ihrer Verurteilung doch so vor, als habe sie als Einzige bezahlt. »Die Vorprüfung dieser Antragsdossiers wurde vom Amtsleiter und vom Kabinettsdirektor der Region bestätigt. Und dieselben Dossiers, die mir meine Verurteilung eingebracht haben, sind alle in der Ratsversammlung beschlossen worden, einstimmig, mit Ausnahme der Stimmen des FN. Ich selbst war bei der Abstimmung gar nicht zugegen und hatte keine Vollmachten erteilt.« Michel Vauzelle, seit 1998 Präsident der Region Provence-Alpes-Côte d'Azur (PACA), ist von der Justiz in dieser Affäre, die doch zumindest ein ernstes Versagen seiner Behörden bewiesen hat, nicht behelligt worden. Und wie immer wächst Gras über die Sache.

Im Juli 2012 prangerte ein Bericht des regionalen Rechnungshofs unumwunden die Praktiken des PACA-Regionalrats an. »Gepflogenheiten der Misswirtschaft dauern trotz Warnungen an. Dieses System bedeutet für die Rechtssicherheit und für das Bild in der Öffentlichkeit erhöhte Risiken. (…) Die Quasi-Abwesenheit von Kontrolle bei der Durchführung der Subventionsmaßnahmen, von denen 80 Prozent pauschal festgesetzt und schon mit Bekanntgabe als Gesamtbetrag ausgezahlt werden, sowie das Fehlen eines Steuerungssystems schaden dem angemessenen Umgang mit den regionalen Geldern.«

Vor Gericht spielte Michel Vauzelle als Nebenkläger die Unschuld vom Lande. »Der Klientelismus ist ein Schandfleck für die Demokratie.« Und jene, die Geständnisse ablegten – »Man hat mich gebeten, Wahlkampf für Vauzelle zu machen« (Benyoub Same) oder »In Wahrheit machte ich in Les Catalans Wahlkampf für Vauzelle, wir klebten die Plakate über die von anderen Kandidaten, bis die aufgaben« (Boumediene Benamar) –, lieferten natürlich keinen Beweis. Schlamm spritzt selten bis zu denen, die weit oben sitzen. Im Regionalrat ist die Zeichnungsbefugnis allerdings nicht übertragbar, anders, als es in der Stadt Marseille und im Departementsrat Bouches-du-Rhône gängige Praxis ist. Sein Präsident trägt also theoretisch für alles die Verantwortung. »Vauzelle ist ein fauler König, er tut nichts, der wahre Chef der Region ist sein Kabinettsdirektor, Franck Dumontel«, beteuern 2015 freilich mehrere sozialistische Abgeordnete und Sachverständige in deren Diensten.

Franck Dumontel ist ein attraktiver Bursche, ehemaliger Profifußballer bei Créteil in der zweiten französischen Liga. Am Ende seiner sportlichen Laufbahn zieht er ins Rathaus jener Stadt in der südöstlichen Banlieue von Paris ein, protegiert von dem sozialistischen Schwergewicht Laurent Cathala, der ihn kurz darauf zu seinem Kabinettschef ernennt. Infolge einer Meinungsverschiedenheit zwischen den beiden Männern schickt ihn das parteiinterne Netzwerk von Laurent Fabius auf eine Mitarbeiterstelle im Rathaus von Draguignan. Dort trifft er auf Élisabeth Guigou, die ihm rasch einen Posten als Kabinettsdirektor des Präsidenten der Region PACA, Michel Vauzelle, verschafft. Nach wie vor in der kleinen Welt der Sozialisten, heiratet Dumontel sodann Samia Ghali, Senatorin und Bürgermeisterin des PS in einem Sektor der Quartiers Nord von Marseille. Samia Ghali ist im Regionalrat mit den Ressorts Sport, Jugend und Vereinsleben betraut. Auf diesem Posten verwaltet sie ein Budget von 28 Millionen Euro. Was könnte ein besserer Verbündeter sein als ein Fußballclub in einem Problembezirk? Die Abgeordneten reißen sich um die Club-Verantwortlichen in ihrem Wahlkreis. Während der Amtszeit von Samia Ghali sind überall in den Quartiers Nord von Marseille die Kunstrasen gesprossen. So sind zwischen 2004 und 2010 Fördergelder in Höhe von 960 000 Euro an den Verein Omnisport Hermitage Campagne Lévêque geflossen, dessen Vorsitzender, Abdelhafid Bahou, ein Cousin von Samia Ghali ist. Ein gigantischer Sprung für einen Verein, der zuvor nur maximal 4000 Euro im Jahr erhielt. Derselbe Cousin hat auch einen Sportladen eröffnet, Les Techniciens du Sport. Und damit sich der Club dort ausrüsten kann, lieferten die Dienststellen von Samia Ghali die nötigen Subventionen: 78 000 Euro, die im Jahr 2005 von der Region an den Verein Omnisport Hermitage Campagne Lévêque gezahlt wurden. Abdelhafid Bahou versichert, dass er mit alldem nichts mehr zu tun hat.

Niemand kümmert sich so gut um einen wie die eigenen Leute. Der Verein Algérie Innovation, geleitet von Azdine Bahou, einem weiteren Cousin der Senatorin und Bürgermeisterin, hat ebenfalls von bedeutenden regionalen Fördermitteln profitiert: 82 000 Euro bereits im Jahr seiner Gründung 2007, darunter 26 000 Euro Investitionshilfe. Da hat sich der regionale Rechnungshof immerhin gewundert. Es war nichts Illegales, nur eben erstaunlich. Sein Bericht unterstreicht, dass das »die Schwäche der Kontrollen der Körperschaft hervorhebt«. Daraufhin verlangte die Region von Azdine Bahou, die Gelder zurückzuerstatten. Man sollte erwähnen, dass der Verein sein Domizil bei ihm zu Hause hatte. Und dass ein großer Teil der Fördersumme zur Renovierung des Geschäftssitzes des besagten Vereins vorgesehen war …

Samia Ghali verkörpert den typischen Werdegang von Immigrantenkindern aus einem Problemviertel, in diesem Fall Bassens, wo sie als Säugling an Unterernährung litt. Nachdem sie von dort nach Campagne-Lévêque gezogen war, ging sie sehr jung in die Politik, an der Seite des Sozialisten Patrick Mennucci, mit dem sie, wie sie sagt, noch immer »gut befreundet« ist. Samia Ghali ist zudem entfernt verwandt mit der UMP-Politikerin Nora Preziosi, der Erzfeindin von Sylvie Andrieux. Wie andere auch haben die beiden Frauen jenseits ihrer politischen Meinungsverschiedenheiten ihre freundschaftlichen Verbindungen gewahrt. »Die Chaoui haben einen ausgeprägten Familiensinn«, bringt es eine, die den beiden Frauen nahesteht, auf den Punkt. Wie die Korsen. Und wie viele andere.

Während seiner Vernehmung wurde Sylvie Andrieux' parlamentarischer Berater von einem Polizisten über andere Persönlichkeiten aus der Politik befragt, die wie sie verdächtig seien, Fördermittel für Klientelzwecke auszugeben. Roland Balalas antwortete: »Da wäre Madame Ghali zu nennen, ebenfalls Sozialistin. Madame Ghali hat aber ihren eigenen Geschäftskreis, will heißen, dass sie als Vizepräsidentin mit den Ressorts Sport und Vereinsleben über ihren eigenen Interventionsbereich verfügt.« Der Richter ist der Frage seither nicht wirklich nachgegangen.

Wenn man alles auseinandernimmt und den politisch Korrekten spielt, ist man leicht versucht, den einen zu verehren und den anderen zu verabscheuen. Man schreibt bestimmte Sachverhalte einzelnen Personen zu und verurteilt und klassifiziert nach guter manichäischer Manier. Man macht alles richtig, doch nichts ändert sich. Alles kehrt wieder in die gewohnten Bahnen zurück, und dann beginnt das Ganze von vorn.

Aus dem Prozess gegen den Klientelismus ist daher der gegen Sylvie Andrieux geworden. Ohne nennenswerte Wirkung, abgesehen von dem unangenehmen Eindruck, dass die Justiz das System am Ende nur noch gestärkt hat, indem sie die Schuld einer einzelnen Person zugewiesen hat.

Denn lassen wir uns nichts vormachen: Die Volksvertreter sind nicht von Grund auf verdorben. Sie wollen nur eben gewählt werden. Die Mehrheit von ihnen ist wirklich von dem Wunsch getragen, den Alltag der von ihnen regierten Bürger zu verbessern. Ich habe sie alle gesehen, wie sie wochen-, monate- und jahrelang viel von ihrer Zeit geopfert haben, um Hinz und Kunz zu treffen, an armseligen Buffets herumzustehen, in tristen Lokalen Erdnüsse in sich hineinzustopfen, Hände zu schütteln, Telefonnummern zu notieren, Treffen zu verabreden, zu lächeln, zu scherzen, zu beschwichtigen und zu versuchen, an höherer Stelle zu sensibilisieren. Allen ist es ernst mit ihrem politischen Kampf, doch bei der Ausübung der Macht verlieren sie rasch ihre moralische Integrität. Das Prinzip ist einfach. »Die Politik besteht nur aus Arrangements«, erklärt mir einer von ihnen. Kompromisse werden schnell zu faulen Kompromissen, wenn erst die eigene Wahl davon abhängt. Und da alle damit anfangen, wäre eine Verweigerung gleichbedeutend damit, zu kapitulieren und mit dem Verlust eines Mandats auch seine ursprünglichen Ideale aufzugeben. Man hat keinen Handlungsspielraum mehr, wenn man nicht mehr gewählt wird. Eine Schizophrenie, die in den Problemvierteln noch deutlicher zu beobachten ist. Gut am Elend in diesen Vierteln ist, dass die meisten Leute zu sehr damit beschäftigt sind, etwas zu futtern aufzutreiben, als dass sie sich noch für das Gemeinwohl interessieren könnten. Die Methode ist folglich recht einfach, wie es ein Abgeordneter aus einem dieser Viertel auf den Punkt bringt: »Du schmierst einige Anführer, einige Schaltstellen in den Vereinen, im Gemeinwesen oder im kriminellen Milieu, und so behältst du deinen Sektor.«

9
Gott Bürgermeister

Für das klientelistische System des Armen, der vor dem Hintergrund des Elends Gefolgsleute rekrutiert, bedarf es in Marseille eines bürgerlichen Pendants. Und eines Meisterprotegés.

Nachdem er seit nunmehr zwanzig Jahren dort oben über den anderen auf dem Bürgermeistersessel der zweitgrößten Stadt Frankreichs thront, mit seinem Akzent, heiter wie ein Jingle, und seinem Markenspruch »Marseiller seit jeher«, fasziniert und verärgert »Gaudin« (wie er sich, um sich gleichsam besser zu beobachten, selbst nennt), und das aus jeweils denselben Gründen.

Für die meisten Marseiller ist Jean-Claude Gaudin, irrational wie »seine« Stadt, genauso lange da wie die Bonne Mère, die Wallfahrtskirche Notre-Dame de la Garde, die hoch über der Stadt steht und über sie wacht.

Es wird heißen, Gaudin sei müde geworden. Man wird mitunter beobachten, wie er beim Gehen das Gesicht verzieht, weil die Gelenke von der Gicht geplagt sind, der Krankheit der Reichen, zumindest der wohlgenährten Reichen. Wenn die Beschwerden mal wieder akut sind, misst Gaudins Pressestab die Entfernung bis zum Rednerpult ab, an dem er dann Halt finden kann. Höchstens 25 Meter weit scheint sein Gesicht demnach dem Schmerz widerstehen zu können. Man wird auch feststellen, dass Jean-Claude Gaudin ständig denselben Personen dieselben Geschichten zu denselben feierlichen Anlässen erzählt, in demselben Tonfall, mit denselben kurzen Pausen, denselben

Effekten und denselben selbstzufriedenen Pointen. Man könnte ihn also alt und verbraucht nennen.

Für jemanden mit über 120 Jahren auf dem Buckel hält er sich allerdings gut – mehr als 120 kumulierte Mandatsjahre, in denen er pausenlos zu grüßen, zuzuzwinkern, zu danken und, falls nötig, zurechtzuweisen hatte. Mehr als 120 Mandatsjahre, die dazu geführt haben, dass Gaudin heute beim Händeschütteln instinktiv fest zudrückt und seine freie Hand auf den Unterarm des Gegenübers legt, gleichsam als Kennzeichen einer gesunden Dominanz. Mehr als 120 Mandatsjahre, konzentriert auf die fünfzig Jahre politischer Karriere des – Stand 2015–76-Jährigen. Und die ihm Nahestehenden versichern: »Sie werden niemanden finden, der etwas Schlechtes über ihn sagt.«

Von seinem hohen Sitz im Stadtrat herab fordert er heraus, liest die Leviten, klagt an, gratuliert dann und schließt mit einem vergnügten und komplizenhaften Augenzwinkern, als ob das Ganze nur ein Spiel wäre. Dieser Sitz hoch da oben ist sein ganzer Zeitvertreib. Gaudin ist einer, der sein Leben der Politik gegeben hat, oder vielmehr einer, für den die Politik alles war: »Die Politik und die Ämter machen 95 Prozent meines Lebens aus, ich bin glücklich damit.«

Die städtischen Stenotypisten polieren die manchmal etwas holprige Syntax des ehemaligen Lehrers für Geschichte und Geographie auf, der an einer katholischen Einrichtung unterrichtete, an der man für seine Lehrtätigkeit kein Diplom vorweisen musste. Seinen Untergebenen gegenüber ist er, zumindest in der Öffentlichkeit, konsequent höflich und aufmerksam. Wenn er »Pariser« (mit buchstäblich ausgespucktem »P«) empfängt, wie hier in manchen Kreisen alle Nicht-Marseiller genannt werden, traktiert Jean-Claude die Zuhörer mit seinem südfranzösischen Akzent. Es sind quasi zwei, die da sprechen: einmal Gaudin und dann sein markanter Akzent. Dieser wirkt alles andere als aufgesetzt, er ist einfach da, wie ein guter Freund, den man gern um sich hat.

In seinem Viertel Mazargues, einem einstigen Kirchspiel ganz im Süden der Stadt, erinnert man sich noch an den jungen und sprühenden Jean-Claude Ende der 1950er Jahre. Schon damals machten ihn sein Auftreten, das immer an einen entfernt bekannten Kumpel erinnerte, und sein leicht kabarettistischer Tonfall beliebt. Dort begriff er auch, dass man mit Worten und ein klein wenig altmodischer, jovialer Herzlichkeit jeden ködern kann. Und vor allem braucht ja der, der spricht, auf keine Fragen zu antworten. Das ist seine »Heiliger-Johannes-Goldmund«-Seite.*

Philippe San Marco, ein altgedienter Sozialist, hebt die Augenbrauen und legt die Stirn in Falten, als er die Methode des Mannes erklärt, der sein Gegner war, bevor dieser ihm 2008 einen Leitungsposten in einer halb städtischen, halb privatwirtschaftlichen Gesellschaft anbot: »Sie bitten um ein Treffen, um etwas mit ihm zu besprechen ... Nachdem Ihnen mehrere Tassen Kaffee serviert wurden, empfängt er Sie und erzählt Ihnen eine Anekdote nach der anderen, oft die immer gleichen ... Sie haben kaum Zeit zum Luftholen, Sie lachen viel ... Na dann, bis zum nächsten Mal ... Sie sind überhaupt nicht zu Wort gekommen, aber Sie fühlen sich geschmeichelt, Sie sind eingenommen, und schon ist es passiert, Sie sind ein Freund.«

Wenn es wichtig ist, empfängt er im Restaurant, wo er ebenso viel isst, wie er spricht. »Undenkbar, dass ein anderer als er die Rechnung begleicht. Seit drei, vier Jahren bezahlt er mit einer Kreditkarte, und jedes Mal ist er ganz entzückt darüber, dass er sich noch an die Geheimzahl erinnert«, betont José

* Eine Anspielung auf Johannes Chrysostomos, einen frühchristlichen Bischof und Prediger, genannt »Goldmund«, die so viel bedeutet wie sich sicher und gewandt ausdrücken. (A. d. A.)

Allegrini, der ehemalige Präsident der Anwaltskammer. Allegrini war Gaudins Anwalt, bevor er im Laufe von dessen dritter Amtszeit als Bürgermeister einer seiner Stellvertreter wurde.

Der Reichtum des guten Christen Gaudin hat nichts mit Geld zu tun. Seine Werte gründen auf beständiger Freundschaft, auf Treue und Anerkennung. Er liebt es, geliebt zu werden – so wie er als Kind all die Künstlerfotos mit Widmungen mochte, die seine Mutter ihm von einem Showproduzenten, bei dem sie manchmal arbeitete, mitbrachte.

Als Heranwachsender wählt er sehr bald die politische Bühne, auf der er sich seither wie ein Schauspieler der Nachkriegszeit aufführt: versiert, aber immer ein wenig übertrieben agierend. Er spielt mit verschiedenen Masken: Da gibt es die Maske des Narren, die tragische Maske, die offizielle Maske des Gemeindevorstehers, die Maske der Zornesröte oder die Maske desjenigen, der sich über sein eigenes Bonmot amüsiert. Er setzt gern eine vieldeutige Miene auf … Keiner kann sich erinnern, ihn je in der Öffentlichkeit natürlich erlebt zu haben. Als guter Schauspieler beeilt er sich, jeden Raum und jede Leere auszufüllen, bevor ein anderer es tut. Kurz vor dem letzten Kommunalwahlkampf ist er noch erschöpft, er wirkt zunächst zögerlich, bewegt sich mit mühsamen Schritten und schmerzverzogenem Gesicht in der 25-Meter-Zone. Doch dann, als der Wahltermin näher rückt, richtet er sich wieder zu voller Größe auf. Ein Wunder …

Gaudin der Fromme, der mit einem Lächeln erklärt, dass er sich »jeden Morgen mit Weihwasser besprengt«, beherrscht die Kunst, Momente der Politik in sentimental angehauchte biblische Szenen zu verwandeln. Was er auch tut, im Nachhinein wirkt alles so, dass man sich unwillkürlich an die christliche Theologie erinnert fühlt: Auf den Zweifel folgt die Auferstehung.

In diesem Sinne signalisiert er etwa seinen Anhängern im Sommer 2013, als der Wahlkampf für die nächsten Kommunalwahlen erst langsam anläuft, dass wieder mit ihm zu rechnen ist. Am 25. Juli kommt die Justizministerin Christiane Taubira nach Marseille, offiziell, um ein nagelneues Videoüberwachungszentrum zu besichtigen. Auf weniger offizielle Weise will sie die Kandidatur des sozialistischen Bewerbers Patrick Mennucci unterstützen. Während die beiden Männer, die in ihren jeweiligen politischen Familien den gleichen Spitznamen tragen (»der Dicke«), auf die Ankunft der Ministerin warten, beäugen sie einander misstrauisch in den Räumlichkeiten der städtischen Polizei.

Der Ministerwagen biegt um die Ecke. Gaudin erweist sich als der Geistesgegenwärtigere: Mit drei, vier schnellen Schritten drängelt er sich vor Mennucci, der noch ganz damit beschäftigt ist, den Journalisten zu erklären, er werde »den Alten bald haushoch schlagen«. Gaudin baut sich auf und breitet strahlend und jovial die Arme aus. Während er so die vor ihm Stehenden willkommen heißt und die hinter ihm Stehenden abblockt, lässt er eine nicht enden wollende Salve an Anekdoten los, darunter jene reichlich sentimentale von seiner ersten Begegnung mit Madame Taubira, einem Spaziergang am Strand von Guyana, wohin er einen Freund begleitet hatte, der gerade zum Bischof ernannt worden war. Gaudin gibt den liebenswürdigen Charmeur, Taubira lächelt. In den Hintergrund gedrängt, versucht Mennucci derweil irgendwie zu zeigen, dass er auch noch da ist.

Einige Monate später wird Jean-Claude Gaudin zum vierten Mal in Folge zum Bürgermeister von Marseille gewählt, mit einer komfortablen Mehrheit von 61 Sitzen. Allerdings haben ihn gerade einmal 14 Prozent der 850 000 Einwohner der Stadt gewählt, denn lediglich 491 000 sind auf den Wählerlisten eingetragen. Die Tatsache, dass hier so wenige Leute wählen gehen, bedeutet auch, dass es reicht, diese Wenigen zu verführen. Gaudin verführt, ohne Versprechungen zu machen, während andere Versprechungen machen, ohne zu verführen. Seine Kommunikation ist erstaunlich modern. Sein Programm ist er selbst: Wenn Sie Gaudin behalten wollen, wählen Sie die 1!

Wenn man wissen will, wie Marseille politisch gefärbt ist, braucht man nur den Kopf zu heben: Die Bonne Mère wacht über eine Stadt, deren christdemokratische Prägung zu oft verkannt wird, weil man sie in den Medien und den politischen Salons unbedingt zur ersten muslimischen Stadt Frankreichs machen will. Das noch immer mächtige, wenn auch im Niedergang begriffene Bürgertum bleibt mehrheitlich katholisch. Mit dessen Vertretern hat Jean-Claude seinen Stadtrat gefüllt.

Von klein auf religiös geprägt, wird er durch eine klerikale Erziehung geformt. Als Vatikankenner weiß er unzählige Anekdoten über die dortige Geistlichkeit zu erzählen. Immer wieder kommen Kirchenleute zu ihm und suchen seinen Rat. Als einflussreiches Mitglied der zum Senat gehörenden interparlamentarischen Freundschaftsgruppe zwischen Frankreich und dem Heiligen Stuhl wird er regelmäßig respektvoll im Vatikan empfangen.

In Marseille sagt man Gaudin sogar nach, Mitglied des Opus Dei zu sein. Er selbst bestreitet das entschieden. Auf jeden Fall aber ist seine treue Verbundenheit zu dieser Organisation erwiesen. Im Mai 1992 gehörte er zu den von Papst Johannes Paul II. nach Rom geladenen Gästen anlässlich der Feierlichkeiten zur Seligsprechung von Josemaría Escrivá de Balaguer, der diesen umstrittenen und als fundamentalistisch-katholisch geltenden Orden 1928 gegründet hat. Zehn Jahre später war

Gaudin dann erneut am Heiligen Stuhl, diesmal aus Anlass der Heiligsprechung dieses Klerikers, der die Selbstkasteiung befürwortete und seine Jünger dazu aufrief, »sich in der Bekehrungsarbeit aufzureiben«. Im September 2010 eröffnete der Senator und Bürgermeister in einem schicken Viertel von Marseille feierlich das Centre Castelvieil, wo das Opus Dei »Aktivitäten zur christlichen Bildung« anbietet. Er erklärte seine Anwesenheit mit seiner »Freundschaft mit mehreren Mitgliedern des Opus Dei« und seiner »Sympathie für dessen in Marseille geleistete Arbeit im kulturellen Bereich«.

Eine solche Nähe kollidiert mit der traditionell von der Stadtverwaltung eingeforderten ökumenischen Haltung. Robert-Paul Vigouroux, Gaudins Vorgänger im Rathaus, schuf 1990 mit Marseille Espérance eine lokale Besonderheit, einen informellen Rahmen, der Begegnungen zwischen den hiesigen Verantwortlichen der wichtigsten Religionen ermöglichen sollte. Innerhalb von zwanzig Jahren hat Jean-Claude Gaudin Marseille Espérance zu einem Symbol für die Toleranz zwischen den Glaubensgemeinschaften der Stadt gemacht. Er kann ermessen, wie notwendig das gute Einvernehmen zwischen diesen Gemeinschaften ist. Nach seiner letzten Wiederwahl in den Senat sah sich Gaudin gezwungen, sich diskret von Guillaume de Thieulloy zu trennen, seinem persönlichen Referenten im Palais du Luxembourg, dem Sitz des Senats. Auf Websites wie »Riposte catholique« oder auch »Riposte laïque« hatte Thieulloy immer häufiger gegen Immigranten gehetzt und dabei extreme Ansichten vertreten. Beispielsweise in jenem Aufruf zu einem Referendum über die Einwanderung, in dem er »Millionen arbeitsloser Immigranten« anprangerte, die darauf »programmiert« seien, »Frankreich zu hassen«, und »die offenkundig einen bedeutenden Nachschub bilden für die Mafias, die Bartträger und alle, die sonst auf Frankreich spucken«. Mag Jean-Claude Gaudin auch beteuern, dass er von diesen Schriften nichts gutheißen würde, so hat Guillaume de Thieulloy doch elf Jahre an seiner Seite gearbeitet.

Ungreifbar und in aller Diskretion wahrt Gaudin seine kleinen Geheimnisse. Selbst gegenüber dem Klerus. Und er wagt das, was sein Lieblingspapst, Johannes Paul II., nie in Betracht gezogen hat: eine alljährliche Kampagne der Stadt zur Verhütung von Aids ... »Das Kondom – Marseille sagt ja!« Der Mann ist Pragmatiker, somit auch imstande, sich *gay friendly* zu geben. Die hiesigen Vereine versichern, sie würden bei ihm Gehör und Unterstützung finden, solange nicht erwartet wird, dass er sich zum Sprachrohr ihrer Sache mache. Wenn die Europride 2013 auf der Canebière abgehalten werden konnte, so hat das zu einem großen Teil mit Gaudin zu tun. Um einen Widerspruch macht er dabei kein großes Aufheben: Nach seiner Wiederwahl im Jahr darauf ernennt er ausgerechnet Catherine Giner, die er als eine »junge, distinguierte Bürgerliche« beschreibt, zur Beigeordneten für Familienfragen. Sie hatte die Führung der Protestbewegung Manif pour tous* im Departement Bouches-du-Rhône übernommen. »Das ist ihr gutes Recht«, befindet Gaudin trocken. Am 20. September 2015, mitten in der Einwanderungskrise, berief sich Catherine Giner in einem Tweet auf die Bibel, um gegen die Aufnahme der Flüchtlinge Stellung zu beziehen. »Jesus Christus hat niemals verlangt, die Massenmigration tatenlos hinzunehmen.« Eine bemerkenswerte Vorstellung von Laizismus.

Jean-Claude Gaudin besucht regelmäßig die Basilika Sacré Cœur, die Kirche der Marseiller Hautevolee in einem piekfei-

* Sie hatte sich 2012 als Reaktion auf die Einführung der gleichgeschlechtlichen Ehe gegründet und verfügte über enge Verbindungen zu rechtskonservativen kirchlichen und politischen Kreisen.

nen Viertel der Stadt. Ob er dort wohl andächtig vor der Statue des Opus-Dei-Gründers innehält, die 2005 in der Jungfrauenkapelle geweiht wurde? Während dieser Zeremonie war er ebenso anwesend wie Jean-Noël Guérini, ein abtrünniger Sozialist, der mit der Justiz auf Kriegsfuß steht und damals Präsident des Departements Bouches-du-Rhône war, das er dann 2015 verlor. Inzwischen lässt sich nicht mehr sagen, ob die beiden Männer politische Widersacher oder Verbündete sind. So viele Geheimnisse verbinden sie und geben ihrer Beziehung etwas Irrationales, aber vor allem haben beide eine wichtige Sache gemeinsam: Sie hüten stets ihre Geheimnisse und verachten Verräter und Ideologen gleichermaßen.

In einer über 2600 Jahre alten Hafenstadt werden die Gerüchte immer weitergetragen, mitunter von einer Loge, die eine andere Loge anschwärzt. Eine Mitteilung freimaurerischer Polizisten aus dem Juni 1995 beschreibt detailliert das »Organigramm der Funktionsweise und des Beziehungsgeflechts der Opus-Dei-Galaxis in Frankreich«. Jean-Claude Gaudin taucht darin im Rang eines Anwärters auf. Wahr oder falsch? Der Senator und Bürgermeister bleibt undurchschaubar und wahrt seine Geheimnisse. Allerdings beschreibt er sich gern als einen »Hostienfresser«. In nunmehr 120 Amtsjahren lässt er Gott durch seine Mandate schweifen. Seine politische Karriere hatte mit einer Erscheinung begonnen, der Erscheinung einer Frau, und was folgte, glich einer Himmelfahrt.

Germaine Poinso-Chapuis war dieses Licht auf seinem Weg. Als erste Frau in der Geschichte der französischen Republik bekleidete sie einen Ministerposten (den für Gesundheit). Die bigotte Marseiller Bürgersfrau fasziniert den kleinen Jean-Claude aus dem Viertel Mazargues. Als er einmal mit dreizehn Jahren zur Messe geht, ist er »überwältigt von der Wirkung der Redekünste dieser Frau«, die vor der Kirche gerade eine Versammlung abhält. Sie, ihres Zeichens Christdemokratin, hatte sich als eine mutige Widerstandskämpferin ausgezeichnet, die schwarze Kasse des illegalen Parti Socialiste geführt und zusätzlich die Anwaltskanzlei von Gaston Defferre verwaltet, der im Kampf gegen Pétain und seine Anhänger in den Untergrund gegangen war. Beide, Germaine Poinso-Chapuis und Gaston Defferre, sind in der provisorischen Stadtvertretung vereint, die der Nationalrat der Résistance bei Kriegsende an die Spitze Marseilles setzt.

Defferre fällt der Vorsitz zu. Er und Germaine Poinso-Chapuis werden in der Folge niemals ernsthaft aneinandergeraten. Sie wird eine Barriere gegen die radikalsten Kräfte der Rechten bilden, während er bei den Linken die Kommunistische Partei Frankreichs (PCF) in Schach halten wird. In diesem Zwischenraum empfängt Jean-Claude Gaudin zum ersten Mal, wie er selbst in biblischen Worten erzählt, »die Salbung des allgemeinen Wahlrechts«.

Zu Beginn der 1960er Jahre betätigt sich Gaudin rege als Marseiller Repräsentant der Parteijugend des Centre national des indépendants et paysans (CNIP) von Antoine Pinay. Seine Chance kommt, als Defferre ein Bündnis mit einem Teil der Rechten schließt, um sich gegen den PCF zur Wehr zu setzen. So wird Gaudin 1965 zum jüngsten Vertreter des Stadtrats, »der schönste Tag meines Lebens«. Er ruft dort vor jeder Sitzung die Namen der Teilnehmer auf, Defferre schätzt ihn. Um sein täglich Brot aufzubessern, gibt er an dem Ort, der später zum Centre Castelvieil werden wird, Studenten des Opus Dei Kurse. Als Geschichts- und Geographielehrer an der konfessionellen Lehranstalt Saint-Joseph-les-Maristes kultiviert er die Kunst der Rhetorik mittels der Anekdote. Seine Persönlichkeit ist noch in der Findungsphase. Er beobachtet, lernt und wartet ab – mit der kleinbürgerlich-meritokratischen Geduld desjenigen, der es draufhat, aber nicht von Anfang an alle Trümpfe in der Hand hält. Meriten müssen verdient werden.

Sein Vater, »der kleine Maurer aus Mazargues«, wie Gaudin gern wiederholt, um seine bescheidene Herkunft zu unterstreichen, ist ein Kleinunternehmer, Kirchgänger und guter Familienvater. Er lädt seine Angestellten zu sich an den Tisch und verkehrt mit den Bürgerlichen aus dem Viertel, mit denen alles seinen Anfang nehmen kann. Jean-Claude Gaudin baut sich aus diesem Fundus ein Netzwerk auf, einen harten Kern von Getreuen, denen er eng verbunden bleibt.

Claude Bertrand, sein Kabinettsdirektor, ist sein treuer politischer Wegbegleiter. »Das ist sein Mazarin, sein Richelieu, sein Père Joseph. Claude Bertrand hasst es, sich ins Rampenlicht zu stellen, auch wenn es ihm lieb ist, dass die Leute wissen, dass er ein *Deus ex machina* ist«, erklärt Michel Pezet, der sich einst vergeblich darum bemühte, Gaston Defferres Nachfolger zu werden. Claude Bertrand, ein extravaganter Cineast, der sich wie kein Zweiter bei Fritz Lang oder Ingmar Bergman auskennt und »allerlei linke Tricks auf Lager hat«, ist zugleich »ein echter Politiker, der sein Handwerk versteht«. Ohne ihn ist Gaudin nicht Gaudin, und die Presse hat ihn in ihren Schlagzeilen sogar zum wahren Bürgermeister Marseilles erklärt. »Sie sind ein und dieselbe Person, das ist nicht sein Ratgeber, das ist er, auf Gedeih und Verderb«, versichert Philippe San Marco, der ehemalige Generalsekretär von Defferre. Gaudin der Tribun, Bertrand der Trickser.

In den 1960er Jahren hat Antoine Andrieux, der Vater von Sylvie Andrieux und starke Mann des Defferrismus, Claude Bertrand als Amtsdiener ins Marseiller Rathaus geholt. Ihm verdankt Jean-Claude Gaudin also die Begegnung mit dem Mann, der seine Karriere erst richtig in Schwung bringen wird. Und weil die menschliche Beziehung mehr zusammenschweißt als die Ideologie, hätscheln Bertrand und Gaudin heute die Sozialistin Sylvie Andrieux wie ihre eigene Nichte.

Es ist Bertrand, der 1971 Gaudin dazu drängt, sich von Defferre loszusagen, als François Mitterrand den Marseiller PS zum Bündnis mit dem PCF nötigt. Gaston Defferre beugt sich und verbündet sich mit der »roten Gefahr«, bietet aber Gaudin, seinem kleinen Liebling, das Stadtplanungsressort an. Gaudin akzeptiert zunächst, weil er sich geschmeichelt fühlt, doch Bertrand überzeugt ihn davon, auf das Amt zu verzichten, »aus Selbstachtung«. Sechs Jahre später erleidet die Rechte bei den Kommunalwahlen eine schwere Niederlage, ist aber aus dem Joch des Mandarins Defferre befreit und hängt nicht mehr von den Sozialisten ab, um in den Genuss der Macht zu kommen, die es freilich erst einmal zu erobern gilt. Gaudin will jetzt den Sessel von Defferre.

Gaudin beginnt damit, sein persönliches Image als eher lustiger Katholik aufzubauen, sozusagen als Kontrast zu Defferre, dem strengen, leicht lispelnden Protestanten. Hier Defferre, ein Mann der geballten Faust, hart, rau, jemand, der in der Lage ist, sich mit dem Degen zu duellieren*, der niemals trinkt und niemals scherzt. Dort Gaudin, ein Mann, der die Fäuste nur benutzt, um seine Gabel zu halten, während er an reich gedeckten Tafeln sitzt, an denen man Kompromisse, Bündnisse und Deals aushandelt.

1978 gewinnt Gaudin zur allgemeinen Überraschung das Abgeordnetenmandat gegen Charles-Émile Loo, genannt »Milou«, einen von Defferres wichtigsten Männern. Das ist der Beginn der nationalen Karriere Gaudins und der zunehmenden Verankerung seines Clans von Getreuen in den süd-

* Tatsächlich war Defferre am letzten offiziellen Degenduell in Frankreich beteiligt – am 21. April 1967 gegen den gaullistischen Abgeordneten Ribière.

lichen Vierteln. Von diesem Stützpunkt aus wird er aufbrechen, um das Marseiller Großbürgertum zu erobern, jene Leute mit dem »Jambon«-Akzent (das Wort wird von ihnen mit südlicher Klangfärbung ausgesprochen, allerdings mit hübsch gespitztem Mund, um sich von der breiten Aussprache des gemeinen Volkes abzugrenzen).

Während sie eine Bastion nach der anderen erobern, betreiben Gaudin und die Seinen eine regelrechte Dorfpolitik, eine Politik der Nähe, des Gebens und Nehmens. Im Jahr 1983 erleidet er beim Kampf ums Rathaus eine Niederlage gegen Defferre, der zwar weniger Stimmen bekommt als er, als Innenminister aber eine für ihn vorteilhafte Einteilung der Wahlkreise ausgetüftelt hat. Unmittelbar vor der am Ende des Wahlkampfs ausgestrahlten Fernsehdebatte bricht der alte Hase im Sendestudio einen Streit vom Zaun. Mit lauter kleinen Attacken knapp unter die Gürtellinie sorgt Defferre dafür, dass Jean-Claude, der noch nicht Gaudin ist, die Fassung verliert. Indem Letzterer aus dieser Niederlage lernt, bereitet er seinen späteren Sieg vor.

Drei Jahre darauf, 1986, erlangt Gaudin den Vorsitz des Regionalrats Provence-Alpes-Côte-d'Azur, indem er sich mit dem Front National zusammentut. »Er hasst es, wenn man ihn auf dieses Abkommen anspricht, das er eingegangen ist, um mich zu schlagen«, erinnert sich der Sozialist Michel Pezet, der dabei sein Amt verlor. Heute erwähnt Gaudin die Episode nur in Orwell'schem Neusprech als »technische Übereinkünfte«.

Ein damaliger Funktionär des Front National, Ronald Perdomo, erinnert sich an diesen Pakt mit dem Teufel: »Es gab auf Initiative Gaudins ein Treffen bei einer Vertrauten von ihm, einer reichen Bürgersfrau aus dem 8. Arrondissement. Dort haben wir uns anderthalb Stunden lang darauf verständigt, die sozialistische Koalition zu Fall zu bringen, indem wir einen Deal zwischen Gaudins UDF*, dem RPR** und uns vereinbarten.« Das Prinzip des »Deals«? Gegenseitigkeit – wenn Gaudin erst einmal seinen Posten im Regionalrat eingenommen hätte, würde der Front National über ein Drittel der Abgeordneten verfügen. »Wir hatten mehrere Generalberichterstatter und den Vorsitz über vier von zwölf Kommissionen. Wir saßen in den Verwaltungsräten der Oberschulen, unsere Abgeordneten brachten im Namen der Mehrheit Berichte ein, und eine Kommission aus UDF, RPR und FN traf sich, um gemeinsam die Tagesordnung der Plenarsitzungen und das Stimmverhalten vorzubereiten.« Ronald Perdomo profitiert damals von Gaudins politischem Wissen. »Behalte den Vorsitz deiner Gruppe«, rät ihm dieser. »Das ist besser als jede Vizepräsidentschaft, die bloß ein Hut mit Federn ist.«

Für Michel Pezet, Gaston Defferres einstigen Kronprinzen, war dieses Bündnis nichts als ein »wahltaktischer Reflex«, ein Zeichen dafür, dass Gaudin, der lange abgewartet hatte, langsam die Geduld verlor. Tatsächlich kennen und schätzen sich Gaudin und Perdomo aber schon seit 1959, dem Jahr, in dem Ersterer Letzterem vorschlug, einer Jugendsektion des Centre national des indépendants beizutreten. 1981 unterstützte dann Ronald Perdomo die Wiederwahl Gaudins bei der Abgeordnetenwahl. »Der Front National, also ich, hatte dazu aufgerufen, für ihn zu stimmen, um den Sieg der Sozialisten zu schmälern, und er hat seinerseits das Nötige dafür getan.« Gaudin trägt daraufhin mit 781 Stimmen Vorsprung bei 70 000 abgegebenen Stimmen den Sieg davon. Gemeinsame Feinde verbinden.

Die Annäherung hält bis 1992. In jenem Jahr setzt Jean-Claude Gaudin aus Ärger über die Wortführer des Front Natio-

* *Union pour la Démocratie Française.*

** *Rassemblement pour la République.*

nal (Le Pen, Stirbois, Mégret), die aus den Erfolgen im Süden Profit ziehen können, den »technischen Übereinkünften« ein Ende. Er erhält die Absolution des Erzbischofs von Marseille, Monseigneur Coffy, dem diese »Sache mit dem Front National« ein Dorn im Auge ist. Eine bischöfliche Stellungnahme in *Le Monde* spricht Gaudin von seiner Sünde frei. Alles ist vergessen und vergeben. Amen.

Als sich 2015 der ehemalige Bürgermeisterkandidat des PS erlaubt, im Stadtrat einen härteren Ton gegen eine Entscheidung Gaudins anzuschlagen, setzt dieser seine Maske der Zornesröte auf, zeigt mit dem Finger auf sein Opfer und schleudert ihm entgegen: »Sie sind der Besiegte, Sie sind der, der geschlagen wurde, und Sie sind es, der es dem Front National leichtmacht.« Mit der letzten Bemerkung spielt er darauf an, dass der PS seine Kandidatur bei einer Dreierstichwahl zum Bürgermeisteramt des 7. Sektors (jener beiden berühmt-berüchtigten Arrondissements, des 13. und des 14.) aufrechterhält, die am Ende Stéphane Ravier vom Front National für sich entscheiden wird. Bis dahin hatte dort Gaudins politische Ziehtochter gewonnen, die Sozialistin Sylvie Andrieux. Als allgegenwärtiger Politiker versteht es Jean-Claude, alle Rollen einzunehmen und eine jede davon voll und ganz auszufüllen.

Stéphane Ravier, der erste Senator und Bürgermeister des FN in Frankreich überhaupt, fühlt sich seinerseits gut aufgenommen und freut sich, zu den offiziellen Anlässen, die den Rhythmus des städtischen Lebens bestimmen, eingeladen zu werden. Wohlweislich zeigt er sich in der vordersten Reihe jener, die gekommen sind, um den mit den Personalfragen der Stadt Marseille betrauten Henri Sogliuzzo in den Ruhestand zu verabschieden. Sogliuzzo ist einer jener getreuen Handlanger, mit denen sich Gaudin umgeben hat. Fünfzig Jahre Karriere und »eine Freundschaft, die auf den Bänken der katholischen

Schulen und Gymnasien Marseilles begonnen hat«, setzt der Marseiller Bürgermeister an. Ein ganzer Lebensabschnitt, der von dem Wechsel des Freundes an die Spitze des Wahlamtes geprägt war, »ein in strategischer Hinsicht sooo sensibles Amt«, wie Gaudin hervorhebt, indem er vor der feixenden Versammlung jede Silbe einzeln betont und dabei mit den Augen rollt. Und an die Adresse seiner potenziellen Kronprinzen gerichtet warnt er: »Im politischen Leben bedarf es auch der Geduld.« Vor Zeugen abgewatscht zu werden ist Ratschlag und Warnung zugleich. Mit dem alten Gaudin ist immer noch zu rechnen, nur damit das klar ist. »Der Kerl ist schlau. Wenn er Schläge austeilt, sitzen sie«, bestätigt Michel Pezet. Gaudin bedauert den Abschied seines alten »Schulfreunds«. Andere werden diesem zweifelsohne folgen. Die regionale Rechnungskammer hat auf eine hohe Zahl von Angestellten an der Spitze der städtischen Behörden hingewiesen, die – ob aus Leidenschaft oder Eigennutz, sei dahingestellt – weit über das Renteneintrittsalter hinaus an ihren Ämtern festhalten. »Auch ich bin betroffen. Nur dass mir die Wählerschaft erlaubt hat, noch ein bisschen länger zu bleiben«, amüsiert sich Gaudin.

An jenem Tag im September 2014 hat der Bürgermeister keine Zeit, mit seinen Getreuen Champagner zu trinken. Besorgt kehrt er wieder in sein großes Büro und auf Defferres Sessel zurück. Es herrscht Krisenstimmung. Die Probleme bei der Umsetzung der neuen Stundenpläne haben zum Schuljahresbeginn bei den Eltern für erheblichen Unmut gesorgt. Größeren jedenfalls, als Gaudin erwartet hatte. »Er will alles zu einem guten Ende führen, will geliebt werden«, versichert Jean Roatta, ein Gefährte der ersten Stunde, jener Zeit im Viertel Mazargues. Marseille mit seinem unzureichenden öffentlichen Nahverkehr, seinen chronischen Staus, seinen viel zu wenigen

Sportanlagen und seinen maroden Schwimmbädern war nicht in der Lage, den Kids an den öffentlichen Schulen jene Aktivitäten anzubieten, die auf dem Papier vorgesehen waren.

In zwanzig Jahren hat Gaudin »die für die Privatschulen bestimmte Pauschale verdoppelt«, womit er sich nicht wenig brüstet. Für die öffentlichen Schulen sieht das Ergebnis jedoch anders aus. »Marseille ist die einzige Stadt in Frankreich, wo man jedes Jahr zu Schulbeginn aus Mangel an Plätzen manche Schüler wochenlang nicht einschulen kann. Die Stadt lässt es für ihre 73 000 Schüler auf erschütternde Weise an Einsatzwillen fehlen«, klagt Corinne Vialle, Gewerkschafterin und Schuldirektorin seit dreißig Jahren.

»Kümmert euch doch auch einmal um eure Kinder!«, fährt der wegen der Vorwürfe gereizte Gaudin die unzufriedenen Eltern an. Alle, die mit ihm verkehren, bestätigen: Der Mann kann unangenehm sein, bissig. Wie aus der Giftbrühe eines Hexenkessels kocht da manchmal eine Bosheit hoch, die er sonst wohlweislich zurückhält. »Das Marseille, wie die Leute es lieben, ist nicht das Marseille der Maghrebiner, es ist nicht das Marseille der Komorer. Das Zentrum wurde von den ausländischen Bewohnern überschwemmt, die Marseiller sind weggezogen«, platzt es im Dezember 2001 in der Tageszeitung *La Tribune* aus ihm heraus.

So etwas entschlüpft Gaudin öfter, wenn er sich nicht darum schert, sympathisch zu wirken. Am Tag nach einem Fußballspiel zwischen Algerien und Ägypten schimpft er: »Wir freuen uns, wenn die Muslime glücklich über das Spiel sind, es ist nur so: Wenn danach 15- oder 20 000 von ihnen die Canebière entlangziehen, sieht man da nur algerische Fahnen, keine französischen. Das gefällt uns nicht.« Man hat von ihm auch jenes »Solange sie sich gegenseitig umbringen« gehört, anlässlich des zigsten Ghettokids, das bei einer Vergeltungsaktion niedergemäht wurde. Obwohl es in seiner Stadt während seiner zwanzigjährigen Amtszeit mehr als 280 Tote bei solchen Vergeltungsakten gab, hat Gaudin sich noch kein einziges Mal mit einer der trauernden Mütter getroffen. Die Quartiers Nord, jene Banlieues innerhalb der Stadt, nicht vor ihren Toren, sind nicht gerade seine Hochburg. Gelegentlich schneidet er dort irgendwelche Bänder bei der Fertigstellung einer neuen Gated Community durch oder stattet Schülern von konfessionellen Schulen einen Besuch ab. Für nichts übernimmt er die Schuld. »Die Sicherheit fällt in die Zuständigkeit des Staates«, erklärt er, als wäre das Problem nur ein polizeiliches.

Gaudins Verwaltungspolitik lässt sich in zwei Worten zusammenfassen: »Peucherismus« und Antiparisianismus.

Der »Peucherismus« – *peuchère* heißt auf Provenzalisch so viel wie »der Arme« – meint jene ritualisierte Schwarzmalerei, hinter der sich die lokalen Volksvertreter gern verschanzen. »Nichts ist einfach in dieser Stadt«, wiederholt Gaudin in Dauerschleife. Und auf dem Kreuzweg des Senators und Bürgermeisters muss es Henker geben – die Pariser. Wer sonst behindert denn das spezielle Funktionieren dieser Stadt »ohnegleichen«!

Man findet allerdings kaum erfolgreiche Projekte, die nicht vom Staat unterstützt worden sind. Was Gaudin nicht daran hindert, sie als seine auszugeben. Das sehr gelungene Museum der Zivilisationen Europas und des Mittelmeerraums (MuCEM), das wie von der Sonne gemeißelt an der Einfahrt zum Hafen steht, hat er nicht gewollt. Sei's drum, er stellt es jetzt trotzdem auf all seinen Plakaten als Symbol für die Erneuerung der Stadt hin.

Außerdem hat er es verstanden, sich die Idee der »Europäischen Kulturhauptstadt Marseille« anzueignen, ein Projekt, das vor allem von der Wirtschaft und den Gebietskörperschaften unterstützt wurde. Maßlos irritiert mussten die Initiatoren mitansehen, wie noch der letzte Straßenmusikant und die läppischste Tanzparty auf Betreiben der Stadt unter ihrem Veranstaltungslogo firmieren durften. »Man konnte es sich trotzdem nicht erlauben, den Bürgermeister von Marseille gerichtlich zu belangen«, erklärt ein ehemaliger juristischer Berater des Projekts.

Ein ähnlicher Taschenspielertrick beim Stade Vélodrome. Der Mann, für den Fußball ein Mysterium bleibt, hat es geschafft, ein einziges Stadion sozusagen gleich zweimal zu bauen. 1998 wird vor den Fußballweltmeisterschaften das Vélodrome mit großem finanziellen Aufwand saniert. Das Problem: Da es als ein »auf Trägern ruhender Bootsrumpf« entworfen wurde, macht ihm der Mistral zu schaffen, der die Tribünengesänge hinwegweht. Sechzehn Jahre später also schon wieder eine Baustelle: Eine gigantische Kuppel wird über den »Bootsrumpf« gestülpt. »Ah! Wenn mir das einer gesagt hätte!«, lamentiert Gaudin, der selbst noch als Bürgermeister einer Stadt aus 111 Dörfern den arglos-provinziellen Volksvertreter spielt, den kleinen Jean-Claude aus dem Viertel Mazargues.

In den Dörfern lässt er sich trotzdem nicht oft blicken, der Senator und Bürgermeister. Denn wenn man Senator ist, spielt die Musik in Paris, drei Tage in Folge, und dort ist er sehr eifrig. Um seine Aufgabe als Bürgermeister zu erleichtern und die Anträge voranzubringen, »muss man Parlamentarier sein und sich die Minister vorknöpfen«, erklärt er. Außerdem müsse man den nötigen leichten Druck auf den politischen Apparat aufrechterhalten.

Gaudin weiß diese Maschinerie perfekt zu bedienen. Zunächst dank seinem außergewöhnlichen Gedächtnis. »Er hat die Marseiller Wahlergebnisse der letzten Jahrzehnte im Kopf, Wahlbüro für Wahlbüro. Er weiß auch noch ganz genau, wer was gemacht hat, ob mit ihm oder gegen ihn«, merkt Michel Samson an, ein ehemaliger Korrespondent von *Le Monde* in Marseille, der Gaudins Werdegang seit über dreißig Jahren verfolgt.

Ebendiese genauen Kenntnisse haben Gaudin im Jahr 1981, als sich die politische Rechte im freien Fall befindet, den Vorsitz der UDF-Fraktion in der Nationalversammlung eingebracht. In dieser Zeit tritt sein Akzent stärker hervor – er beginnt, in breitem Marseiller Dialekt zu sprechen. Er gibt sich gerade so altmodisch, wie es sein muss, um gut anzukommen. Bei sich in Mazargues hat er einst Giscard d'Estaing empfangen, den er verehrt und nachahmt. Nun empfängt er Chirac mit einer guten hausgemachten Bouillabaisse. Gaudins Politik wird an reich gedeckten Tafeln und auf stillen Kirchenbänken gemacht. Ein Bankett, eine Hostie, und alles ist geritzt …

Im Übrigen kann man auch in der Hauptstadt einen Marseiller gut gebrauchen, ein Schlitzohr, das seine Oxymora in die Pariser Selbstgefälligkeit rammt. 1995 gelangt er als gerade gewählter neuer Bürgermeister der Marseiller Dörfer ins Städtebauministerium der zweiten Regierung Juppé und ernennt Clara Lejeune-Gaymard, die Tochter des Gründers der Anti-Abtreibungsbewegung Laissez-les vivre, zu seiner Kabinettsdirektorin. Eine Frau, die dem Opus Dei zumindest nahesteht.

Sein Wissen über Wahlen ist begehrt. Sein langer Vorsitz über die Kandidatenaufstellung erst bei der UDF, dann bei der UMP macht ihn zu einem wertvollen und von seinen Parteifreunden gefürchteten Mann. Noch heute fragt ihn Hubert Falco, der derzeitige Bürgermeister von Toulon, der in den Regierungen Raffarin und Fillon saß, jeden Sonntagabend am Telefon um Rat. Auch sein Senatorenkollege François Baroin, der Bürgermeister von Troyes, den Gaudin »den kleinen François« nennt, holt regelmäßig seine Meinung ein.

Für seine Gegner ist es ein Leichtes, sich über seinen Status als Orakel zu mokieren. »Gaudin hat niemals die leiseste Spur einer Idee gehabt. Er kann schön Klavier spielen, doch er schreibt nicht die Partitur«, versichert Philippe San Marco. Der dem Bürgermeister und Senator treu ergebene erste Stellvertreter im Marseiller Rathaus, Dominique Tian, widerspricht dem nicht. In der letzten Woche des Kommunalwahlkampfs hat er vielmehr ständig mit seinem 1-a-«Jambon«-Akzent wiederholt: »Wozu ein Programm? Wir haben Gaudin.«

Das bedeutet, Marseille entwickelt sich nur im Windschatten des Staates und der großen Konzerne, dort, wo das Geld zu finden ist. Und jene großen Chefs, jene Honoratioren mit dem »Jambon«-Akzent, jene treu ergebenen Amtsträger findet man alle – oder fast alle – auf der Liste der Wahlmänner für die Senatswahlen. Eine Liste, die wie ein kleines Bestiarium des Klientelismus aussieht.

»Gaudin ist Klientelpolitiker aus Berufung und von Amts wegen«, stellte schon Michel Samson, der frühere *Le Monde*-Korrespondent, fest. »Er ist Teil des bürgerlichen Klientelismus«, präzisiert Michel Pezet, Defferres einstiger Kronprinz. »Es gibt auch jene Konstellation von öffentlichen und halböffentlichen Unternehmen, die nur zu wahltaktischen Zwecken mit Leuten besetzt worden sind, denen man Dank schuldete«, ergänzt Philippe San Marco.

In Marseille stellen die städtischen Baugrundstücke ein gutes Tauschmittel dar. »Hier gibt es keine Grundstückspolitik, sondern man verkauft die letzten Familienjuwelen an den Meistbietenden«, stöhnt Jean Canton, der unter Jean-Claude Gaudin von 2002 bis 2009 die Stadtplanungsbehörde geleitet hat und noch heute voller Empörung an die Hinterstuben denkt, »wo sich Investoren die Klinke in die Hand gaben, um an irgendwelchen Projekten herumzuwerkeln«, ohne dass es je einen offiziellen Beschluss gegeben hätte. Letztlich ergibt das eine Stadt, die Viertel für Viertel immer steriler wird, wie in Le Rouet, Wohnanlagen mit oftmals privatisierten Straßen, die beinahe überall aus dem Boden zu sprießen beginnen, samt hohen Mauern mit Überwachungskameras. »Wenn man sich jedoch um die Baugenehmigungen und um den sozialen Wohnungsbau kümmert, kann man auch dem ganzen System einen Rahmen geben«, meint Jean Canton.

Der Senator und Bürgermeister behauptet wieder und wieder: »Ich bin in keine Affären verwickelt.« Was so viel heißt wie: in keine gerichtlich anhängigen. Ja, aber ... »Jean-Claude Gaudin ist eine schwer zu durchschauende Persönlichkeit«, bemerkt in vorsichtigen Worten ein hoher Beamter des regionalen Rechnungshofs, der die städtischen Unterlagen geprüft hat. Die öffentlich-private Partnerschaft beim Stade Vélodrome wird heftig kritisiert, und fragwürdige Arrangements im Zusammenhang mit dem Bau der unnötig großen Eissporthalle sind Gegenstand eines Ermittlungsverfahrens, das die Staatsanwaltschaft eingeleitet hat. Das zum Teil in städtischem Besitz befindliche Unternehmen Marseille Aménagement ist im Visier der Justiz. Ein Instrument der öffentlichen Hand könne nicht ausschließlich »Immobilienentwicklung« zum Ziel haben, prangert Philippe San Marco an, der vom Vorsitz dieses Unternehmens zurücktrat, nachdem er sich lange vergeblich darum bemüht hatte, in ihm Reformen durchzuführen.

Der frühere Bürgermeister Marseilles, Gaston Defferre, hatte seinen beherrschenden Einfluss einst dadurch gesichert, dass er städtische Stellen und Sozialwohnungen vergab. Er war es, der die Stadt nach und nach in zwei Teile zerschlagen hat: im Süden die Bourgeoisie, im Norden die »Quartiers«. Um alles zusammenzuhalten, hat Defferre die Vormachtstellung der Gewerkschaft Force Ouvrière (FO) gefördert und diese zugleich als »Kriegswaffe« benutzt, »um den Parti Communiste zu nerven«, wie Philippe San Marco resümiert. Der einstige Widerstandskämpfer Defferre verfügte über eine Zeitung sowie über gute Verbindungen zu den Versicherungsanstalten, den Rentenkassen und den Genossenschaften. Aus diesem Mittelstand bezog er eine treue Wählerschaft.

Gaudin tat sich zunächst schwer, diese Klientel an sich zu binden. Er hat die Stadt nicht wie Defferre mit der Waffe in der Hand eingenommen. Er verfügt über einen Clan, aber über keine Armee. Als er ins Rathaus einzieht, verlangt die Force Ouvrière ihre Unabhängigkeit und ihren Anteil an der Gemeindeverwaltung und damit zugleich am Klientelismus. Gaudin beugt sich. Man spricht seither von Mitbestimmung. Pierre Godard, der Ehemann von Yamina Benchenni, früher als Müllmann bei der Confédération française démocratique du travail (CFDT) und noch immer Gewerkschafter bei der Fédération syndicale unitaire (FSU), die gegen die Vorherrschaft der FO gekämpft hat, erzählt von der Erklärung, die ihm der Bürgermeister 2001 geliefert hat: »Ich brauche die FO in einem umfassenderen Sinn, als Verbindung zum Mittelstand, zu den Angestellten der PTT*, zu den Arbeitnehmern im Allgemeinen. Ich verfüge nicht über die anderen Instrumente, die Defferre meisterhaft beherrschte. Diese einzigartige Marseiller Besonderheit der Mitbestimmung gibt der FO ein Aufsichts- und Nominierungsrecht bei allen großen städtischen Aufträgen.«

Ein Beispiel, nur eines aus der endlos langen Liste der Folgen dieser Mitbestimmung: das Marseiller Klinikum AP-HM (Assistance publique – Hôpitaux de Marseille), das drittgrößte

* *Postes, télégraphes et téléphones* (heute *La Poste* und *France Télécom*).

Universitätsklinikum in Frankreich. In einem Bericht von 2014 merkt die Generalinspektion für soziale Angelegenheiten Folgendes an: »Nicht immer findet sich der gebotene Abstand zwischen dem Rathaus und den Instanzen der AP-HM.« Sie äußert auch eine Empfehlung: »Es wäre angebracht, der Sonderstellung, die einer einzelnen gewerkschaftlichen Organisation vorbehalten ist, ein Ende zu setzen (…), mag sie auch die Mehrheit vertreten, und diese wie die anderen zu betrachten (…), wobei es vermieden werden sollte, ihr weiterhin ihre herkömmliche ›Berater‹-Rolle bei der Personalbeschaffung zuzugestehen.«

Hat Jean-Claude Gaudin diesen Bericht der Generalinspektion gelesen? Kurz vor dem ersten Wahlgang der letzten Kommunalwahlen hat ihm die Gewerkschaft FO einen Ehrenmitgliedsausweis überreicht, gleichsam ein Diplom für seine Intrigen ebenso wie für seine Verdienste.

Am 20. Oktober 2015 ist das Büro des Beigeordneten von Jean-Claude Gaudin im Standesamt, Daniel Sperling, durchsucht worden. Die Justiz geht dem Verdacht nach, es gebe fiktive Anstellungen, die mit dem Klinikum AP-HM im Zusammenhang stehen. Unter anderem gilt es zu klären, was es mit dem Posten »Beauftragter beim stellvertretenden Generaldirektor der AP-HM, Koordinator der Schulen und des Instituts für Gesundheitsbildung« auf sich hat, den Daniel Sperling seit 2007 innehat.

So funktioniert Marseille, wo Monsieur Gaudin fast alles delegiert: die Verwaltung seiner städtischen Angestellten an die FO, die Schulen an den Privatsektor, die öffentlichen Verkehrswege an die privaten Wohnanlagen, seine Fehler an die Pariser, seine Entscheidungen an Monseigneur Coffy, die Stadtplanung an die Investoren, die wirtschaftliche Entwicklung an die städtischen Freihandelszonen … Sein Mantra lautet: Das Problem sind die Steuern und die Reglementierung.

Der hartnäckige Mythos vom »rebellischen Marseille« dient dazu, den strukturellen Klientelismus der Stadt zu verschleiern. Dieses feudale und nepotistische System geht fließend in jenes über, das Jean-Noël Guérini auf der Ebene des Departements eingerichtet hat. Guérini ist bis 2015 Präsident des Generalrats gewesen und Kumpan Gaudins in der interparlamentarischen Freundschaftsgruppe zwischen Frankreich und dem Heiligen Stuhl im Senat. Zwei Frömmler, die in Marseilles jeweiligen politischen Lagern das Sagen hatten.

Was durchaus Respekt hervorruft. »Guérini hat einen ausgeprägten Familiensinn«, merkt der Europaabgeordnete Jean Roatta an. »Gaudin, das ist der Chef von Marseille«, adelt ihn José Allegrini, inzwischen Gerichtsmediator für das Rathaus. Der »Chef«, mag sein, doch der ehemalige Präsident der Marseiller Anwaltskammer empfindet ihn zugleich als »zerbrechlich«: »Er ist der einzige Sohn zweier Einzelkinder, etwas endet mit ihm. Das Einzige, was sein Leben verlängern kann, ist sein Glaube, und ich wünsche ihm, dass er niemals von Zweifeln heimgesucht wird.«

Sonntags nach einem guten Mahl verdaut Gaudin vor dem Fernseher, während er zwischen verschiedenen Serien hin und her zappt. Wenn er einnickt, ist da niemand, der das Gerät ausschaltet. Homo politicus zu 95 Prozent, der Rest ist rein privat.

10
Die üblichen Verdächtigen

Nach siebzehn Jahren Regentschaft über das Departement Bouches-du-Rhône wird der Präsident des Generalrats, Jean-Noël Guérini, nunmehr das Desinteresse der anderen zu genießen wissen. Am Ende dieses langen Mandats wird er jetzt, da er nichts mehr zu verteilen hat, endlich seine wahren Freunde zählen können. Wenn er auch noch hoffen kann, aus dem auf 2016 angesetzten Prozess gegen ihn unbeschadet hervorzugehen, so wird er in der Marseiller Geschichte gleichwohl als einer jener Abgeordneten in Erinnerung bleiben, die gern mit der politischen Moral spielen.* Als einer von denen, die das kollektive Gedächtnis als Ganoven aus der Politik zeichnet, oder als Politiker, die mit den Ganoven krumme Geschäfte gemacht haben. Marseille hat sein Andenken bereits in Marmor eingraviert, während er noch ein gewöhnlicher, der Gerichtsbarkeit unterworfener Bürger ist, für den die Unschuldsvermutung gilt.

Seine jüngere Geschichte wird wie eine Saga aus der Feder Marcel Pagnols** in der lokalen und nationalen Presse ausgebreitet, für die der Mann, der allem Anschein nach so gar

* Am 16. Januar 2016 spricht ihn das Berufungsgericht in Aix-en-Provence von den Vorwürfen – Veruntreuung öffentlicher Gelder sowie Begünstigung und Nutznießung dieser Veruntreuung – frei.

** Die Werke des populären Autors und Filmemachers (1895–1974) spielten meist in der Provence oder in Marseille selbst und stehen bis heute gleichsam Synonym für den volkstümlichen Süden Frankreichs.

nicht aus dem Stoff für Helden gemacht ist – nicht einmal aus dem eines schurkischen –, eine exotische Abwechslung darstellt. Aus der Sicht von Richter Duchaine geht es »um illegale Interessenverflechtung, um Beihilfe zur Behinderung der Wahrheitsfindung, um missbräuchlichen Handel mit Einfluss und um Bildung einer kriminellen Vereinigung mit der Absicht des Einflusshandels und der Begünstigung und Nutznießung dieses Handels«. Alles begann 2008 mit einem anonymen, gut belegten Brief, der detailreich das »System Guérini« verpfiff. Hier schrieb ein Kenner, vielleicht sogar ein enttäuschter Komplize. Niemand verrät einen so gut wie die eigenen Leute … Der Schreiber des Briefs beteuerte, dass sich der Bruder von Jean-Noël Guérini, Alexandre, seit langem »Monsieur Frère« genannt, seine Bankkonten füllte, indem er sich öffentliche Aufträge an Land zog, insbesondere über Unternehmen mit bekannten Verbindungen zu Gangstern, die regelmäßig in den Salons von politischen und wirtschaftlichen Größen der Marseiller Region verkehrten.

Ein von den Ermittlern der Zollfahndung verfasster 33-seitiger Überblick über die Rolle, »die der Präsident des Departements Bouches-du-Rhône in dem Betrugssystem spielte, das sein Bruder etabliert hatte«, zeigt sich unmissverständlich: »Gerade dank den wiederholten Interventionen von Jean-Noël Guérini konnte von Alexandre Guérini ein regelrecht mafiöses System zugunsten des Barresi-Clans etabliert werden.« Die Barresi-Brüder sind berühmt-berüchtigte und sehr mächtige Gangster in der Region PACA, die mit den ebenfalls sehr bekannten Campanella-Brüdern in Verbindung stehen. Ihnen gemeinsam wird angelastet: räuberische Erpressung, bewaffnete Überfälle, Drogenhandel, Vermögensdelikte aller Art … Sie sind überall dort aktiv, wo viel Kohle in Umlauf gebracht wird: Olympique Marseille, der Seehafen, Immobilien, der

Sicherheitssektor, Hoch- und Tiefbau oder auch die Abfallwirtschaft ... Regelmäßig landen sie vor einem Schwur- oder einem Strafgericht, um sich anschließend so lange unauffällig zu verhalten, bis ihre Karriere irgendwann erneut in der Öffentlichkeit ausgebreitet wird. Derzeit sind sie wieder in aller Munde, weshalb es bergeweise Literatur über das Leben dieser Erben der French Connection gibt.

Paradoxerweise findet sich noch nichts Vergleichbares für Jean-Noël Guérini, obwohl er doch eine Person des öffentlichen Lebens ist, deren Aufstieg wirklich aus dem Rahmen fällt. Er ist tatsächlich eine kuriose Gestalt: klein, ängstlich, alles andere als ein guter Redner, trotzdem ungemein überzeugend und ansonsten stets darum besorgt, seinen unzähligen Obsessionen Genüge zu tun. Wenn er eines Tages auf seine Karriere zurückblickt, wird er der Wegbegleiter von etlichen der alten Vertreter des abgewirtschafteten Sozialismus gewesen sein. Alle sind noch in Amt und Würden, und alle schulden ihm etwas. Jean-Noël wusste mit dem in der Politik nötigen Kompromiss ebenso umzugehen wie mit dem – zuweilen ebenso notwendigen – Verzicht. Mit ihm ist alles immer schon in geschäftemacherischer Intimität ausgehandelt worden, abseits der politischen Bühne. Jean-Noël war sich im Klaren darüber, dass ihm jegliches Charisma und jede Redegewandtheit abgingen. Seine Wortmeldungen? Rhetorische Floskeln. Jean-Noëls Reden wirkten nie besonders ausgefeilt. Bei seiner ermüdenden Sprechweise ging seiner Botschaft stets der Sinn verloren, und am Ende gab er nur die Mahnungen und Verwünschungen eines Schmierenpolitikers von sich. Charismatisch? Ganz sicher nicht. Brillant und innovativ? Seine Leute vielleicht. Politmechaniker? Das ist es! Denn im parteipolitischen Manöver lag seine wahre Kompetenz. Er war zuständig für den Verhandlungsschacher, sein Bruder für den Druck. Der eine war auf eitlen Ruhm aus, der andere auf schnöden Mammon. Ihr System basierte auf drei Säulen: Klientelpolitik, Vetternwirtschaft und organisiertes Verbrechen. Ein Muster, das Jean-Noël schlüsselfertig in Le Panier vorgefunden hat.

Das Viertel Le Panier, in dem die Guérinis ihre Kindheit verbrachten, war geprägt von gegenseitiger Unterstützung und von allen möglichen kleinen Dramen. An diesem Ort des Elends landeten die Neuankömmlinge als Erstes. Seit den 1920er Jahren siedelte man sich, wenn man Korse war, hier an. Der Mann, der aus Le Panier ein korsisches Viertel machte, hieß Simon Sabiani und stammte aus der Nähe von Calenzana in Oberkorsika. Damals verteilte das französische Kolonialreich die Korsen über seine Territorien in Übersee, wo sie als Beamte eingesetzt wurden. Die Korsen waren die Einzigen, die dieses mühsame und gefährliche Leben weitab von ihrer Heimatinsel auf sich nahmen. Diese kolonialen Netzwerke sollten alle möglichen Arten von Schwarzhandel hervorbringen, für die Marseille zur Drehscheibe wurde. Simon Sabiani, der in seinem Leben ebenfalls sehr verschlungene Wege ging, ist in gewissem Sinne der Vater der French Connection. Schwankend zwischen dem PCF und der SFIO (Section Française de l'Internationale ouvrière), der Vorläuferorganisation des Parti Socialiste, las er schließlich eifrig Hitlers *Mein Kampf* und reckte mit seinen Spießgesellen bei jeder Gelegenheit den Arm zum Gruß. Sabiani führte auch den Klientelismus ein, um das Elend der eingewanderten Korsen rund um den Vieux-Port zu lindern. Schon damals wurden fiktive städtische Posten und Sozialwohnungen nach dem Akzent des Bewerbers vergeben. Der ebenfalls in Calenzana geborene Jean-Noël Guérini hat übrigens diesen Akzent. »C'est essstraordinaire!« Es gibt kein »x« im korsischen Alphabet.

Der von Sabiani organisierte, noch sehr überschaubare

Klientelismus, der auf der gegenseitigen Hilfe unter den Korsen aufbaute, wurde von Defferre nach dem Krieg stark ausgeweitet. Und wen schert es schon, dass Sabiani als erster Nutznießer dieses Systems, blutbefleckt in seinem weißen Anzug, ein Kollaborateur Vichys war, der von Sigmaringen aus, wohin er 1945 mit Pétain geflüchtet war, für den Rest seines Lebens ins Exil ging. Er und Defferre, der gestrenge und authentische Widerstandskämpfer, hatten zumindest eines gemeinsam: den Hass auf die Kommunisten. Das System des Klientelismus hat überdauert, und Gaudin wird aus Schwäche zulassen, dass dieser all seine Entscheidungen diktiert. In dieser Hinsicht hat Jean-Noël Guérini mehr Stärke bewiesen, denn bei ihm musste der Klientelismus zuallererst ihm zu Diensten stehen – eine Bestimmtheit, die hinter seinem etwas einfältigen Erscheinungsbild gut verborgen blieb.

Sein Vater und sein Großvater, Friseur der eine, Bauer der andere, doch beide arm, sowie sein Onkel Jean-François, die alle 1956 aus Calenzana nach Marseille kamen, sollten von Sabianis Netzwerken profitieren und sich zu strengen Hütern von Le Panier entwickeln. Der Onkel, SFIO-Generalrat für Le Panier, bekam von Defferre den Vorsitz über die Marseiller Dienststelle des Sozialwohnungsprogramms HLM zugeteilt und brachte dort seinen Bruder und dessen Sohn, den damals 18-jährigen Jean-Noël, unter. Als Kind hatte der nur Le Panier gekannt und Les Catalans im 7. Arrondissement, auf der anderen Seite des Vieux-Port. Zunächst war er, da er nur Korsisch sprach, in einem Gefühl der Unsicherheit aufgewachsen. Seine Jugend bestand aus Politik und kleinen Geschäften, Abmachungen und Intrigen an der Straßenecke. Bei den Jungen Sozialisten und bei der Force Ouvrière, in die er als Gewerkschaftsvertreter eingetreten war, sollte es noch lange dauern, bis er aus dem Schatten seines Familiennamens trat.

»Jean-Noël war ein kleiner Bursche ohne Bildung, ohne Kultur, technischer Assistent in einer von seinem Onkel geleiteten HLM-Dienststelle, doch er trug ein Markenzeichen, das in einem geschlossenen System viel bedeutet: den Namen Guérini«, meint seufzend Philippe San Marco, der als einer der Ersten über die Machenschaften des Mannes alarmiert war, den er innerhalb der Familie der Sozialisten heranwachsen sah.

Im Kanton Marseille-Les Grands-Carmes, dem damals kleinsten in Frankreich, war man, wenn man Guérini hieß, auf der Gewinnerseite.* Schon von den 1930er bis in die 1960er Jahre hatten die Brüder Guérini, Antoine und Barthélemy, genannt »Mémé«, von Le Panier aus über Marseille geherrscht. Eine organisierte Unterwelt, die mit Gaston Defferre mehr oder weniger gemeinsame Sache machte, der sich die beiden Gangster aber vom Hals zu schaffen wusste, bevor die Probleme unüberwindbar zu werden drohten. Defferre nahm Jean-Noël allein wegen dessen Familiennamen in sein Team auf. Der Junge ergriff nicht oft das Wort in der Öffentlichkeit, verteilte jedoch aktiv Flugblätter, »wenn man 50-Francs-Scheine als Flugblätter betrachtet«, so ein damaliger Mitarbeiter.

Obwohl Le Panier dann seine ersten Bewohner nach und nach verliert, weil sie anderswo eine bessere Bleibe finden, bleibt kurioserweise die Zahl der auf den Wählerlisten Eingeschriebenen stabil. Man wählt immer Guérini. Folgerichtig kann in diesem besonders verarmten Viertel keine Politik der Stadterneuerung jemals irgendeinen Erfolg verzeichnen. »Mit Stadtmodernisierungen schaffst du nämlich neue Wähler, weil

* Zahl und Bedeutung der Kantone sind seit der Reform der Gebietskörperschaften im Jahr 2015 deutlich geschrumpft und spielen nur noch eine Rolle als Wahlkreise für die Departements; Les Grands-Carmes war einer von 25 Kantonen im Stadtgebiet Marseilles, die 2015 zu 12 größeren Kantonen zusammengelegt worden sind.

du Akademiker ins Viertel holst – und das schmeckt Guérini und seinen Leuten gar nicht«, erklärt Philippe San Marco, der sich während seiner Jahre mit Defferre an diesem Vorhaben die Zähne ausgebissen hat.

Er weiß noch, wie Jean-Noël 1977 bei Defferre im Stadtrat anfing: »Er war der Jüngste und verlas zu Beginn jeder Sitzung die Namen der Teilnehmer. Gaston konnte ihn nicht ausstehen, ja er würdigte ihn nicht einmal eines Blickes.« Jean-Noël hat sich nicht geändert, mit seiner näselnden Stimme, den weit aufgerissenen Augen und diesem Lächeln, das als Einziges seine Stimmungslage verriet, ob er entspannt war oder stolz, beunruhigt, rachsüchtig oder bösartig. Während der Defferre-Jahre war stets ein säuerliches Lächeln um seine Lippen. Eine Verdrossenheit, die später seine Rache nährte, die Rache des Mannes, den man unverhohlen »den Trottel von Le Panier« nannte.

Diese Verdrossenheit war so groß, dass sich Jean-Noël 1986, als der junge Michel Pezet den alten Gaston Defferre herausforderte, auf die Seite des Neuen schlug. »Als dann Gaston stirbt, geht es im Stadtrat drunter und drüber«, erinnert sich Philippe San Marco. In der politischen Kakophonie erobert ein Chirurg und abtrünniger Sozialist, Robert-Paul Vigouroux, das Rathaus, indem er die acht Sektoren der Stadt an sich reißt. Vigouroux mag sich noch so mühen, die Wahllisten zu bereinigen und Freunde, denen man einen Gefallen schuldig ist, von ihnen zu streichen – Jean-Noël kann sich dank seinem Familiennamen wundersamerweise halten. Er bleibt Stadtrat als einer von drei verbliebenen Sozialisten. Seine Schwäche wird zu seiner Stärke. Er passt sich den Strömungen um ihn herum an, wie ein Schiffshalter, einer jener Fische, die ihren Hai, von dem sie sich bislang mitnehmen ließen, loslassen, um sich an einem größeren festzusaugen. Sein größter Fang wird gegen Ende der 1990er Jahre François Bernardini sein, ein sozialistisches

Schwergewicht im Generalrat des Departements Bouches-du-Rhône, Abgeordneter aus Istres im Westen von Marseille. Auch da versteht es Jean-Noël mit seinem unsteten Charakter, sich unsichtbar zu machen und in keiner Weise aufzufallen. In jener Zeit hängt man ihm einen neuen Spitznamen an, den er nicht mehr loswird: »Jean-Nono«.

Seit 1995 ist das Rathaus von Marseille für die Sozialisten zu einer uneinnehmbaren Festung geworden. Ihre Scheinkandidaten zerfleischen sich gegenseitig. Also rüsten Guérini und Bernardini zum Sturm auf den Generalrat des Departements Bouches-du-Rhône. Auf dessen Chefsessel döst Lucien Weygand vor sich hin, ein stiller Präsident, eifriger Jäger und Schürzenjäger, aber weder ein großer Arbeiter noch ein großer Mauschler. Er hat Jean-Noël bereits als Haushaltsberichterstatter aufgenommen, da er diesen wichtigen Posten lieber in den Händen des Trottels von Le Panier als in denen eines Ehrgeizlings sieht.

Jean-Nono so harmlos …? Genau das ist seine Strategie.

Tatsächlich hat der Mann Verbindungen zu allem, was zählt: Logen, Zellen, Verbände, Sakristei, Diözese, Bistum, guten und weniger guten Werken. Er verfügt über eine hübsche kleine Summe, die er im Austausch für treue Dienste verteilen kann. Denn seit 1987 ist Jean-Noël Guérini Vorsitzender des OPAC, des öffentlichen Bau- und Planungsamts für Sozialwohnungen beim Generalrat, bei dem bereits sein Vater angestellt war. Den Posten hat er Philippe San Marco entrissen, eine kleine, schäbige Rache an Defferre. Und diejenigen, die keine Anhänger seines Systems waren, behalten von dieser Zeit die bittere Erinnerung zurück, Geächtete gewesen zu sein. Ein ehemaliger leitender Angestellter beim OPAC sagt über ihn: »Er hat unaufhörlich zerschlagen, was von San Marco aufgebaut worden war, sowohl innerhalb der HLM-Dienststelle als auch drum herum. Jean-Noëls Bruder Alexandre gewinnt damals seine eigentliche Bedeutung, indem er Nutznießer einer Reihe von Maßnahmen im OPAC Sud wird, dank denen bei Ausschreibungen seinen eigenen Unternehmen oder den Firmen von Freunden der Zuschlag erteilt wird.« So wollte San Marco das Viertel Les Flamants mit einem Stadtteilmanagement ausstatten. Da diese Hochhaussiedlung im 14. Arrondissement von einer kostenaufwendigen Modernisierung profitieren sollte, war absehbar gewesen, dass nebenher auch für seine Bewohner wirtschaftlich etwas abfallen würde. Die Pflege und Wartung der Eingangshallen wäre den Frauen, die der Außenbereiche den Jungen zugutegekommen, die alle im Rahmen des Stadtteilmanagements bezahlt worden wären. »Kaum dass sie da waren, haben die Guérinis das Projekt eingestampft, um in externen Ausschreibungen ihre eigenen Firmen durchzusetzen«, erinnert sich André Jollivet, der ehemalige Vorsitzende des PACA-Regionalrats der Architektenkammer, der am Projekt der Sanierung von Les Flamants beteiligt war.

Geschicktes Casting ist alles. Ein Zeuge aus jener Zeit erzählt: »Die Guérinis umgeben sich stets mit kompetenten und ehrlichen Leuten, auf die sie einen starken Einfluss behalten. Der Generaldirektor des OPAC, Jean-Jacques Cosi, steht im Sold der Guérinis. Der frühere Finanzchef des OPAC galt als jemand, der zu Recht den Direktorposten bekam. Dabei hat man ihn aufgrund seiner Schwäche ausgewählt. Weil er Pferdewetten verfallen war, verbrachte er seine Tage damit, eingeschlossen in seinem Büro auf alle Rennen zu setzen. Folglich ließ er den Brüdern Guérini alle Freiheiten, und diese wussten ihm hart zuzusetzen, wenn er doch einmal etwas in Zweifel zog.«

Jean-Noël will glänzen. Frühzeitig bemerkt er, dass jene, die man, so dämlich sie auch sein mögen, gemäß den Gepflogenheiten des guten Tons die Honoratioren der Stadt nennt, immerfort Loblieder zu hören bekommen. Auch er träumt davon, doch überstürzt er nichts. Mitte der 1980er Jahre heiratet er eine gutbürgerliche Frau, Martine Aelion, Fachanwältin für öffentliches Recht und Zivilrecht. Mit ihr frequentiert er jene Marseiller Welt der Reichen und Schönen, die sich über den kleinen Korsen lustig machen, der sympathisch ist, aber die entscheidenden Codes nicht kennt. »Und während er als Prolet gilt, der alles in bar bezahlt, was in den gutbürgerlichen Kreisen niemand tut; während man ihm feixend dabei zusieht, wie er den Ruinart-Champagner mit dem kleinen Löffel umrührt, um die Perlen wegzubekommen, und dann einen Eiswürfel ins Glas wirft, tut er ihnen etliche Gefallen, hilft ihnen, bis er sich durch die gewährten Vergünstigungen und die verteilten Geschenke sachte und diskret unentbehrlich gemacht hat«, erklärt jemand von der örtlichen UMP, der ebenfalls »nichts hat kommen sehen«. Mit dem OPAC machten sich die Guérinis zahlreiche »Freunde«.

Sein Bruder Alexandre ist da bereits im Geschäft. Er ist der Bodenständige, der Korse aus den Bergen, der Leute mit Courage respektiert und mit den angesagtesten Geschäftemachern befreundet ist. Man fürchtet seine Wutausbrüche, doch man lässt sich auf ihn ein, weil man hofft, Karriere zu machen. Eine weitere Schlüsselfigur ist Gérard Lafont, der für das Vermögen der OPAC zuständige Amtsleiter, Spitzname »Lafont die Kasse«. Er ist mit einer Nichte von Jean-Noël verheiratet. Die Ausschreibungen für die Unternehmen laufen über ihn.

Die Modernisierung der Hochhaussiedlung Les Flamants in den 1980er Jahren wird so unzulänglich sein, dass man sie zwanzig Jahre später erneut in Angriff nehmen muss. »Mit dem, was dort investiert wurde, hat der Quadratmeter in Les Flamants 10 000 Euro gekostet, wie für eine Bürgerwohnung in den reichen Vierteln«, beklagt André Jollivet, der Architekt, der das Sanierungsprojekt unter der Leitung von Philippe San Marco maßgeblich mittrug. Das Geld wurde zwar freigegeben, doch die Arbeiten waren von zweifelhafter Qualität, im Gegensatz zu denen, die Gérard Lafont zur selben Zeit auf seinem eigenen Grundstück in der ländlichen Umgebung von Aix-en-Provence durchführen ließ. Ohne Baugenehmigung und auf einem Grund, der ausdrücklich nicht als Bauland deklariert war. Ende der 1980er Jahre wurde er deshalb zur Zahlung einer empfindlichen Ordnungsstrafe in Höhe von 500 0000 Francs (knapp 80 000 Euro) verurteilt. Der Abriss des Hauses wurde freilich nicht verfügt, und Lafont lebt noch heute dort.

1998 nimmt alles mächtig Fahrt auf ... Das Glück meint es gut mit den Guérinis. Zunächst im Parteiverband der Sozialisten des Departements Bouches-du-Rhône, den Jean-Noël in aller Ruhe übernehmen wird, während andere sich in den Haaren liegen. Lucien Weygand und François Bernardini streiten sich so heftig um den Posten, dass sie die Zahl ihrer jeweiligen Anhänger bis zum Äußersten aufblähen. Mit 16 000 Mitgliedsausweisen im Departement gefährden sie auf nationaler Ebene das Gleichgewicht im Parti Socialiste. Am Parteisitz in der Rue de Solférino in Paris setzt die Parteileitung das Wahlverfahren aus und ernennt das Duo Vauzelle/Guérini, um wieder Ordnung herzustellen. »Vauzelle ist wie üblich feige gewesen, hat sich zurückgezogen und Guérini die Kontrolle überlassen«, klagt Philippe San Marco, zu jener Zeit Unterstützer des PS. Guérini trifft dabei wieder auf den berühmt-berüchtigten Théo Balalas, der als Vorsitzender der Kommission für Mitgliederwerbung beim PS-Verband von Bouches-du-Rhône Geschichte geschrieben hat. Von 16 000 Ausweisen fällt die Mitgliederzahl wieder auf 6000. Die Methode ist einfach, eine Art Casting. San Marco schildert sie so: »In meiner Sektion beispielsweise, Les Lices, waren wir siebzig, und er ließ uns nur als vierzig durchgehen. Altgediente Sozialisten erhielten Post: ›Lieber Genosse, ich bedaure, Dir mitteilen zu müssen, dass Deine Mitgliedschaft im PS nicht aufrechterhalten wurde.‹ Hingegen habe ich am Tag einer parteiinternen Abstimmung gesehen, wie Alexandre mit Typen in grauen Anzügen aufkreuzte, alle mit einem etwas verstörten Blick, anscheinend nicht sehr auf dem Laufenden über das, was sie hier machen sollten. Dann gaben alle ihre Stimme ab, um Jean-Noëls Kandidaten durchzusetzen. Danach sah man sie nie wieder. Ich erstattete François Hollande, damals erster Sekretär des Parti Socialiste, Bericht. Er rief ihn in meiner Gegenwart an, ich hörte mit, wie der andere ihn lauthals beschwor, sich keine Sorgen zu machen, und François versicherte mir, nachdem er aufgelegt hatte, dass ›alles erledigt‹ sei. Was unser Schicksal anging, stimmte das, wir waren tatsächlich erledigt. Nichts ist passiert, um die Dinge in Ordnung zu bringen. Jospin war damals Premierminister, auch ihn habe ich gewarnt. Er hat mich kühl angesehen und gesagt: ›Warum willst du, dass ich mich um den Verband von Bouches-du-Rhône kümmere?‹«

Wer alle Sektionen eines Parteiverbands in der Hand hat, kann alle Kandidaten bestimmen. Und wer alle Kandidaten bestimmt, steht faktisch an der Spitze aller gewählten Abgeordneten. Die in diesem Fall alle ihren Posten Jean-Noël Guérini verdanken, der sich 1998 an der Spitze des reichsten Generalrats von ganz Frankreich wiederfindet. Jean-Nono benutzt sein etwas trotteliges Aussehen, seinen besten Trumpf, um ungehindert zu manövrieren. Und siehe da, plötzlich ist er, der Hinterwäldler, der Chef. Er holt die alten Mumien der Klientelpolitik aus der Ära Defferre wieder hervor, richtet sie her und überzieht sie mit Blattgold. Er beabsichtigt, im Departement das nachzumachen, was sein korsischer Lehrmeister Sabiani in Marseille in die Tat umgesetzt hat. Einige Tage nach seiner

Amtsübernahme erwartet man ihn auf dem Festival International d'Art Lyrique in Aix-en-Provence. Vor seinem Spiegelbild in einem verchromten Feuerwehrhelm, der in seinem großen Büro auf einem Regal liegt, nicht weit von seiner Sammlung von Miniaturautos, rückt er seine Krawatte zurecht. Er kaut die kleinen Bonbons, die am Empfang des Generalrats angeboten werden und die er so sehr liebt, dass er persönlich über deren Nachbestellung wacht.

Getragen von seinem Stolz und einem kindlichen Ehrgeiz, der im Widerspruch zu seinen persönlichen Fähigkeiten steht, will Guérini noch mehr: das Rathaus, um sich an Defferre zu rächen, der ihn nicht einmal eines Blickes würdigte. Derweil stolziert er vor seinen Verwaltungsdirektoren auf und ab, oftmals kompetente und hochqualifizierte Fachleute. Jean-Noël strebt nach einem Vergnügen ohnegleichen: Er will von jenen hofiert werden, die ihn einst verachteten. Und was seinen Bruder Alexandre betrifft, so will der zugleich reich und gefürchtet sein.

Das ist der Beginn einer regelrechten Symphonie aus Intrigen, aus denen opportunistische Persönlichkeiten mit pragmatischer Intelligenz herausragen. »Er hat zwei Drittel der Parteisekretäre aus den Sektionen des PS und deren Kinder bei sich im Generalrat eingestellt«, ruft San Marco in Erinnerung. Auch den beiden Kindern von Bernard Squarcini, Polizeipräfekt seit 2004, hat er Arbeit verschafft. Die zwei Männer hatten sich nach ernsthaften Herzproblemen in derselben Klinik kennengelernt. Die Frau des Vorsitzenden des regionalen Rechnungshofes übernimmt ebenfalls eine der Dienststellen des Generalrats … Im Urlaub in Marokko hat Präsident Guérini regelmäßig Umgang mit Polizisten und Präfekten, die die gleichen Golfplätze besuchen wie er. Brav setzt er sich an der Ehrentafel der Fiesta des Suds in Szene, des von ihm subventionierten Marseiller Musikfestivals, umgeben vom Oberfinanzdirektor des Generalrats, von Anwälten, von Chefärzten … Er ist dermaßen nett … Da drückt man schon mal ein Auge zu.

Tatsächlich prüft er, gut getarnt unter seinem unbeholfenen Auftreten, systematisch und schlau die Gedanken jener, die er in der Hand hat. Jean-Noël ist kein Scharlatan. Er verspricht nicht nur, er hält seine Versprechen auch – und deren Nutznießern hält er die Treue. Die wiederum nehmen hin, dass sie dafür ein paar Kröten schlucken müssen. Dafür werden sie bezahlt.

Damit er in ruhigen Fahrwassern segeln kann, muss das »Blaue Schiff«, wie das Gebäude des Generalrats getauft wurde, gut den Kurs halten. Und zu diesem Zweck hat Guérini es stets verstanden, sich mit kompetenten Personen zu umgeben. Seine Bilanz kann sich sehen lassen: Abbau der sozialen Kluft beim Zugang zu den neuen Medien an den Schulen, medizinische Ausrüstung der Spitzenklasse an den Kliniken, gesetzliche Regelung der Sozialleistungen, weitreichende kulturelle Maßnahmen … Auch der Mann selbst hat an Format gewonnen, da er mit dem Furor des Autodidakten sowohl an seinen Reden als auch am Inhalt seiner Dossiers feilt. Auf diese Weise kann er seine Klientelpolitik genauestens kontrollieren.

Jean-Noël führt also die Leute und Alexandre die Geschäfte. Ein anonymer Brief, der ihnen eine Menge Ärger mit der Justiz einhandeln wird, beschreibt eine Episode unter vielen im Detail: 2004 will Alexandre in der Nähe von La Ciotat ein Stück Land erwerben, um die benachbarte Mülldeponie von Le Mentaure zu erweitern. Nun legt eine Immobiliengesellschaft überraschend einen Pachtvertrag vor, der die Verkaufsprozedur erheblich verlangsamen wird. Alexandre drängelt, grollt, kommandiert, doch die Angelegenheit zieht sich ewig hin. Bis 2006 plötzlich der Generalrat seines Bruders Jean-Noël das Gelände erwirbt, das daraufhin umgehend an die Gesellschaft seines jüngeren Bruders, »Monsieur Frère«, weiterverkauft wird. Der Generalrat hat sein Vorkaufsrecht zum »Schutz sensibler Naturräume und Landschaften« geltend gemacht. Die Ermittlungsabteilung der staatlichen Gendarmerie findet das erstaunlich. Der Untersuchungsrichter hat sie anstelle der regionalen Kriminalpolizei beauftragt, die Ermittlungen zu führen. Zu viele Polizisten von hier stehen den Guérinis nahe. Während einer Vernehmung wird Alexandre den Gendarmen erklären, dass Jean-Noël keineswegs versucht habe, ihm zu helfen, sondern dass vor allem eine hübsche kleine weiße Blume geschützt werden musste, die Kurzwollige Winde, die auf der wilden Müllkippe prächtig gedieh. Und die übrigens auf der legalen Deponie, die sich dorthin ausgebreitet hat, bis heute gut gedeihe. Jean-Noël habe nicht ihm helfen wollen, versichert er, er wollte Blumen retten.

Als diese Angelegenheit Ende 2006 ausgestanden ist, kann Alexandre im Hinblick auf die anstehenden Kommunalwahlen den Hals noch immer nicht vollkriegen. Die Abfallwirtschaft interessiert ihn nach wie vor, und so ermuntert er Jean-Noël, Bürgermeister von Marseille zu werden, um Zugriff auf den Kommunalverband Marseille Provence Métropole (MPM) zu erlangen, der mit der Abfallentsorgung betraut ist. Jean-Noël verpasst den Einzug ins Rathaus um Haaresbreite. Also hecken die beiden Brüder einen politischen Coup aus. Obwohl 2007 die Mehrheit im Kommunalverband MPM theoretisch der Rechten sicher sein sollte, schwenkt er zur Linken über, und so wird Eugène Caselli, ein Mann der Guérinis, zum Vorsitzenden des Verbands gewählt. Als Informationen über die Affäre der Mülldeponie von Le Mentaure – die man später die »Guérini-Affäre« nennen wird – an die Presse durchsickern, wird Renaud Muselier, der UMP-Kandidat, der mitansehen musste, wie ihm der MPM-Chefsessel vor der Nase weggeschnappt wurde, während einer Kommunalverbandssitzung ein Buch auf Eugène Caselli werfen: Roberto Savianos *Gomorrha* über die italienische Camorra. Doch zu Beginn des Jahres 2015 zeigten sich die beiden Männer, offensichtlich versöhnt, wieder gemeinsam in der Öffentlichkeit, als Eugène zum Ritter der Ehrenlegion ernannt wurde. Die politischen Akteure sind jenseits der politischen Bühne eben auch nur gewöhnliche Menschen – wenngleich Muselier der Raub seines Chefsessels beim Kommunalverband weiterhin wie eine Gräte im Hals steckt. Als sich die Guérinis 2007 diesen Posten zu sichern wussten, haben sechs Abgeordnete, die Muselier theoretisch auf seiner Seite hatte, ihre Seele an die Guérinis verkauft. Drei von ihnen wurde versprochen, dass ihre Gemeinden öffentliche Aufträge bekämen. Bei den anderen spricht man von finanziellen Gegenleistungen. Die Justiz könnte sich für den Bau und die Modernisierung von Schulen in jener Zeit interessieren. Über die Immobilien- und die Baubranche werden die undurchsichtigsten Geschäfte abgewickelt. Jene, die wirklich etwas einbringen.

Die Guérinis haben in diesen Branchen Freunde. Da gibt es zum Beispiel die rührende Komplizenschaft zwischen Alexandre Guérini und Philippe Avinent, dem Geschäftsführer von Vinci Construction für die Regionen PACA und Languedoc-Roussillon. Ihre Freundschaft geht zurück auf die Zeiten des Bau- und Planungsamtes OPAC. Avinent, der gern erstklassige dicke Zigarren raucht, kann mehr als 35-mal Polizeigewahrsam für sich verbuchen. Im Rahmen einer Affäre um Günstlingswirtschaft bei der Ausschreibung für den Bau des Gerichtskomplexes von Tarascon wurde er zu zwölf Monaten Haft auf Bewährung und einer Geldstrafe von 30 000 Euro wegen »Begünstigung von Wettbewerbsverstößen bei Aufträgen der öffentlichen Hand« verurteilt. Der Mann wird sehr gut dafür bezahlt, dass er diese Strafen auf sich nimmt, und oft wird er so gut verteidigt, dass am Ende das Verfahren gegen ihn eingestellt wird.

Ein weiterer Industrieller von Format, mit dem Alexandre gute Beziehungen unterhielt, war Henri Proglio, zumindest in dessen Zeit als Chef von Veolia. Danach, nun ja, Freundschaft kommt und geht. 1998 kaufte Proglio den Guérinis ihr Familienunternehmen für 33 Millionen Euro ab, bezahlt in zwei Schecks, der erste über 26,5 Millionen, der zweite über 6,5 Millionen Euro. Als Jean-Noël im Generalrat das Kommando übernahm, bekam das kleine Entsorgungsunternehmen, das von Vater Guérini aufgebaut worden war und den Spitznamen »Scheißepumpe« trug, die Mehrzahl der Aufträge des OPAC, ohne sich auch nur beworben zu haben.

Alexandre ließ seine Ambitionen erkennen. Überzeugt davon, alle Kontrahenten durch die Verflechtung der Systeme von Klientelpolitik und Vetternwirtschaft unschädlich gemacht zu haben, wurde er unvorsichtiger. In einem von Gendarmen abgehörten Telefongespräch mit Henri Proglio im Jahr 2009 kritisiert er Michel Vauzelle heftig für seine mangelnde Kooperation bei einem Projekt, dessen Finanzierung der Präsident der Region aus politischen Gründen verweigert.

Michel Vauzelle ist 1995 Präsident des Regionalrats geworden, vor der Instrumentalisierung der sozialistischen Abgeordneten durch die Gebrüder Guérini. Alexandre erklärt Proglio, wie er das Problem zu umschiffen gedenkt. Die Rede ist hier von Vauzelle: »Ja, ja, ich wusste aber schon, dass Sie ihn gesehen haben, denn Franck Dumontel, der früher sein Kabinettsdirektor war und ein außerordentlich intelligenter und sehr effektiver Bursche ist, derzeit Kabinettsdirektor von Caselli und von Jean-Noël dort hingebracht, in Wahrheit nämlich ist er der Chef, ähm, Franck also ist der eigentliche Chef des Marseiller

Kommunalverbands, und er ist, ähm, unser enger Freund, wissen Sie.«

Nach der Veröffentlichung dieses Abhörprotokolls im *Journal du dimanche* hat Eugène Caselli umgehend Franck Dumontel entlassen und dadurch seine eigene Unabhängigkeit erlangt.

Etwas später in jenem Telefonat erwähnt Alexandre die ihm von seinen Informanten zugetragenen Gerüchte, wonach die Justiz sich für ihn interessiere: »Hören Sie mal, ich würde Ihnen an diesem Wochenende ein paar Zeilen schreiben, die werden Sie dann daheim erhalten, und ich werde Ihnen darin alles erklären, ähm, alles, was mir da so ein paar kleine Sorgen bereitet, und …« Antwort von Henri Proglio: »Hören Sie, Alexandre, was auch passiert, wenn ich Ihnen in irgendeinem Bereich irgendwie von Nutzen sein kann, stehe ich Ihnen zur Seite, klar!«

Doch bei aller Freundschaft – Henri Proglio konnte in der Folge nicht viel ausrichten. Mehrmals Polizeigewahrsam, Vernehmungen, filmreife Hausdurchsuchungen … Alexandre fand sich fünf Monate lang im Gefängnis wieder, womit man verhindern wollte, dass er Absprachen treffen konnte. Nach der Haftentlassung schnappte er sich seinen Wanderrucksack, um auf dem GR 20, dem berühmten korsischen Fernwanderweg, etwas für seine Gesundheit zu tun. Er ist sportlich und ein guter Schwimmer, der auf Korsika oft mit einem Trainer aus dem Cercle des nageurs de Marseille schwimmen geht, einem Club vornehmer Leute, wo man seine Bahnen zieht und währenddessen Geschäfte tätigt. Alexandre tritt eher als Einzelgänger auf, aus freien Stücken … Er leidet nicht unter Einsamkeit. Für seinen Hummer-Geländewagen gibt es immer einen Platz, und viele Leute haben gesehen, wie an einem Wahltag eine Glock, die Knarre der Gangster, in seiner Gesäßtasche steckte. Aus Tradition ebenso wie zur Einschüchterung.

Bei all diesem in der Presse verbreiteten Ärger mit der Justiz ist Jean-Noël der Überzeugung, in einen Hinterhalt geraten zu sein. Wenn man Treue erkauft, mucken die Vasallen beim ersten Anzeichen von Schwäche auf. Tatsächlich wird manche Kritik laut, aber die Rechte schweigt, mit Ausnahme von Renaud Muselier, der noch immer erbost darüber ist, dass man ihm den Vorsitz im Kommunalverband Marseille Provence Métropole weggeschnappt hat. »Eines Tages«, erzählt ein Augenzeuge, »erlaubt sich Jean-Claude Gaudin, Muselier während eines informellen Treffens einen Ratschlag zu geben. Gaudin verzieht das Gesicht, hebt beschwichtigend die Hände und sagt ihm: ›Ganz ruhig, Renaud, ganz ruhig. Wenn man auf die Kokospalme steigt, muss man selbst einen sauberen Hintern haben.‹ In der folgenden Woche macht die Presse publik, dass Museliers Gattin Stéphanie Clément Ärger mit der Justiz hat; bald darauf wird gegen sie ein Verfahren wegen ›Nutznießung von Wettbewerbsverstößen bei Aufträgen der öffentlichen Hand‹ und ›Nutznießung illegaler Interessenverflechtung‹ in einer Affäre um die Auftragsvergabe eines Marseiller HLM-Büros eingeleitet.« In der Mittelmeermetropole bleibt jeder schön unter seiner Kokospalme, oder er hat die Konsequenzen zu tragen, wenn er sie erklimmt.

Arnaud Montebourg* spielt Anfang 2011, mitten in den Vorwahlen des Parti Socialiste, den scharfen Kritiker des Systems Guérini, indem er Martine Aubry, der damaligen Chefin in der Rue de Solférino, einen Bericht aushändigt, in dem lange bekannte Dinge stehen. Das Schreiben mit Datum vom 8. Dezember 2010 schildert »ein System feudalistischer Druck-

* PS-Politiker (linker Flügel, Globalisierungskritiker), bis 2014 Wirtschaftsminister, Kandidat bei den Vorwahlen des PS für die Präsidentschaftswahlen 2012 und 2017, bei denen er jeweils nur die drittmeisten Stimmen erhielt.

ausübung, das auf Einschüchterung und Angst beruht«, und befürchtet »schlimmste Fehlentwicklungen bei der Verwendung der öffentlichen Gelder«.

Im Jahr 2013 setzt Jean-Noël bei jedem öffentlichen Auftritt einen Ausdruck angestrengter Konzentration auf. Vor aller Augen verhaftet zu werden – auf diese Art von Publicity kann er gut und gern verzichten. Vor lauter Angst will er schon kapitulieren, doch seinem Bruder und seiner Frau gelingt es, ihm wieder Selbstvertrauen einzuflößen. Jean-Noël schlägt sich also den Bauch voll mit Toblerone-Schokolade, seiner kleinen Sünde, und literweise Coca-Cola, seinem Lieblingsgetränk. Er ist bereit, wieder in den Krieg zu ziehen.

Die Sozialisten, die ihm am wenigsten schuldig sind, Michel Pezet und Marie-Arlette Carlotti, damals Staatssekretärin, sind überzeugt davon, dass er fallen wird. Doch der unmittelbar bevorstehende Sturz lässt auf sich warten. Und letztlich gefällt Jean-Noël diese neue Rolle des Bösewichts gar nicht so schlecht. Mit Lederjacke und Stoppelbart gönnt er sich eine zweite Jugend. Anfang 2014 kommt er seinem Rauswurf aus dem PS zuvor und gründet seine eigene Partei, die Force du 13, dank deren er seinen Senatorensitz behalten kann – indem er den Bürgermeistern Gelder in Aussicht stellt und so ihre Stimmen für sich gewinnt.

Für die folgenden Departementswahlen reicht diese Klientelpolitik nicht aus, weil es nun die Bürger sind, die wählen, und nicht mehr die Wahlmänner. Gebraucht wird ein Klientelismus mit Bürgernähe, doch seine Partei ist zu klein, und seine Getreuen sind immer weniger treu. So gibt es einen Machtwechsel im Generalrat des Departements Bouches-du-Rhône: Die UMP-Abgeordnete Martine Vassal wird zur ersten Präsidentin einer Institution, die nie zuvor in den Händen der Rechten war. Um ihre Unabhängigkeit zu wahren, besetzt Vassal Schlüsselposten allerdings wieder mit »Guérinisten«, mit Typen also, die politisch verbrannt sind und sich folglich, um einen guten Posten zu behalten, nur zu gern als treue Gefolgsleute erweisen. Sie sind ihr allemal lieber als Ehrgeizlinge, die zu jedem Verrat bereit sind. Außerdem hat sie in ihnen Verbündete, die über all die notwendigen Rädchen auf dem Laufenden sind, dank denen eine Institution, die sich nicht so schnell ändern wird, gut funktioniert. »Die Guérinis standen im Sold der Campanella, Barresi und Konsorten, da darf man sich keine Illusionen machen«, versichert eine Quelle mit Insiderinformationen aus dem Generalrat. »Und das Marseiller Bandenwesen entwickelt sich laufend weiter. Es passt sich an, ohne unnötig Aufsehen zu erregen, um jede neue Schwachstelle auszunutzen.«

Martine Vassal ist ebenfalls in den Fokus der Justiz gerückt, seit die Finanzstaatsanwaltschaft Anfang 2015 auf nationaler Ebene eine Voruntersuchung wegen »Günstlingswirtschaft, illegaler Interessenverflechtung, Beihilfe und Begünstigung« bei vier durch den Kommunalverband MPM am 31. Oktober 2013 abgeschlossenen Verträgen für Wasserversorgung und Abwasserentsorgung eröffnet hat.

Bereits im April 2014 wies der Rechnungshof der Region Provence-Alpes-Côte d'Azur auf einen möglichen Interessenkonflikt hin, nachdem diese Verträge (mit einem erwarteten Gesamtumsatz von gut drei Milliarden Euro) zwischen der privaten Wassergesellschaft SEM (Société des Eaux de Marseille, einer hundertprozentigen Veolia-Tochter) und dem Kommunalverband vereinbart wurden. So würde die SEM in 17 von 18 Gemeinden die Wasserversorgung verwalten und die Abwasserentsorgung bei zwei Dritteln der Ausschreibungen gewährleisten. Die Finanzrichter des Rechnungshofes haben nun beobachtet, dass Martine Vassal in ihrer Eigenschaft als Vorsitzende der zuständigen Kommission des Kommunalverbands

»einen aktiven Einfluss auf die Übernahme der Beschlüsse durch den Rat des Gemeindeverbands Marseille Provence Métropole« hatte, »einschließlich jener über die Auswahl des letztendlich beauftragten Dienstleisters«. Im Übrigen fungierte sie seit November 2012 als Schatzmeisterin des Weltwasserrats, dessen Ehrenvorsitzender niemand anderes war als Loïc Fauchon, Präsident der SEM und justament glücklicher Unterzeichner des erwähnten Drei-Milliarden-Vertrags zur Übertragung öffentlicher Aufgaben. Da ihre Funktionen sie zur Teilnahme an der gesamten Verhandlung veranlassten, gelangt der Rechnungshof zu der Einschätzung, dass Martine Vassal die Pflicht gehabt hätte, »sich vorsichtshalber aus jenem Teil des Verfahrens herauszuhalten, der in der Entscheidung mündete, die öffentliche Aufgabe der Wasserversorgung an die SEM zu übertragen«. Die Verteidigung der Abgeordneten ist simpel: »Die Analyse wurde von den Dienststellen des Kommunalverbands Marseille Provence Métropole durchgeführt, und wir sind deren Empfehlungen gefolgt.«

In seinen Glanzzeiten folgte Jean-Noël Guérini ebenfalls den Empfehlungen dieser Dienststellen. Und diese verstanden es immer, jene Wahl zu treffen, die ihren Chef zufriedenstellen würde. Seit seinen herben Rückschlägen, die letztlich eher medialer als juristischer Art waren, ist Jean-Noël oft in den Kirchen zu sehen … es geht wohl darum, Gott und das Volk als Zeugen zu bemühen. Und wenn die beiden Brüder auch weniger Geschäfte im Departement machen, haben sie sich doch Aufträge für die Stadtreinigung in Algier und London geangelt. Vielleicht werden die Gebrüder Guérini eines Tages verurteilt werden. Alexandre könnte dann zu den schweren Anschuldigungen, die ihn belasten, auch noch die von Jean-Noël auf sich nehmen. Familie und Ehre gehen schließlich über alles.

11
Die Betonierer

»Fucking bullshit!« Als Michael Kimmelman, Journalist der *New York Times* mit Spezialgebiet Städtebau und Architektur, den ich 2013 bei einem Stadtrundgang begleite, die Luxuswohnanlage Prado Rivage entdeckt – einen Betonklotz, der Quadratmeter zu 10 000 Euro, mit Blick auf das Meer und die Inselgruppe Le Frioul –, nimmt er kein Blatt vor den Mund: »This is shit! Awful!« Er zieht eindeutig Le Corbusiers Cité Radieuse vor, jenes Überbleibsel eines Marseille, das von Architekturliebhabern sehr viel mehr geschätzt wird.

Das Prado Rivage, »reinster griechischer Krankenhausstil«, wie es ein anderer Städtebaufachmann beschreibt, trägt die typische Handschrift Jean-Claude Gaudins, des Betonierers. Dicht bebaut, banal und hässlich. In zwanzig Jahren Amtszeit haben sich ganze Viertel nach diesen drei Kriterien verwandelt. Andere Viertel, Le Rouet (8. Arrondissement) oder La Capelette (10.), ähneln Playmobil-Dörfern; das »Gebiet für abgestimmte Maßnahmen des Stadtumbaus« (Zone d'aménagement concerté, kurz ZAC) in Les Catalans (7.), in dem die Verdichtung auf die Spitze getrieben wurde, gleicht einem riesigen, grotesken Betongebirge, das regelrecht in den öffentlichen Straßenraum hineinwuchert.

Allerdings ist unser guter alter Bürgermeister recht stolz auf die von ihm realisierten Projekte. Bei seinen Neujahrsansprachen, zu denen die agAM, die Städtebauagentur des Marseiller Ballungsraums, oder die Soleam, die Stadtentwicklungs- und

Raumplanungsgesellschaft für die Marseiller Region, eingeladen sind (während der Kommunalverband stets außen vor bleibt), betet er sie gern in einer ellenlangen Aufzählung vor den versammelten Großinvestoren und Baufirmen herunter. Jenen, die ihren »Alchimistenbürgermeister«, der Beton in Gold verwandeln kann, so lieben. Und wenn sich Gaudin auch niemals zur renommierten Fachmesse der Immobilienbranche MIPIM, dem Treffpunkt für Investoren und Projektentwickler, die gemeinsam über die Zukunft der Städte entscheiden, nach Cannes begibt, so lässt er es sich doch nicht nehmen, bei der einen oder anderen Immobilieneinweihung in seinen Marseiller Vierteln anwesend zu sein. Zum Beispiel im Fall von Collinéo auf den Hügeln von Sainte-Marthe im 14. Arrondissement: einer Maßnahme der baulichen Verdichtung, bei der alle Raumplaner, einschließlich jene der Stadt, ganz genau wissen, dass weder die verkehrstechnische Erschließung noch die Ausbauten der Infrastruktur bedacht oder gar realisiert worden sind. So wie in Le Rouet, wie in Les Catalans, wie in La Capelette ...

»All das ist städtebaulicher Frevel«, lautet das kategorische Urteil eines anerkannten Marseiller Stadtplaners, der es vorzieht, anonym zu bleiben. »Gaudin reagiert sehr böse, wenn man ihn mit seiner Immobilienpolitik aufs Korn nimmt.« Die fehlende Raumplanungspolitik folgt trotzdem einer klaren Logik. »Jean-Claude Gaudin arbeitet an einem Austausch der Bevölkerung von Marseille, indem er die Leute durch die Preise enteignet. Sein Ziel ist die Gentrifizierung, und das passt zu einer Stadt, die ihre Gewerbeflächen verhökert und anstelle von Gewerbeeinnahmen auf Grund- und Wohnungssteuern setzt«, analysiert Christian Pellicani, ein altgedienter kommunistischer Stadtverordneter, der während der Stadtratssitzungen hartnäckig auf diese Fragen zurückkommt. Nebenbei bemerkt, scheut sich der Bürgermeister nach Aussage von etlichen Abgeordneten aus der Opposition und von Akteuren aus der Immobilienbranche auch nicht, »Freunde durchzufüttern«: Projektentwickler, Bauunternehmer, Architekten sowie Anwälte, die all diese Leute beraten.

Im Raum Marseille entfällt die Mehrheit der realisierten Projekte auf drei große Architekturbüros: Roland Carta, MAP Architecture und Tangram. Große Apparate mit jeweils rund sechzig Mitarbeitern ... Und die müssen, um über die Runden zu kommen, viel arbeiten.

Jean-Claude Gaudin hat da so seine Lieblinge. Den Architekten Roland Carta zum Beispiel, auf den er im Jahr 2013 Loblieder gesungen hat, als er immer wieder daran erinnerte: »Das MuCEM ist auch er, das ist nicht allein das Werk von Ricciotti.« Roland Carta ist mit der Tochter von Jean Chélini verheiratet, der wiederum Gaudins Mentor zu Zeiten von Defferre war. »Mit Carta lösen sich alle Probleme mit Baugenehmigungen in Luft auf«, versichert ein Konkurrent, der nicht ganz so viel Glück hat. Ein weiterer Günstling des Bürgermeisters ist Didier Rogeon, der Architekt, auf dessen Kappe die »Fucking bullshit«-Wohnanlage Prado Rivage geht. Er hat (gemeinsam mit dem Büro Archimed) einen wesentlichen Beitrag zur Verschandelung von Le Rouet geleistet, hat sich an der Verschwendungsorgie beim Stade Vélodrome beteiligt und wird, so einer seiner liebenswerten Zunftgenossen, »mit allen ringsum aus dem Boden schießenden Immobilienprogrammen Kohle machen«. 2004 hat Didier Rogeon aus den Händen des guten Gaudin den Orden eines Ritters der Ehrenlegion in Empfang genommen, in Anwesenheit von Renaud Donnedieu de Vabres, dem damaligen Kulturminister. Bei dieser Gelegenheit hat der Bürgermeister eine sichtlich bewegte Rede gehalten, in der er auf ihre langjährige Nähe zu sprechen kam. Auch

Didier Rogeon hat nie große Probleme, eine Baugenehmigung zu bekommen. Genauer gesagt der Bauherr, der ihn beauftragt, denn normalerweise mischt sich ein Architekt bei der Erteilung einer Baugenehmigung gar nicht ein. Außer in Marseille.

Man hat es hier mit einem Schlüsselelement des Systems Gaudin zu tun: Erpressung mit Baugenehmigungen. Um eine zu erhalten, muss man sich fügen. Für einen Architekten mit seiner zentralen Stellung zwischen dem Bauherrn – der das Projekt beauftragt – und dem Generalunternehmer – der es ausführt – gehört es sich, beiden gegenüber loyal zu sein. Ein Architekt, »verbannt aus dem System Gaudin«, erklärt: »Wenn ein Bauträger bei der Stadt um eine Baugenehmigung ersucht, ist die erste Frage die nach dem Namen des Architekten. Es gibt eine Liste von Namen, mit denen alles glattlaufen wird. Wenn man nicht auf der Liste steht, werden die städtischen Behörden bei der Erteilung der Genehmigung derart schikanös auftreten, dass sich der Bauträger letztlich von dem unerwünschten Architekten trennen wird.«

Wozu so viele Umstände bei der Auswahl des Architekten? »Letzterer wird dem Bauträger diskret alle Informationen liefern, damit das eingereichte Angebot für die Ausschreibung den Anforderungen so nah wie möglich kommt und somit sein Projekt ausgewählt wird.« Eine Wettbewerbsverzerrung, die absolut nicht nachzuweisen ist. Denn auf dem Papier ist alles legal.

»Von Anfang an ist es ein Spiel mit gezinkten Karten«, betont André Jollivet, von 1998 bis 2007 Vorsitzender des PACA-Regionalrats der Architektenkammer, der in über 200 Vergabekommissionen saß. Diese Kommissionen bestehen zu einem Drittel aus Fachleuten (Architekten, Bauunternehmer) und zu zwei Dritteln aus Abgeordneten. Da spielen sich mitunter skurrile Szenen ab. »Manchmal schlafen die Typen während der Projektpräsentationen – ungelogen! Und im Moment der Abstimmung insistiert der Kommissionsvorsitzende auf einem Projekt: ›Team Soundso für Projekt B! Wer ist dafür?‹ Und da wachen alle auf und heben die Hand: Ich! … Beim Rausgehen sagen sie einem: ›Ich befolge nur Anweisungen.‹« Sieger wird derjenige, der den richtigen, vom Bauherrn perfekt informierten Architekten hat … Alles wird »nebenher« erledigt, gemäß »ungeschriebenen Regeln«. »Jean-Claude Gaudin bevorzugt gewisse Leute, ungeachtet aller rechtlichen Verfahren«, fasst Christian Pellicani zusammen. Allerdings nicht immer legal. AXA REIM France, Investor beim Projekt Hôtel-Dieu, ist 2013 vom Verwaltungsgericht dazu verurteilt worden, die städtischen Subventionen, deren Erhalt im Jahr 2012 für unberechtigt erklärt wurde, zurückzuzahlen – 2,4 Millionen Euro. Der Geldgeber, der vom Rathaus zu einem mehr als vernünftigen Preis den Zuschlag für ein rein privatwirtschaftliches Sanierungsprojekt erhalten hatte, war dafür also zusätzlich noch in den Genuss großzügiger Subventionen gelangt …

Seiner Logik nach ist der örtliche Flächennutzungsplan PLU (Plan local d'urbanisme) dazu bestimmt, solche städtebaulichen Frevel zu verhindern. Tatsächlich müssen alle Bauprojekte, auch wenn der private Sektor undurchsichtig, ohne Regeln und Kommissionen bleibt, eine bestimmte Anzahl behördlicher Vorschriften einhalten (Höhe, Nutzungsart, Bebauungsdichte, Wohnumfeld usw.) – zumindest in der Theorie. Christian Pellicani wendet allerdings ein: »Mit jeder Beratung der Kommission wird das Ausgangsprojekt mehr entstellt«, wie bei einer Matrjoschka, in der man ein Püppchen nach dem anderen entdeckt. So ist das Fußballfeld des Tasso-Stadions im 7. Arrondissement mittlerweile zwischen großen Wohnhäusern eingezwängt, die erst im Laufe des Projekts aufgetaucht sind. Außerdem hat man es hinbekommen, 2000 Quadratmeter für die Ansiedlung eines Carrefour-Supermarkts zu finden, während das soziokulturelle Zentrum aus den Planungen verschwinden musste … »Die Abgeordneten der Mehrheit im Stadtrat verhalten sich eher wie Immobilienmakler als wie Verteidiger des Gemeinwohls«, wettert der kommunistische Abgeordnete, der ohne zu zögern »Interessenvermischungen« schildert, »die sich die rechtlichen Rahmenbedingungen zunutze machen«.

Anderes Beispiel: In der ZAC von Les Catalans war vorgesehen, dass der Bauträger George V (CGIS/Vivendi), der das städtische Bauland zu einem niedrigen Preis erworben hatte, der Stadt eine Fläche zum Bau eines Stadtteilhauses abtritt. Die Planung des soziokulturellen Zentrums Maison des Jeux auf dieser Parzelle erforderte eine Investition von fast 400 000 Euro seitens des Bezirksrathauses in jenem Sektor, der damals vom UMP-Getreuen Jean Roatta gehalten wurde. Eine 400 000 Euro teure Rückübertragung, Geld, das die Unternehmensgruppe George V eingespart hat. Gleichzeitig sind ein öffentlicher Platz privatisiert und die Straße entlang einer privaten Wohnanlage mit Wohngebäuden auf Stelzen überdacht worden. Doch das Rathaus für die gesamte Stadt Marseille hat, ohne mit der Wimper zu zucken, die Baugenehmigung erteilt.

Anders als von Patrick Mennucci, dem Abgeordneten der sozialistischen Opposition, immer wieder behauptet, ist die Verwaltung Gaudin keineswegs »unfähig«; vielmehr zeigt sie eine große Meisterschaft beim Umgang mit den städtebaulichen Vorgaben. Die Vorgehensweise, stets nach der Matrjoschka-Methode, besteht laut Christian Pellicani darin, »Teilrevisionen einzufädeln, um die behördlichen Vorgaben an die Bedürfnisse der Privatwirtschaft anzupassen. Und alles im Rahmen gültigen Rechts.« Ein auf Bauplanungsrecht spezialisierter Anwalt erklärt den Mechanismus genauer: »Selbst wenn die Revisionen inzwischen vom Marseiller Kommunalverband bestätigt werden müssen, hat sich Gaudin dabei ausreichend Einfluss bewahrt. Die Strategie besteht darin, die als wichtig erachtete Änderung – zum Beispiel die Höhe eines Gebäudes oder die Nutzungsart einer Parzelle – mit einer Unmenge unerheblicher Änderungen zu vermengen, so dass bei der Eile und Dringlichkeit, in der das Verfahren umgesetzt wird, selten jemand den in Wahrheit beabsichtigten Zweck entdeckt, bevor die fertigen Projekte zum Vorschein kommen.« Diese Projekte werden den Anwohnern stets von einem Stadtverordneten präsentiert, dem der Architekt zur Seite steht, und tatsächlich sieht das Ganze nach administrativer »Abstimmung« aus, obwohl längst alles entschieden ist. »Man schafft es bestenfalls, die Farbe des Putzes ändern zu lassen«, sagt ein Anrainer achselzuckend.

Das zweite Schlüsselelement des Systems Gaudin beruht auf der Vergabe von Grundstücken an befreundete Investoren. Sogar in einem großangelegten städtebaulichen Programm wie dem vom Staat zur »Maßnahme von nationalem Interesse« erklärten Stadterneuerungsprojekt Euroméditerranée*, in dem die Stadt eigentlich nicht mitzureden hat. Rings um das Viertel Arenc am Rand des Seehafens wurden auf dem Gelände der heutigen ZAC Cimed (Cité de la Méditerranée) Kleineigentümer enteignet, wobei man die als Ausgleich gezahlten Gelder zu niedrig ansetzte. 2013 bekam einer von ihnen für eine Fläche von 550 Quadratmetern 395 000 Euro geboten, eine Summe, die vom Enteignungsrichter immerhin auf 600 000 Euro neu evaluiert wurde. Nun sagt aber sein Anwalt: »Dieser Mann hatte gegenüber einem Investor ein notariell beglaubigtes Verkaufsver-

* 1994 eingeleitete Maßnahme zur Umgestaltung des Viertels La Joliette und der ehemaligen Docks des Industrie- und Handelshafens in ein modernes Geschäfts- und Wohnviertel.

sprechen für 1,4 Millionen Euro unterzeichnet.« Das Amt zur Ausstellung von Baugenehmigungen im Rathaus blockierte die Transaktion mit der Begründung, dass man noch nicht wisse, was auf dieser Parzelle gebaut werden solle. Doch gleich nach der Enteignung des Eigentümers wusste die Stadt sehr wohl, was sie auf dem Grundstück machen wollte, und erteilte demselben Investor seine Baugenehmigung. Der Kleineigentümer hatte sich unterdessen selbst um die Räumung seiner Gewerbemieter (Werkstätten und Lager) gekümmert, was die Arrangements unter den großen Fischen erheblich erleichterte.

So pittoresk er auch wirkt, Jean-Claude Gaudin ist ein Vollblutpolitiker mit einer eindeutig wirtschaftsliberalen Agenda – für Marseille hat er den Übergang von einem Kapitalismus kleiner und mittlerer Unternehmer hin zu dem großer Unternehmensgruppen sichergestellt. Was er dabei hauptsächlich anstrebte, war das, was Jacques Boulesteix, der ehemalige Vorsitzende des Entwicklungsrats des Kommunalverbands MPM, einmal als »vertikalen Klientelismus« mit drei Stufen beschrieben hat: Ganz oben räumt der Architekt dem direkt darunter angesiedelten Investor die Hindernisse für eine Genehmigung aus dem Weg, und alle Subunternehmer des Investors und deren Beschäftigte profitieren dann vor Ort.

Alle Beteiligten, seien es Bauunternehmer, technisches Personal oder Zulieferer mit ihren Angestellten, haben ein Interesse am Fortbestand des Systems Gaudin. Die Nutznießer sind zahlreich, und diese Art der Wählerbetreuung scheint wirksamer zu sein als der Armenklientelismus von einem Teil der hiesigen Linken, die mit Subventionszuschüssen für die Vereine, der Vermittlung von Sozialwohnungen oder kleinen Jobs ein paar Stimmen zusammenkratzen. Außerdem bedeuten neue Immobilienprojekte auch neue, durch das Geld ausgelesene Bewohner. Zum unmittelbaren Klientelismus gesellt sich die Auslese einer politischen Klientel auf lange Sicht. Seit vier Amtszeiten ist Beton die Methode Gaudins. Er hat es wahrlich verstanden, sich mit guten Beratern zu umgeben.

Der Anwalt Roland Blum von der UMP, Bürgermeister in einem Sektor Marseilles, erweist sich zum Beispiel als Berater der bekannten Immobilienmakler Kaufman & Broad. Ein unermüdlicher Lobbyist, der 2009, als er noch Abgeordneter war, eine Gesetzesvorlage »gegen die missbräuchliche Einlegung von Rechtsmitteln« gegen geplante Bauprojekte einbrachte, die, wie er betont, im Interesse der Bürger gewesen sein soll. Böse Zungen legen hingegen nahe, eher in dem seiner Klienten. Sein Anwaltskollege Yves Moraine, auch er ein Bürgermeister aus den Reihen der UMP, diesmal im reichsten Sektor Marseilles, vertritt ebenfalls Akteure aus der Baubranche, in seinem Fall Unternehmen wie Dumez, Vinci oder Eiffage. Im Juni 2013 stimmte der Anwalt und Bürgermeister im Gemeinderat für eine Aufstockung von 24 Millionen Euro zugunsten des Tiefbaukonsortiums, das den Tunnel Prado Sud baute ... Dasselbe Konsortium hatte zuvor über sein Anwaltsbüro, ebenjenes von Yves Moraine, einen Zusatzvertrag im Umfang von 80 Millionen Euro verlangt ... Nachdem der Gerichtsweg verschlossen war, nahm man den Umweg über die Politik.

Und wer sich wacker geschlagen hat, hat Anspruch darauf, sich mit den Füßen im Wasser und Blick auf Le Frioul in der untergehenden Sonne zu erholen ...

Entlang des gesamten Marseiller Küstenstreifens, von Les Catalans bis zur Pointe-Rouge, lässt sich beobachten, dass die Bestimmungen für das öffentliche Küstengebiet (Domaine public maritime, DPM) nicht für alle gleichermaßen gelten. Laut Gesetz ist der Bereich, wo die Wellen auf Land treffen, allen Leuten frei zugänglich. Allerdings nicht beim Schwimmclub Cercle des nageurs, den das Rathaus zuletzt auch kurz vor den Kommunalwahlen 2014 begünstigt hat, indem es ihm öffentliche Aufgaben im Parc Borély übertrug. Die alte Gewohnheit der Stadt, treue Freunde zu belohnen. Der angrenzende Strand von Les Catalans ist erst 2004 wieder kostenlos zugänglich geworden. Ein weiterer Abschnitt, der kürzlich aufwendig verlängert wurde, soll wiederum im Sommer 2016 privatisiert werden. Nebenan liegt das prachtvolle Anwesen von Solange Biaggi, der langjährigen Stellvertreterin des Bürgermeisters – ein riesiges Gebäude oberhalb vom Strand, mit einem hübschen Garten und einem in den Fels gehauenen Swimmingpool. DPM hin oder her, es steht da und wird nicht abgerissen. Das nicht weit entfernte Hotel Le Richelieu ereilt ein ganz anderes Los: Es muss auf Verlangen der Stadt ein Zimmer, das gegen die DPM-Vorgaben verstößt, zurückbauen. Aus denselben Gründen wird das Restaurant Le Petit Pavillon zum Abriss seiner über das Meer hinausragenden Terrasse gezwungen.

Im pittoresken Viertel Malmousque werden Militärbäder (Strände, die der Armee gehören) und Marseiller Bourgeoisie von der Stadt mit fast rührendem Wohlwollen behandelt, so das Hotel Pullman Palm Beach und sein angrenzender Privatstrand. Am anderen Ende der Mole hingegen, jenseits der Pointe-Rouge, sind die bei den einfachen Leuten beliebten Cabanons von Le Bain-des-Dames allesamt geräumt und dem Erdboden gleichgemacht worden, obwohl die Eigentümer ihre Ferienhäuschen mit notarieller Beglaubigung erworben hatten. Dafür darf sich direkt daneben das Thalassotherapiezentrum Le Grand Large unbehelligt auf dem öffentlichen Küstengebiet ausbreiten. Dessen Eigentümer, ein gewisser Dominique Tian, ist freilich erster Stellvertreter von Bürgermeister Jean-Claude Gaudin.

*

Im Zuge der belastenden Berichte des regionalen Rechnungshofes muss Gaudin nun erleben, wie die Justiz, die anscheinend eine Schwachstelle in seinem Immobilienklientelismus gefunden hat, ihm auf den Leib rückt. Laut Brice Robin, dem Oberstaatsanwalt Marseilles höchstselbst, ist eine »Voruntersuchung zu Straftaten des missbräuchlichen Einflusshandels und der illegalen Interessenverflechtung« im Gange. Nicht gegen den alten Haudegen direkt, sondern gegen das gemischtwirtschaftliche Unternehmen Marseille Aménagement, den verlängerten Arm der Stadt bei ihren Raumordnungs- und Sanierungsprojekten. Jean-Claude Gaudin ist zwar dessen Vorsitzender gewesen, doch die Justiz interessiert sich für einen früheren Manager der Unternehmensgruppe Bouygues, Charles Boumendil, den, wie der Rechnungshof in einem strengen Bericht vom Januar 2013 betont, »allmächtigen Generaldirektor« von Marseille Aménagement, der »mit umfassenden Vollmachten ausgestattet« und folglich imstande gewesen sei, »den Verwaltungsrat vollkommen aus dem Entscheidungsprozess auszuschließen« und ihm »jeglichen Nutzen« zu nehmen.

Von allen realisierten städtebaulichen Projekten der Ära Gaudin bleibt das kostspielige Palais Omnisports das skurrilste: eine riesige Eislaufbahn mit jährlichen Betriebskosten von acht Millionen Euro, angesiedelt in einem ständig unter Verkehrsstaus leidenden Viertel ohne Anbindung an den öffentlichen Nahverkehr. Ein Fiasko, das komisch sein könnte, wenn diese Stadt, der es an jeder grundlegenden Infrastruktur mangelt, nicht ihren Einwohnern enorm hohe Kommunalsteuern auferlegen würde. Im Übrigen hat die Stadt laut Rechnungshof einen »im Vergleich zur üblichen Abstandszahlung zehnmal höheren« Betrag an einen früheren Mieter auf dem Gelände gezahlt, damit dieser es freigibt ... Die Geschichte ist es wert, erzählt zu werden.

Am 10. September 2003 kauft Marseille Aménagement dem damaligen staatlichen Schienennetzbetreiber Réseau ferré de France für 1,3 Millionen Euro das Grundstück der künftigen Eislaufbahn ab. Ein Pächter auf dem Gelände jedoch, die Reinigungsfirma Laser Propreté, weigert sich wegzugehen und verbeißt sich in einen langwierigen Rechtsstreit wegen Pachtvertragsbruchs. Marseille Aménagement will die Sache abkürzen und bietet dem Pächter 153 200 Euro an. Laser Propreté verlangt jedoch vier Millionen Euro. Statt vor Gericht zu ziehen, lassen beide Parteien den Streit lieber durch einen Immobilienexperten schlichten. In seinem Bericht von August 2004 bestätigt der Experte – »sehr rasch«, wie der Rechnungshof anmerken wird – die Existenz eines Gewerbepachtvertrags, der die Höhe der von Laser Propreté geforderten Entschädigung rechtfertige. Tatsächlich wird das Dokument erst am Tag nach der Berichtsabgabe des Immobilienexperten unterzeichnet und gilt rückwirkend. »Paradox« werden das die Prüfer des regionalen Rechnungshofes finden, zumal besagter Pachtvertrag am 30. Dezember 2004 »gütlich« aufgelöst wird, gegen die Zahlung einer Entschädigung in Höhe von zwei Millionen Euro durch Marseille Aménagement. Die Rechtsstreitigkeiten werden sich ungeachtet der gütlichen Einigung noch bis ins Jahr 2008 ziehen.

Außerdem soll gegenüber dem Palais Omnisports auf einem vier Hektar großen Gelände ein Einkaufszentrum errichtet werden, das Bleu Capelette. Das Grundstück ist von Marseille Aménagement an einen privaten Investor verkauft worden, die Bauträgergesellschaft Cap Est Loisirs. Deren Vorsitzender ist Éric Lasery, dessen Familie auch die Firma Laser Propreté gehört. Natürlich hat die Vergabe an Cap Est Loisirs ohne Konkurrenz stattgefunden. Die Laserys haben also alles gewonnen, was zu gewinnen war.

Zu diesen undurchsichtigen Punkten hat der Generaldirektor von Marseille Aménagement, Charles Boumendil, dem regionalen Rechnungshof keine glaubhafte Erklärung geben können. Vor den Ermittlungsbeamten der mittlerweile mit der Sache befassten Marseiller Kriminalpolizei wird er sich präziser äußern müssen. Und was wird Boumendil wohl enthüllen? Philippe San Marco, von Juni 2008 bis Mai 2009 Vorsitzender des Verwaltungsrats von Marseille Aménagement, hat selbst einen Bericht an den regionalen Rechnungshof verfasst. »Es wäre zu einfach, den Generaldirektor zum Sündenbock zu machen, wo er doch nur als Vertreter eines komplexen Systems handeln kann. Wie ist es möglich, dass eine zweitrangige Person ein ganzes Unternehmen derart an sich reißen und sich allen gesetzlichen und institutionellen Kontrollen entziehen konnte?«, fragte er sich damals. Angesichts des Auftretens von Charles Boumendil, »dessen einziges Interesse die Erschließung von Immobilien ist«, war San Marco von seinem Posten als Verwaltungsratsvorsitzender zurückgetreten. In seinem Entlassungsgesuch an den Marseiller Bürgermeister prangerte er »die Vereinnahmung eines Instruments der öffentlichen Hand durch eine Privatperson« an, »die damit macht, was sie will«, wobei sie sich »in missbräuchlicher Weise auf einen direkten Draht zu Claude Bertrand stützt«. Zu Claude Bertrand, dem ewigen Kabinettsdirektor Jean-Claude Gaudins. Also zu demjenigen, von dem es heißt, er sei der wahre Bürgermeister von Marseille.

Eine Anekdote illustriert die Verbindung zwischen dem Kabinettsdirektor des Bürgermeisters und dem Generaldirektor von Marseille Aménagement. Letzterer sah sich gezwungen, das Gehalt der Nummer zwei der Institution, Jean-Yves Miaux, um 58 Prozent zu erhöhen, so dass es dreimal höher war als das anderer Führungskräfte. Auch der Rechnungshof wird diese

Anomalität bescheinigen, die Philippe San Marco in seinem Bericht darlegt. »Ich kann bezeugen, dass der Generaldirektor mir gegenüber persönlich beteuerte, ihm sei diese Maßnahme vom Kabinettsdirektor des Bürgermeisters auferlegt worden, aus dessen Büro er soeben mit betretener Miene herausgekommen war.« Boumendil selbst spricht von einem »Schattentheater«, und dessen Regisseur ist Claude Bertrand. Und Bertrand, das ist Gaudin.

Angesichts des ganzen durch den regionalen Rechnungshof verursachten Wirbels wurde das gemischtwirtschaftliche Unternehmen Marseille Aménagement in Soleam umgewandelt, die Stadtentwicklungs- und Raumplanungsgesellschaft für die Marseiller Region, mit einer neuen geographischen Aufteilung der Zuständigkeiten, die grotesker kaum sein könnte, auf die Schnelle zugeschnitten entsprechend den jeweils vorhandenen Interessen und Freundschaften. Direktor der Soleam ist nun Jean-Yves Miaux, die ehemalige Nummer zwei, deren Gehalt einen Sprung von 58 Prozent gemacht hatte, damit ihm das Krötenschlucken leichter falle. Im Übrigen verfolgt er die endlose Sanierung von Marseilles Innenstadt weiter. Es ist eine seit über fünfzehn Jahren betriebene und mit hohen Investitionen teuer erkaufte Stadterneuerungspolitik, die allerdings »ihre Ziele verfehlt« habe, wie der Bericht des Rechnungshofes urteilt, der auf eine riskante Geschäftsführung, Verschwendung und häufig wiederkehrende Ineffizienz verweist ... Es wäre allerdings ein Fehler, der Unfähigkeit der Behörden die Schuld zu geben.

Ein in diese Stadterneuerungspolitik involvierter Fachmann beschreibt deren Funktionieren und deren Missstände detaillierter: »Es gibt ein Sanierungsgebiet von ungefähr 100 Hektar, den sogenannten Périmètre de restauration immobilière (PRI). Subventioniert werden die PRI-Maßnahmen von den

Gebietskörperschaften und von der EU, vor allem aber vom Staat über die ANRU, die Agence nationale pour la rénovation urbaine. Es fließt viel Geld. Entweder entwickelt Marseille Aménagement damit eine Maßnahme zur Unterstützung privater Eigentümer bei der Sanierung, oder sie nimmt ihr Vorkaufsrecht bei gesundheitsgefährdenden Wohnverhältnissen wahr. Das ist ein sehr langwieriges Verfahren, in dessen Verlauf mit Erlassen zur Gefahrenabwehr und Inverzugsetzungen bei den Arbeiten gerechnet werden muss. Es dauert mindestens fünf oder sechs Jahre. Dann verkauft Marseille Aménagement zum Preis für öffentlichen Grund, 150 Euro pro Quadratmeter, an bestimmte Kleininvestoren und Bauträgergesellschaften aus den guten Marseiller Kreisen, die nicht zufällig vor den anderen informiert werden. Diese neuen Eigentümer kommen in den Genuss einer Steuerbefreiung für neun Jahre, die sich im Zuge einer Verlängerung der PRI-Maßnahme ebenfalls noch verlängern kann. Manche führen die subventionierten Arbeiten aus, die Mehrheit begnügt sich damit, die gröbsten Missstände zu kaschieren, und Marseille Aménagement unternimmt nichts, um zu prüfen, ob die Arbeiten ordnungsgemäß durchgeführt wurden oder nicht. Die Eigentümer verwandeln sich in Miethaie und vermieten manchmal ganze Wohnhäuser, oft an irregulär Eingereiste ohne gültige Papiere, bei denen die EU-Unterstützung zur Anwendung kommt, oder an Leute, die von Familienzulagen profitieren. Auch wenn diese zusammengepfercht in verwahrlosten Wohnhäusern leben müssen, erstatten sie keine Anzeige, wenn Muskelprotze zu ihnen kommen, um die Mietrückstände einzutreiben; sie haben Angst, sonst auf der Straße zu landen. Lieber ein löchriges Dach über dem Kopf als gar keines.

Es gibt indessen nicht bloß Miethaie. Manchmal lassen sich auch mit den Wohnhäusern als Ganzem hübsche Geschäfte machen. Didier Rogeon zum Beispiel, Gaudins Lieblingsarchitekt, hat in der Nähe des Hôtel-Dieu für fast nichts ein Wohnhaus von Marseille Aménagement gekauft und in wunderbare Büros umgewandelt, die schon jetzt Geld abwerfen oder sich in Zukunft bezahlt machen werden. Es gibt auch Typen, die alles richtig machen und Studenten und Hipster als Mieter in die Wohnungen holen. Am Anfang ist das cool, aber lebe mal das ganze Jahr in Noailles, mit dem ganzen Ärger, den Schlägereien, den Drogen, dem Elend überall ... Also ziehen sie weg, und die Wohnungen verwahrlosen wieder. Nach Ablauf der Maßnahme nimmt Marseille Aménagement, weil es mit der Wohnbarmachung nicht geklappt hat, erneut sein Vorkaufsrecht wahr und kauft alles wie zu Beginn der Geschichte zurück. Und man fängt von vorn an.«

In seinem im Mai 2015 an die Ministerin für Wohnen und Regionalentwicklung Sylvia Pinel übergebenen Bericht zur »Wiederaufwertung des privaten Immobilienbestands in Marseille« bemerkt Christian Nicol, Ehrengeneralinspekteur des Amtes für nachhaltige Entwicklung, dass die angesetzten Maßnahmen »einen marginalen Effekt bei der Bekämpfung unwürdiger Wohnverhältnisse« gehabt hätten. Grund dafür seien vor allem die »ungenügende Koordination der Akteure«, die »schlechte Anwendung der zur Verfügung stehenden Werkzeuge« sowie »operationelle Schwierigkeiten, jene Häuserblöcke, auf die sich die härtesten Bedingungen konzentrieren, wieder in den Wohnungsmarkt einzugliedern«. In Marseille sind nach der Definition des Berichts von Christian Nicol die Wohnverhältnisse in 40 000 Privatwohnungen, das heißt in 13 Prozent der Hauptwohnsitze, potenziell unwürdig.

Nicol merkt am Ende an, dass »in den verschiedenen (städtischen und staatlichen) Behörden Personal und Know-how unzureichend« seien und dass »trotz des Ausmaßes des

Phänomens keine gemeinsame Gewichtung der dringlichen Aufgaben festgelegt« worden sei.

Auch hier darf das nicht irgendeiner Inkompetenz zugeschrieben werden. Das hat Methode. Politische Methode.

*

Eine solche Politik hat nicht nur administrative Folgen. In Noailles sind es nicht bloß die Wohnhäuser, die nach und nach verkommen. Mancher Bewohner dort bringt sich buchstäblich auf Rezept um. Für diese Typen ist es nichts Ungewöhnliches, chronisch krank zu sein. »Das ist unser Leben«, meint ein zahnloser Mann, während ein anderer mit graugrünem Gesicht seine mit Nadeleinstichen durchsiebten Unterarme inspiziert. Er injiziert sich seit zu vielen Jahren Medikamente, als dass er sie noch zählen könnte. »Rechnen ist nicht mein Ding.« Und wozu zählen können, wenn man eh nichts hat?

Ein Dritter ist der Aufgeweckteste von ihnen. Er stammt von Guadeloupe und gibt sich spaßeshalber den Namen »Paco«, »weil ich echt nicht die Visage habe, um Paco zu heißen«. Er ist es, der den Stoff beschafft, gleich um die Ecke in den Straßen des Viertels Noailles. Er spricht wie ein Arzt, allerdings wie ein betrunkener. Eine Büchse Billigbier, Maxidose mit maximalem Alkoholgehalt, scheint mit seiner linken Hand verwachsen, ein halber Liter mit 10 Prozent für weniger als einen Euro. »Dort besorge ich dir Ritalin, gleich gegenüber, das Nervenbündel mit dem Basecap, der vertickt dir Rohypnol, manchmal bringt er dich zu jemand anderem, der Rivotril hat, und ich, ich stehe auf Parkopan und Valium.« Beim Vortrag seines imaginären Rezeptzettels weiten sich seine Pupillen so sehr, dass man die nussbraune Farbe seiner großen Augen nicht mehr erkennen kann.

Alle drei haben ihre Selbstzerstörung gut organisiert. Sie stehlen ein bisschen, lesen »Krimskrams« auf, den sie an weniger Arme verkaufen, und schaffen es manchmal, sich für ein paar Tage einem kleinen Ring von Zigaretten- und Parfümschwarzhändlern anzuschließen. »Das kann klappen, wenn wir ein bisschen clean sind und die üblichen Verkäufer im Knast sitzen oder Stress haben«, erläutert der Zahnlose bei einem kräftigen Schluck vom herben Bier, »denn damit man Vogelscheuchen wie uns vertraut, müssen wir uns echt am Riemen reißen.« Heute ist der Grauhäutige eher clean. »Aber wenn er sich sein Ritalin spritzt und eine Packung Bier intus hat, kann er dir 'nen Arm abschneiden«, prustet Paco mit einem ansteckenden Lachen los.

Ritalin ist so etwas wie das Kokain des armen Mannes. Bei zwei Euro pro Pille kann man sich für einen lächerlichen Betrag zudröhnen, solange man nur die Infektionen und Abszesse aushält, die Entzugserscheinungen, die einem die Eingeweide herausreißen, den Absturz beim Runterkommen, der paranoide Schübe und Gewaltausbrüche auslöst, und nicht zuletzt die allgemeine Verschlechterung der Gesundheit und die Scherereien mit den Lungen, die mit dem Konsum einhergehen. Als er noch bei den Klamottengroßhändlern in Belsunce arbeitete, hatte der Grauhäutige hübsche rosige Wangen. Behauptet er jedenfalls. Inzwischen ist er nur noch damit beschäftigt, Subutex aufzutreiben, das Substitutionsmittel der Heroinabhängigen, einfach um die verheerenden Nebenwirkungen des Ritalins zu mildern. »Sonst stehe ich auch auf Valium, aber jetzt brauche ich Subutex, ganz klar.« Sie sind alle zugleich Chemiker und Versuchskaninchen ihrer Selbstzerstörungsexperimente. Ein langsam und sorgfältig begangener Selbstmord durch chemische Infusionen, der auch das Hauptthema ihrer Unterhaltungen ist, sofern sie zu denen überhaupt imstande sind.

Kleine Diebstähle und Schwarzhandel sind nicht ihre einzigen Einkunftsquellen. Paco war Fremdenlegionär und bezieht eine Pension, die es ihm erlaubt, sich bei einem der Miethaie des Viertels eine Bruchbude zu leisten. »Ein Loch mit wackligen Treppen.« Er lebt dort mit dem Grauhäutigen und dem Zahnlosen, der sanft wie ein Lamm ist, solange er nur pichelt, aber gefährlich wie ein Skorpion, sobald er sich etwas gespritzt hat. »Zu dritt helfen wir uns manchmal«, sagt Paco lächelnd. Doch wenn sie auf Drogen sind, gehen sie auch schon mal aufeinander los. Der Zahnlose hat sich vor drei Wochen vom »Graugrünen« die Nase krumm schlagen lassen. »Mit der Strebe einer Stuhllehne, wegen 'ner Spritze, die ich ihm nicht schnell genug zurückgegeben habe.«

Spritzen sind ziemlich leicht zu besorgen. Es reicht, die Vereine zu kennen, die sie verteilen. Anschließend muss man sich den Stoff verschaffen. Nach und nach hat sich in Noailles ein Schwarzhändlerring für Benzodiazepine etabliert, all jene Medikamente, die hier im Viertel einen Marktwert haben. Konsumenten, die etwas findiger und klarer im Kopf sind als unsere drei, haben es geschafft, ein Netzwerk aufzubauen. Die Idee ist simpel. Während man unauffällig vor den Gesundheitszentren auf der Lauer liegt, pickt man sich unter jenen, die sich legal Medikamente verschreiben lassen, die Ärmsten heraus. Es spricht sich schnell herum, wer die potenziellen Opfer sind. Denen wird dann ein Deal vorgeschlagen: Kohle gegen Pillen. Manche verzichten auf ihre Behandlung, um ein bisschen Geld zu verdienen, andere bekommen es hin, sich von einem oder mehreren Ärzten die verschriebene Dosis erhöhen zu lassen. Das Netzwerk wird das Ganze seinerseits ein klein wenig teurer weiterverticken. Alle kommen dabei auf ihre Kosten. »Es gibt nichts Schlimmeres als Entzugserscheinungen«, scherzt Paco.

Pacos Traum wäre es, Crack aufzutreiben. »In Paris habe ich das genommen, das war perfekt, aber hier gibt es das nicht.« Hier im Viertel ersetzen die Medikamente die Droge. Es ist einfach eine andere Art, sich für wenig Geld zuzudröhnen, als Alternative zu den kleinen Drogenhändlerringen der Hochhaussiedlungen, wo ein manchmal mit Waschpulver gestrecktes Low-cost-Kokain gedealt wird.

In der Siedlung La Busserine hat sich ein Händlerring einen Markt für injizierbares Kokain erschlossen, nämlich Kunden, die zwar sozial übel dran sind, aber noch über genügend Mittel verfügen, um sich den Cocktail aus Medikamentenüberdosis und Alkohol zu ersparen. Paco braucht indes nicht zu verzweifeln, denn unter anderem Namen taucht das Crack auch in Marseille auf. Fachverbände haben auf die Existenz von Free Base hingewiesen. Free Base ist das Do-it-yourself-Crack, ein Mischmasch auf Basis von Kokain, Ammoniak und Natron, das zu kleinen Steinchen kristallisiert. Eine Art Kokainrestprodukt, vor allem aber ein Konzentrat schwerer Probleme für jene, die es rauchen, und jene, die den Rauchern über den Weg laufen.

*

Das Elend der Sozialbausiedlungen lässt sich zuweilen auch vor dem Hintergrund von Immobilienspekulationen ausbeuten. Die Siedlung Kalliste, »die Schönste« im Griechischen, vor allem aber die ärmste und heruntergekommenste von Marseille, in der so ziemlich das schlimmste Dope der Stadt geraucht wird, hat wahrhaft absurde behördliche und juristische Verwicklungen erlebt.

An einen Hügel geschmiegt, der Abendsonne zugewandt, im Schatten des Hauses H, stehen die standardisierten Einfamilienhäuser von La Rose des Vents mit ihren kleinen, noch brachliegenden Vorgärten, umgrenzt von Mauern aus Hohlblocksteinen. Der elfjährige Mourad lebt dort seit kurzem. Sein Vater, ein Maurer, ist aus La Simiane, einer Siedlung im

14. Arrondissement, die etwas weniger ärmlich ist als Kalliste, hierhergezogen. Mourad fühlt sich deutlich wohler inmitten dieser kleinen Einfamilienhäuser, selbst wenn er von seinem neuen Zuhause aus das Meer noch nicht sehen kann. »Ja, aber die werden das Hochhaus abreißen«, versichert er, während er auf das Haus H zeigt. Tatsächlich sollen von den neun Wohnhäusern in Kalliste die Häuser B und H dem Erdboden gleichgemacht werden. Die sieben anderen werden saniert. Ein Verein zur Rettung Kallistes hat sich gegründet. Léonard Stigliano, eines seiner Mitglieder, schildert die Situation: »Die Wohnanlage mit ihren Eigentumswohnungen ist in einen Zustand gebracht worden, in dem die Mängel offen zutage traten, um so die Zerstörung der Hochhäuser zu erreichen.« Zwei gerichtliche Entscheidungen geben ihm recht. In ihnen sind sowohl private Eigentümer als auch Marseille Habitat, der städtische Vermieter von sozialem Wohnraum, der hier zahlreiche Wohnungen besitzt, aufgefordert worden, leerstehende Wohnungen so zu verschließen, dass Besetzungen und die damit einhergehende Verwahrlosung verhindert werden.

Im Jahr 2005 sind Gelder aufgebracht worden, um die beiden Wohnhäuser B und H zu renovieren. Die Miteigentümer trugen 75 Prozent der benötigten 270 000 Euro bei. Dann kam es zu mehreren Verwalterwechseln nacheinander, was bereits einen faulen Trick ahnen ließ, bis dann der letzte von ihnen mit anscheinend vorsätzlichen Versäumnissen das Feld für ein krummes Ding bereitete. 2008 macht sich die Stadt Marseille plötzlich allein an die obligatorischen Absicherungsarbeiten im Vorfeld des Abrisses der beiden Wohnhäuser. So beginnt eine Reihe von Tricksereien: Marseille Habitat verschließt die von ihr erworbenen Wohnungen nicht, und diejenigen, die sie daraufhin besetzen, lassen sie immer weiter verkommen. Im November 2012 verurteilt die Justiz den städtischen Vermieter von Sozialwohnraum zu einer Strafe von fast 200 000 Euro. Das erstinstanzliche Urteil wird vom Berufungsgericht bestätigt. Doch Marseille Habitat, bis dahin ohne Mehrheit in der Eigentümerversammlung, schafft es, sich durch kleine Deals mit einigen verschuldeten Miteigentümern zu einigen. Nun mit der nötigen Mehrheit ausgestattet, stimmen sie für die Nichtumsetzung des (gegen sie gefällten!) gerichtlichen Urteils und nutzen ihre Verhandlungsvollmacht, um außerdem für den Ausschluss eines Anwalts abstimmen zu lassen, der ihnen bis dahin in der Eigentümergemeinschaft das Leben schwergemacht hat.

Die Bewohner der beiden Hochhäuser beteuern, dass sie regelmäßig von Leuten, die angeblich im Namen des Rathauses vorstellig werden, dazu ermuntert werden, ihren Wohnraum herunterkommen zu lassen. Für viele in den Siedlungen kann das Heil nur darin bestehen, von hier wegzugehen. Irgendwo anders hin, wo es zwangsläufig besser ist. Doch eine solche Entscheidung bereitet zahlreichen Kleineigentümern Kopfzerbrechen. »Diejenigen, die in günstigeren Zeiten gekauft haben, weigern sich, mit Verlust zu verkaufen; sie sind Gefangene der Situation«, fasst es ein Bewohner zusammen. Das betrifft vor allem die Repatriierten aus Algerien, die einst in diese Siedlung mit dem unverbaubaren Ausblick investiert hatten. Die Verelendung verdirbt ihnen nun ihre Rente.

Die Wegzugswünsche der einen fachen die Spekulationsgelüste der anderen an. Miethaie vermieten wie in vielen vergleichbaren Eigentümergemeinschaften der Stadt Bruchbuden zu exorbitanten Preisen. Und die Mieter hier blicken von ihrem Fenster aus neidisch auf die hinter ihrem Hochhaus entstehende Wohnanlage, Le Val aux Grives. Eine Ansammlung von 75 großen, sich an den Berghang klammernden Villen, alle mit grauen Hohlblöcken in den Kalkstein gebaut, manche

Fassaden ganz frisch verkleidet in Pastellgelb, Rosa oder Orange. Das höchstgelegene Haus streift fast eine Hochspannungsleitung, die man vibrieren hört. Normalerweise wäre von allen Häusern aus das Meer zu sehen, doch häufig ist der Blick durch die Siedlung Kalliste verstellt.

»Um in Marseille 190 Quadratmeter zu bekommen, ist das hier die einzige Möglichkeit«, erklärt Muzaffer, dem eines der am besten gelegenen Häuser gehört. »Zumindest für die, die ihr Haus fertigkriegen«, seufzt er. Das Gelände, das man ohnehin nicht hinterhergeworfen bekommt, erfordert umfangreiche und kostspielige Terrassierungsarbeiten. »Das ist ganz leicht zu sehen: Die schon fertigen Häuser sind die von den Maurern.« Wie seines. Es sind erst ein knappes Dutzend.

Délia, elf Jahre, kommt von der Schule nach Hause. Zuvor wohnte sie in der Siedlung La Castellane. Ihr Vater, ein Einzelhändler, hat gespart, um hierhin zu ziehen. »Hier ist es besser, es gibt weniger Ärger«, findet sie. Und außerdem hat sie ein Haus für sich. Die Nachbarn kommen aus verschiedenen Milieus, eine Krankenschwester, Beamte und sogar ein Ingenieur. Wer wie Délia aus den Hochhaussiedlungen hierhergekommen ist, besucht die Schule in der Nachbarsiedlung La Solidarité. Die anderen gehen an eine private oder eine nahe beim Büro der Eltern gelegene Schule. Die soziale Durchmischung hat ihre Grenzen. Der ehemalige Direktor des Kindergartens und der Grundschule von Kalliste, Matar Gueye, beteuert allerdings: »Wenn die Schüler gut arbeiten, haben sie überall Erfolg.« Bei 400 Schülern sei diese Aufgabe unter den »sehr verschlechterten sozialen, kulturellen und politischen Bedingungen« schwierig, aber die Hartnäckigkeit und die gemeinsame Arbeit der Lehrer und Schüler hätten dennoch Früchte getragen. Der geplante Abriss der beiden betroffenen Wohnhäuser von Kalliste ist für Matar Gueye ein Albtraum, denn das bedeutet, dass weniger Schüler kommen und Klassen reduziert werden müssen. Eine fragile Dynamik wird somit zerschlagen. Doch andere kommen dabei durchaus auf ihre Kosten. Das Verschwinden der Häuser B und H wird Platz für eine Straße schaffen, die die andere Seite des Hügels aus ihrer Abgeschiedenheit befreien wird. Heute lässt sie sich noch nicht bauen, aber schon jetzt sitzen die Investoren in den Startlöchern.

*

Während in Kalliste die Immobilienbranche daran arbeitet, die Gegend zu säubern, indem sie Hoffnung verkauft – die Hoffnung, anderswo, in anderen Siedlungen der Stadt, eine bessere Bleibe zugeteilt zu bekommen –, machen andere Geschäfte mit der Angst. Die richtigen, die offiziellen Ganoven diesmal, jene, die mitunter im Gefängnis landen. In der Siedlung La Busserine im 14. Arrondissement, im Herzen der Quartiers Nord, benutzen nun Gauner ausgerechnet das Label »Quartiers Nord«, um auf dem Rücken der Stadterneuerung abzukassieren. Angesichts all der Sozialbausiedlungen, deren Zerfallsprozess im Grunde schon mit dem Tag ihrer allzu raschen Fertigstellung begann, hat die Agence nationale pour la rénovation urbaine (ANRU) Ende 2012 eine Finanzspritze von einer Milliarde Euro zur Sanierung von vierzehn Schwerpunktgegenden bis zum Jahr 2017 gegeben. Es ist leichter, in Beton zu investieren als in Menschen, in Stadterneuerung anstatt in soziale Erneuerung. An einer besseren sozialen Durchmischung zu arbeiten kommt nicht in Frage, stattdessen verbessert man lediglich die Wohnbedingungen der armen Leute, deren Schicksal es ist, arm zu bleiben und dort zu bleiben. Eine Verbesserung der Lebensqualität ist immerhin besser als nichts. Gleichzeitig schlängelt sich eine alte Seeschlange durch die Stadt, eine Stadtautobahn, die L2, eine schon im 19. Jahrhundert angedachte und in ihren Bauplänen auf die 1930er Jahre zurückgehende Umgehungsstraße, die wie ein halber Ring um Marseille liegt. Sie soll die Viertel im Norden der Stadt ein wenig besser anbinden, und Bouygues hat sich verpflichtet, den Bau im Jahr 2018 zu übergeben. All die Kräne in den Hochhaussiedlungen haben einige Ganoven auf eine Idee gebracht – sie haben sich auf etwas spezialisiert, das so alt ist wie das Bandenwesen selbst: Schutzgelderpressung. Die Gauner ziehen es in der Regel freilich vor, nur von »Beschützen« zu sprechen.

Bereits seit einigen Jahren werden manchen Eigentümergemeinschaften Sicherheitsdienste aufgedrängt, vor allem nicht weit von La Busserine in der Siedlung La Simiane, wo, nachdem man mit etwas Druck nachgeholfen hatte, Sicherheitsleute postiert wurden, die den ganzen Tag jenen Ort bewachen, an dem es eh nichts zu stehlen gibt. Eng verbandelt mit dem dortigen Drogenhändlerring, dessen Boss der Bruder des Geschäftsführers der besagten Sicherheitsfirma ist, spielen die Wachleute sogar die Schmieresteher, ohne dass sie wie solche aussehen. Statt das übliche »Arha!« zu rufen wie gewöhnliche Schwarze Hände, benutzen sie Walkie-Talkies, um sich gegenseitig vor den anrückenden Bullen zu warnen. Die Bewohner von La Simiane mussten den Deal hinnehmen und die Sicherheit mit ihren monatlichen Abschlägen bezahlen.

In La Busserine hat sich in etwa das Gleiche abgespielt, allerdings mit reicheren Opfern: Hoch- und Tiefbauunternehmen. In der Nacht vom 26. zum 27. Januar 2015 wurden der größte Drehbohrer Europas sowie zwei Bagger in Brand gesetzt. Der Schaden belief sich auf über eine Million Euro. Drei Tage darauf erhielt Bouygues den Kostenvoranschlag einer Wachschutzgesellschaft namens TGI, die sich erbot, für die Sicherheit der Baustelle zu sorgen. Einer aus der Siedlung spielte den Kundenberater, indem er erklärte, dass es günstiger sei, das Angebot anzunehmen, da die Anbieter hinter dem Großbrand steckten und jederzeit wieder zuschlagen könnten. Bouygues erstattete Anzeige, selten genug in der Baubranche, und die Ermittlungen brachten das kleine Netzwerk hinter alldem ans Licht. Fünf Personen. Eine kriminelle Bande, für die eine Abrechnung mit der Kalaschnikow schon ein raffinierter Plan war. Sie dachten nicht nach, sie hauten einfach drauf. Einige Tage vor der Brandstiftung hatte ein anderer, etwas subtiler vorgehender Bandit einen Schutzvertrag ausgehandelt – auf gütliche Weise, würde ich sagen. Diesen Typen kenne ich schon lange. Er ist eine Mischung aus Streetworker, großem Bruder und Waffenhändler. Wenn die Kids aus den umliegenden Siedlungen Waffen brauchen, kommen sie zu ihm. »Ich bin nur ein Mittelsmann, und ich bin nicht der einzige.« Sein eigentlicher Beruf ist Streetworker in der Hochhaussiedlung, in der er wohnt, viel weiter im Norden. Ein anständiger Kerl, versichern alle, die ihn kennen. Eines Tages vor mehr als zwanzig Jahren hat er aus Wut einen Mann getötet, mit bloßen Händen, und ist ins Gefängnis gewandert. Dort war er in feiner Gesellschaft. Die Ganoven, »die echten«, wie er betont, schätzten seine Freundlichkeit und seine alltäglichen Hilfsdienste. »Ich war ihr öffentlicher Schreiber, ihr Anwalt.« Mit der Zeit haben ihm die Banditen vertraut. Und als er nach einigen in verschiedenen Strafvollzugsanstalten zugebrachten Jahren wieder zurück in seiner Siedlung war, hat er sich zum Schreiber jener Kids gemacht, die Woche für Woche aus mal mehr, mal weniger guten Gründen festgenommen werden. Auch sie vertrauten ihm. »Ich tue alles, damit sie nicht ganz auf die schiefe Bahn geraten«, versichert er und schließt die Augen ob der Schwierigkeit der Aufgabe. »Bei den meisten klappt das.« Die anderen aber reitet er so richtig ins Verderben »Wenn sie eine ›Kalasch‹ brauchen, kümmere ich mich darum.« Und er hat reichlich zu tun am Ende jenes Jahres

2015. All die Typen, die sich im Herzen von La Busserine täglich von fern mit einem Nicken oder einem recht finsteren Blick grüßen, werden sich wahrscheinlich sehr bald bekriegen. Also »decken sie sich ein«, wie sie sagen, besorgen sich ein kleines Arsenal für den Tag X. Während sie warten, tun sie so, als ob sie sich gegenseitig tolerierten. Die vier Dealerringe teilen die Kunden an den vier Ecken der bei den Konsumenten schon immer beliebten Hochhaussiedlung unter sich auf. Tatsächlich ziehen sie auch die Klientel des größten Drogenrings der Stadt zu sich ab, der Organisation von La Castellane, die im Sommer zuvor durch die Polizei stark geschwächt wurde.

Doch vor Jahresende wird deren einstiger Boss seine acht Jahre Gefängnis verbüßt haben, und er hat versprochen, sein Gebiet zurückzuholen. In den Kiffergruppen der Siedlung beschreibt man ihn einhellig als einen Typen mit einem Herzen aus Stein, bis oben hin voll mit LSD und imstande, mit all seinen brutalen Geschäften Kohle zu machen.

Allerdings haben sich im Laufe seiner langen Haft so manche Dinge geändert. Wenn die vier Dealerecken auch nach wie vor ein und denselben Zulieferer haben, so hat doch jeder kleine Chef in einem halbwegs befriedeten Klima mit leichtem Beigeschmack von Kaltem Krieg seine Unabhängigkeit erlangt. Und nun will ein Mann, der stets in Weiß gekleidet ist, Zwietracht zwischen ihnen säen, in der Hoffnung, dass am Ende nur einer übrig bleiben wird – er natürlich. Als Gangsterboss eher heimtückisch als brutal, deckt er die einen mit Waffen ein und liefert ihnen Gründe, um die anderen anzugreifen. Und mit den anderen tut er genau das Gleiche.

Das also ist das Umfeld, in dem die Bauarbeiten an der L2 stattfinden sollen: ein paar Burschen, die dealen, andere, die herumhängen, und die vielen, die sehnsüchtig nach einem Job schielen, für den sie nie ausgebildet wurden, obwohl diese

Bauvorhaben seit langem beschlossene Sache sind. Mein braver Bekannter war also zum Chef der Baustelle gegangen und hatte ihm sehr höflich und ohne den geringsten Druck einen Deal vorgeschlagen. Er solle freundlicherweise ihm und einem Freund für zwei Jahre eine gut bezahlte Stelle geben, am besten mit keiner weiteren Aufgabe als der, jene zwölf Jungs, die ebenfalls, und zwar »für eine richtige Arbeit«, eingestellt werden sollten, zu betreuen und dafür zu sorgen, dass sie »den Arsch hochbekämen«. Außerdem solle ihm auch garantiert werden, dass man ihn bei den Arbeiten einigermaßen in Ruhe lassen würde. Der Chef der Baustelle akzeptierte. Doch einige Tage später brannte sein Drehbohrer. Das andere Team hatte sich für die plumpe Methode entschieden. Die Vorgehensweise ist stets die gleiche. Die großen Gauner erzählen den kleinen Dealern im Viertel, die Sanierungen würden alles über den Haufen werfen und Dealen sei dann nicht mehr möglich. Sie wählen die Gutgläubigsten aus, die Dämlichsten, die zu allem imstande sind, auch dazu, die Baustellen »aufzumischen«. Danach brauchen sie sich nur noch zu bücken, um die Früchte ihres Ränkespiels aufzulesen.

So funktioniert die finanzielle Ausbeutung der Angst, die »Monetarisierung des Labels ›Quartier Nord‹«, um eine Formulierung der Journalisten Lorraine de Foucher und Soren Seelow aufzugreifen, das Fazit ihrer Untersuchung über die Schutzgelderpressung auf den Marseiller Baustellen.*

In diesem Verhältnis Immobilienbranche – Dealer – Schutzgelderpressung entdeckt man allerdings manchmal noch erstaunlichere Allianzen. Eine ist mir von einem Anwalt geschil-

* »Du goudron et des thunes«, *Le Monde*, 25. Oktober 2015. (A. d. A.)

dert und von der Polizei bestätigt worden. Bei einer Baustelle für eine Immobilie im Herzen der Quartiers Nord hat ein Verein eine Beschwerde eingereicht, in der er sich als Geschädigter dieses Projekts ausgab und an die 200 000 Euro Entschädigung verlangte. Über die Beschwerde einigte man sich gütlich mit dem Investor, ohne dass die Justiz eingeschaltet worden wäre. »Es wurde eine Vereinbarung getroffen«, erläutert mir der Anwalt. »Der Investor erklärt, diese Entschädigungssumme ausgezahlt zu haben, ohne sie in Wahrheit zu bezahlen, und die Hintermänner des Vereins, tatsächlich Großdealer, waschen so eine ordentliche Summe schmutzigen Geldes, deren Herkunft sie nun rechtfertigen können.« Im Austausch dafür gewährleisten die Dealer mit ihrer Wachschutzfirma, die der Investor selbstverständlich unter allen Bewerbern ausgewählt hat, gewissenhaft die Sicherheit der Bauarbeiten. All das verlangt gute buchhalterische Kenntnisse auf beiden Seiten, um die gefälschte Finanztransaktion zu vertuschen. Doch Dealer wie Investoren haben sehr gute und sehr gut bezahlte Rechtsberater. Manchmal übrigens ein und denselben.

12
Unkraut

Aufgeregt wie Löwenjunge auf der Jagd, wuseln in der Siedlung Maison-Blanche im Stadtteil Le Canet, einst Arbeiter-, heute nur noch Elendsviertel, drei Kinder zwischen vier und sechs Jahren in einem heruntergekommenen Treppenhaus herum. Ein kleines Mädchen in einem viel zu weiten Minnie-Mouse-T-Shirt kniet in einer Ecke, den Kopf auf Höhe des dreckigen Fußbodens, einen Arm tief in einem Loch im Schacht der Trockensteigleitung. »Hier gibt's jede Menge!«, jauchzt sie. Die anderen beiden Kids stürzen herbei, um ebenfalls ihre kleinen schmutzigen Hände in das Loch zu zwängen. Aus dem Schacht hört man ein wildes, panisches Scharren. Unglaublich, wie zufrieden und zugleich konzentriert die drei sind. »Hol das Ding! ... Mach schon!«, schreit Minnie. Ein kleiner Spiderman im Pyjama flitzt durch meine Beine hindurch. Hurra! »Ich hab mindestens vier!«, brüllt Minnie. Spiderman kommt zurück mit einem Glas voll von schwarzem Zeug, das ich auf die Schnelle nicht erkennen kann, weil der Bengel so flink ist wie ein Superheld. Ein Jugendlicher kommt die Treppe herunter, steigt über die Zwerge, ganz versunken in den Rap, der ihm so laut in den Ohren dröhnt, dass sogar ich ihn noch hören kann, und verschwindet gleichgültig nach draußen ins Helle.

Minnie zieht ihren Arm aus dem Schacht zurück. Spiderman öffnet sein Glas, um mit einem glücklichen Glucksen vier fette Kakerlaken hineinzuwerfen, die wie wild auf den anderen herumzappeln, die schon zuhauf im Glas sind. Die Tränen des dritten Kleinen trösten mich etwas über mein Entsetzen hinweg, bestimmt hat er Angst, ekelt sich … Aber nein … »Ich hab keine erwischt, das ist ungerecht, ich hab gar keine …« Ich komme mir vor, als hätte ich gerade auf einer herumkauen müssen, und um diesen üblen Geschmack auf der Zunge wieder loszuwerden, würde ich sogar Selecto trinken, das widerlichste Fruchtsaftgesöff, das ich kenne, neben dem sich Fanta Orange wie reiner Biosaft ausnimmt. Kakerlaken! »Hey, wo ist denn eure Mutter? Das werde ich eurer Mutter sagen …« Ohne mir zuzuhören, so als wäre ich gar nicht da, brüllt Minnie ins Treppenhaus: »Mama, ich habe noch mehr! Und ich weiß, wo es jede Menge gibt … muss man aber was rausreißen dafür …« Im Nu taucht ein großer, ernst wirkender Jugendlicher mit einem Kuhfuß auf. Krack, er lässt ein Brett zersplittern. Wie beim großen Finale eines Feuerwerks bejubelt ihn dafür ein vierstimmiger Chor: »Woooooow!« Die Kakerlaken stieben in alle Richtungen auseinander, und die Löwenjungen hüpfen hin und her, um sie einzufangen. Vom Stockwerk drüber nähert sich das Geschrei eines Babys. Die Kids kreischen »Mama!«, als liefen sie auf einen Bonbonverkäufer zu, mit schallendem Lachen wie aus einem Trickfilm, die Hände voller Kakerlaken, die kleinen Gesichter strahlen vor Freude, denn das Glas ist schon bis zum Rand gefüllt. Minnie findet in der Küche kein anderes. Ihre Mutter übertönt das Plärren des Babys auf ihrem Arm nur mit Mühe: »Nimm eine Keksdose, die Kekse schüttest du auf den Tisch.« Fünf Minuten später essen wir die Kekse, vor uns die Jagdtrophäen. »Wir kriegen fünf Cent für jede Kakerlake. Bei so vielen wie hier geht es nach Gewicht. Die Kleinen werden sich einen Burger leisten können, so viel ist sicher …« So bescheuert es ist, ich beginne mich für die Kids zu freuen, die überglücklich herumkrakeelen. »Wir müssen sie in ein Lokal gleich neben Félix-Pyat bringen, bezahlt wird dort.«

Kakerlaken gegen Kohle, wieso das? Die phlegmatische Mutter findet daran nichts auszusetzen. Es ist ihr schnuppe. Sie hat Kakerlaken, also verkauft sie welche. Würde ich mit meiner weißen Visage die Kids in dieses Lokal in der Hochhaussiedlung Félix-Pyat begleiten, würde das Geschäft nur schiefgehen. Ich lasse sie also allein losziehen.

Später, viel später, werde ich ein wenig mehr über diesen Kakerlakenhandel erfahren – hier im Viertel, aber auch im gesamten oder fast im gesamten 3. Arrondissement und in allen Bruchbuden von Saint-Mauront bis La Belle-de-Mai. Bei fünf Cent pro Kakerlake krabbeln nämlich jeden Tag buchstäblich Millionen von Euro in Frankreichs ärmstem Stadtteil herum. Auf den wahren Kern der Geschichte stoße ich in einem schwarz betriebenen Restaurant im 2. Arrondissement, dessen Stammgäste Bauarbeiter und Polizisten sind.

Meine Kontaktperson ist ein Cop. Man kommt zum Essen hierher, weil es fast nichts kostet, gerade mal sechs Euro für Vorspeise – Hauptgang – Dessert, Hauswein und Kaffee inklusive. Ich habe nirgendwo etwas Billigeres gefunden (abgesehen von einer illegalen Kaschemme in einem Keller am Boulevard National nicht weit von Félix-Pyat – dort kriegen Arbeiter ohne Papiere für einen Euro einen Teller Ragout, jeden Tag dasselbe). Obendrein ist es hier lecker! Ein Teil der Buchführung läuft über einen Sushi-Schnellimbiss im Vorderhaus, um die Kohle ein wenig zu waschen. Der Rest ist Gewinn … Ein Maurer macht sich die Fingernägel mit seinem Messer sauber. »Und der Wein, 'nen Viertel oder 'nen Halben?«, fragt eine Bedienung, eine waschechte Marseillerin. »Na … 'nen Halben«, antwortet der einzeln sitzende Mann im Ton größter Selbstverständlichkeit. »Rot oder rosé?« Kurzes Zögern. »Äh … beides.«

Das Gespräch kommt zufällig auf die Kakerlaken, nachdem ich das veränderte Erscheinungsbild der Straße erwähnt habe.

Man sieht hier weniger augenfälliges Elend, all die Leute mit den müden Gesichtern, die sich früher in den Eingangsfoyers herumtrieben, um ihren Kram zu verhökern. Der Polizist erzählt, während er sich seine Pieds-Paquets, eine Marseiller Spezialität, schmecken lässt. Er kostet seine kleine Geschichte aus, sogar mit vollem Mund. »Das ganze Wohnhaus wurde von der Stadt zurückgekauft, als sie angefangen haben, die Rue de la République zu sanieren. Die Typen im Haus stressten herum, wollten nicht ausziehen ... Es gab Hausbesetzer, aber auch viele mit Mietvertrag ... Und vor Gericht einen Mietvertrag zu knacken, das dauert. Aber in dem Fall hatten die Mieter Pech ... Sie hatten Kakerlaken im Haus ... Eine Invasion ... eines Nachts ... aus allen Ecken. Die Typen sind darauf herumgelaufen wie in Indiana Jones ... Weißt du? Die Szene, wo der Kleine sagt: ›Als würde man auf Popcorn laufen.‹ Ein Teppich aus Kakerlaken. Und gleich noch mal Pech, am nächsten Tag gab es eine Hygieneinspektion. Es hat sofort eine Notmaßnahme gegeben, alle wurden geräumt. Feierabend!« Einen Bissen Brot später: »Ein paar Ganoven aus Félix-Pyat haben sich darum gekümmert, die Kakerlaken einzusammeln. Totale Stümper. Anscheinend haben sie die ganzen Kakerlaken in den Kofferraum eines Wagens gepackt, in Schachteln, Marmeladengläsern, Kühlboxen. Manche waren nicht dicht, und im Nu hatten sie den ganzen Schlitten voller Viecher ... Sie haben sich geprügelt, um zu bestimmen, wer fahren muss. Einer von den Kerlen hat es uns bei einer Zigarettenpause erzählt, als er wegen einer anderen Geschichte vorgeladen war. Er hat sich halb totgelacht.«

Am Ende ist das Gebäude zum Teil von Lone Star saniert worden, einem amerikanischen Rentenfonds, der 2008 von der Subprime-Krise betroffen war. Schon 2004 hatte Danièle Servant, die städtische Beigeordnete für Stadtplanung, gewarnt:

»Die 650 Familien müssen nicht um jeden Preis in der Rue de la République bleiben (...). Und wir müssen nicht um jeden Preis sozialen Wohnungsbau machen.« Damit zeichnete sich bereits die städtische Unterstützung für Lone Star ab, die im weiteren Verlauf für Marseille desaströs endete. Die Rue de la République, eine der wenigen Marseiller Hauptachsen im Stile Haussmanns, ist ein Beispiel für den Misserfolg der seit Beginn der 2000er Jahre eingeleiteten Stadterneuerungspolitik. Die Großinvestoren und Bauunternehmen haben dabei mit reichlicher Hilfe der kommunalen Körperschaften Geld gescheffelt. Wirkliches Leben ist hingegen nie wieder in das Viertel zurückgekehrt. Die Wohnhäuser sind überwiegend unbewohnt, die Geschäfte stehen leer, auch wenn sie seit Jahren mit großen, trügerischen Schildern geschmückt sind, die ihre baldige »Neueröffnung« ankündigen.

Wohnraum allein reicht nicht, um Besserverdienende anzuziehen. Es braucht dafür auch Jobs. Die aber bleiben aus, und eine ökonomische Entwicklung lässt sich nicht auf einem Teppich von Kakerlaken in Gang bringen. Es stimmt, im Hoch- und Tiefbau werden viele Leute beschäftigt, ebenso in den Gebietskörperschaften und in den Kliniken, die von der Force Ouvrière betrieben werden, der einen Gewerkschaft, über die alles, wirklich alles läuft, seitdem Gaudin Bürgermeister ist. Alle übrigen Jobs hängen an der ewigen Baustelle, die Marseille geworden ist. Wenn man eine Stunde mit dem Moped umherfährt, kann man eine Besonderheit ermessen, die in Frankreich ihresgleichen sucht: Asphaltbrachland. Die Straßen sind regelrecht umgepflügt, allerdings nicht weil es an Reparaturarbeiten mangeln würde, sondern gerade wegen dieser Arbeiten – permanente Straßenbauarbeiten, die die Schäden der vorherigen Arbeiten reparieren. Portugiesische Bauarbeiter, mit denen ich mich einmal während einer Pause unterhalten habe, fassten ihre Verwunderung so zusammen: »Ihr in Marseille arbeitet merkwürdig. Man gräbt auf, schüttet zu, asphaltiert … okay. Doch einen Monat später kommt man wieder, gräbt wieder auf, wechselt die Kabel aus, schüttet zu und schließt die Löcher, so gut es geht. Dann fängt man wieder von vorn an, und ein Jahr später ist die ganze Straße voller Dellen und Huckel … Ihr arbeitet wirklich merkwürdig in Marseille.«

Diese mangelnde Koordinierung hat nicht unbedingt mit Inkompetenz zu tun.

In Marseille benutzt man häufig zwei oder drei kultige Redewendungen, um etwas zu erklären oder eine Bemerkung abzuschließen: »Ah … aber das ist kompliziert …« und »Scheiß drauf …«, zwei gute Mittel, um die Ungereimtheiten des Alltags zu ertragen. Die letzte Redewendung – »Da gibt's nichts zu mauscheln!« – ist eine Antiphrasis von geradezu viriler Naivität, denn in Marseille gibt es nur Gemauschel. In Marseille wird alles im Rauch von Zigarren ausgehandelt, an den Tischen der unzähligen Geschäftskreise, Sportclubs, Festgesellschaften oder spirituellen Zirkel, jeweils geschlossene Kreise, in die man nur dank Eintrittsrecht, Erbanspruch und Blutsverwandtschaft Aufnahme erlangt. Es sind Kreise, in denen man offen miteinander spricht, wo man pichelt, vögelt, Boule spielt, Aioli und Bouillabaisse isst und sich in aller Aufrichtigkeit Gefälligkeiten erweist, immer den eigenen Vorteil im Blick. Dort kultiviert man auch den Respekt vor den Unfähigen, den Triumph der Mittelmäßigen und all der servilen Geister, die denen, die ihre Karriere ermöglicht haben, niemals in die Quere kommen werden. Aus diesen miteinander verwobenen oder nebeneinanderher bestehenden Netzwerken speist sich der Zynismus der Politik.

Da kauft man sich eben einen Geländewagen, um die kaputten Straßen zu ertragen. Diese wahren Buckelpisten sind eine

Folge der Ausschreibung von Abrufaufträgen. Ein für die Straßenmeisterei zuständiger Fachmann des Kommunalverbands MPM erklärte mir eines Tages auf der Terrasse eines viel besuchten Cafés, ohne sich auch nur die Mühe zu machen, die Stimme zu senken: »Ein Abrufauftrag ist die einfachste Art der Günstlingswirtschaft. Diese Ausschreibungen dienen zur Realisierung all dessen, was kein durchgeplantes Gesamtgeschäft ist, wie zum Beispiel der Bau einer Schule. Die Ausschreibung für den Straßenbelag wird stadtweit nach Sektoren zugeschnitten. Man vergibt die Aufträge an mehrere Unternehmen, doch es gibt keine Maximal- oder Minimalsummen für jedes einzelne. Die einzige gesetzliche Vorgabe ist es, nicht einem einzigen alles zu geben und andere leer ausgehen zu lassen. Du versteckst also bei der Auftragsverteilung die Unternehmen, die deine Komplizen sind, inmitten der Unternehmen, die du nicht willst. Dann muss so viel wie möglich gearbeitet werden, um ein Maximum an Kohle herauszuholen. Man gibt also gut acht, dass nichts koordiniert wird, damit man oft zum Buddeln wiederkommen kann. Aber so läuft es bei fast allen Großbauvorhaben. Alles wird in gegenseitigem Einvernehmen geregelt. Furchtbar schlimm scheint diese Günstlingswirtschaft nicht zu sein, sie wird sogar mehr oder weniger als gegeben hingenommen. Ständig heißt es ja: ›Man muss den Leuten von hier doch Arbeit geben‹, aber laut Gesetz ist diese regionale Vetternwirtschaft eigentlich verboten. Man muss allerdings wissen, dass viele Bauunternehmen, vor allem die für Erdarbeiten, fester Bestandteil der Bandenkriminalität sind, und zwar im großen Stil. Bei Erdarbeiten lässt sich die tatsächlich geleistete Arbeit nie verifizieren, man zählt nicht, wie oft ein Bagger schaufelt. Also schmieren sie Mittelsmänner mit schmutzigem Geld, um die Ausschreibungen zu gewinnen. Die Aufträge geben sie dann häufig an kleinere Subunternehmer weiter, die, ohne zu zögern, zahlen, um die Arbeit zu bekommen. Eine Art Zehnt. Die Konkurrenz ist wirklich riesig. Ein paar Große übernehmen die ausgeschriebenen Aufträge, und die anderen schuften für sie. Es gibt ein ganzes Netz von Mittelsmännern, und die führenden Baufirmen stecken mit ihnen unter einer Decke. Andernfalls bekommen sie Probleme – sehr konkrete Probleme auf den Baustellen: Diebstahl, Schutzgelderpressung, Sabotage … Um hier im Immobiliensektor und bei Großbauvorhaben auf Dauer mitzureden, muss man geben. Und um geben zu können, muss man wachsen, immerzu.« So stellt sich ein Gleichgewicht her. Viele Leute – von oben angefangen – finden da etwas, um sich zu mästen und zu bereichern, um zu wachsen, zu leben, weiterzuexistieren, zu überleben. Von den Campanella-Brüdern bis zu den armen Arbeitern, über Philippe Avinent und Éric Lasery oder Didier Rogeon und Roland Carta, die Mitarbeiter, eine Armee von Geschäftsleuten, Managern, Experten, Assistenten und Sekretären … Es gibt viele, die dafür stimmen, ein solches System aufrechtzuerhalten. Und sei es unbewusst.

Seit Anfang der 2000er Jahre hat Marseille einen Wandel erlebt, ohne viel dazu beigetragen zu haben. Seit die französische Bahn Marseille auf drei Stunden an Paris heranrücken ließ, hat die Süße des mediterranen Lebens eine Menge Leute hergelockt, reichere, aber auch anspruchsvollere Leute. Inzwischen sind schon viele wieder weggezogen, weil sie für ihr Kind keinen Krippenplatz finden konnten oder keine öffentliche Schule, die nicht zu sehr vom Rathaus gegängelt würde. Jene, die geblieben sind, haben ihren Platz gefunden und leisten ihren Beitrag dazu, der Stadt ein wenig Modernität und Innovationsgeist zu injizieren.

Folgendes haben in Marseille die Politiker mit den Banditen gemeinsam: Sie verstehen es, instinktiv die Strategie zu wechseln, sobald es notwendig wird. Nun sind sie dabei – ob Hand in Hand mit den Banditen oder nicht –, das Nachtleben auf das Gelände der Euroméditerranée zu verlagern, jenes Projekts, dem sie ursprünglich nicht sehr gewogen waren. Auf den Brachflächen des Industrie- und Handelshafens ist eine urbane Wiederaufwertung gelungen, die allerdings nicht viele Arbeitsplätze mit sich bringt. Und die Eigentümer der Bars, Restaurants und Nachtclubs haben alle ein gut gefülltes Vorstrafenregister vorzuweisen. Jacques Cassandri, ein ehemaliger Bankräuber, der schwört, solide geworden zu sein, und jetzt sein Geld als Geschäftsmann verdient, hat kürzlich seine Hoch- und Tiefbaugesellschaft für einen zweistelligen Millionenbetrag verkauft, um in den künftigen Sanierungsgebieten in Geschäfte und Wohnungen zu investieren, wann immer er von entsprechenden Planungen erfährt.

In seinen Etablissements kommen die kleinen Dealer, herausgeputzt wie Prinzen, Kohle und Arroganz bis über beide Ohren, gar nicht erst an den kräftigen Türstehern vorbei. So betucht diese Klientel auch sein mag, so würde sie doch all jene vertreiben, die ihr Geld geerbt haben, oder die Hipster, die in drei Stunden von Paris an die Küste gekommen sind. Das hat man in mehreren Restaurants im Stadtzentrum erlebt, in denen sich heute diese beiden Kundschaften nicht mehr blicken lassen. Einst haben die großen Banditen den Sozialhilfeempfängern das Geld aus der Tasche gezogen, indem sie in den Wettcafés Spielautomaten aufstellten. Inzwischen schröpfen sie die Reichen in teuren, angesagten Restaurants voller DJs. Abdelhafid Bahou, der Cousin von Samia Ghali, der sozialistischen Bürgermeisterin in einem Sektor der Quartiers Nord von Marseille, versucht, den Markt der jungen, für kurze Zeit Reichen aus den Siedlungen für sich zu erobern. Er hat es geschafft – wie genau, weiß man nicht –, die Genehmigung für ein Restaurant mit Diskothek auf dem Euroméditerranée-Gelände zu erhalten, und hat 1,5 Millionen Euro in den Laden investiert, vermutlich nicht allein. Die Polizei ist nun neugierig darauf, wie sich die Beziehungen zu den Etablissements von Cassandri entwickeln werden, der über den neuen Nachbarn nicht gerade entzückt sein dürfte. Vollendet wird die politische Vision des Bürgermeisters von Marseille schließlich durch die Errichtung eines Terminals für Kreuzfahrtschiffe gegenüber von Euroméditerranée. Man schminkt die Stadt zur neuen Côte d'Azur zurecht, träumt davon, wenigstens für ein paar Stunden Touristen anzulocken, ihnen etwas Geld aus der Tasche zu ziehen, und hofft dabei auf ihre Likes bei Trip Advisor.

Nun muss man sich aber eingestehen: Hinter dem Make-up und den Liftings ist Marseille eine abgehalfterte Stadt, ruiniert durch Systeme, die so abgenutzt sind wie die Anekdoten ihres Bürgermeisters. Seit bald fünfzig Jahren ist Marseille unaufhörlich auf dem Weg der Entwicklung. Manche meinen eher, dass die Stadt unaufhörlich im Niedergang begriffen ist, wie die Verarmung der einstigen Arbeiterviertel zeigt. Hier werden so selten Reichtümer geschaffen, dass diejenigen, die vorhanden sind, nur auf dem Wege des Klientelismus neu verteilt werden, eines Klientelismus, der sich aus mehreren geschlossenen Systemen zusammensetzt.

Der Vereinsklientelismus: ein Reservoir an Wählern, das nach Ablauf der Wahlen einfach wieder geleert werden kann.

Der ethnisch geprägte Klientelismus: der künstlich betriebene Fortbestand eines Phänomens, das dazu tendiert, sich in der realen und natürlichen Fähigkeit Marseilles zur Integration seiner Immigranten aufzulösen.

Der Vermietungsklientelismus: die Aufteilung der Einwohner in der Stadt entsprechend ihren guten Beziehungen und damit einhergehend die Schaffung der Ghettos mit ihrer Segregation und ihren Spannungen.

Der Stellenklientelismus: oder die Art und Weise, die Ungleichheit zu schüren und die Gleichheit als einen sozialen Abstieg, den es zu bekämpfen gilt, niederzumachen.

Der Bildungsklientelismus: Maschine zur schulischen Ghettoisierung, Wurzel des Übels.

Der gewerkschaftliche Klientelismus: Force Ouvrière, die Beamte hervorbringt, die für das behördliche Possenspiel geschaffen sind.

Der Immobilienklientelismus: scheibchenweiser Ausverkauf einer Stadt ohne klare stadtplanerische Idee. Mangel an lebensnotwendiger Infrastruktur – Altersheime, Krippen, Straßennetze. Fast gänzliches Fehlen eines öffentlichen Personennahverkehrs.

Und dabei sind all die kleinen Lobbys, die es zufriedenzustellen gilt, noch gar nicht mitgezählt – die Restaurantbetreiber, die allesamt Parkplätze wollen, möglichst direkt vor ihren Küchen; die Bootsbesitzer am Vieux-Port, die sich Schwimmpontons für ihre Grillsardinen wünschen, ein Begehren, das von den städtischen Behörden erhört wurde: Diese haben endlich die Absperrungen gesprengt, die den Lacydon, das natürliche Hafenbecken des Vieux-Port, einzwängten.

Und dieser Klientelismus, so umfassend und vielgestaltig er auch sein mag, kommt letztlich nur denen zugute, die ausreichend lange vor Ort und genügend integriert sind, um im Gegenzug etwas zurückgeben zu können. Für sie darf sich nichts ändern. Ihr Überleben steht auf dem Spiel. Sie verabscheuen jede Neuerung und hegen eine fast senile Liebe für eine Vergangenheit, die gleichwohl wenig glänzend war. Die Konservativen sind es, die alles dafür tun, dass sich nichts ändert.

Niemand knechtet die Marseiller besser als die Marseiller selbst.

Marseille wird von einer gefräßigen Korruption verschlungen. Wie eine Pflanze, eine fleischfressende obendrein, durchdringt sie die Verwaltungsräte unzähliger Ableger von Institutionen. Die Abgeordneten arrangieren sich untereinander so, dass alles bleibt, wie es ist, und achten darauf, niemals »auf die Kokospalme zu steigen«. Bald wird man keinen mehr finden, der nicht eine Voruntersuchung oder ein Ermittlungsverfahren am Hals hat. Man wird freilich darauf beharren, dass keine persönliche Bereicherung im Spiel ist. Das Geld ist nur ein Mittel, um an die Macht zu kommen. Beziehungsweise mit der Macht erhalten sie auch die damit verbundenen Bezüge und Zulagen. Und häufen mehr und mehr davon an. Manche Marseiller können mit der Art, mit der Jean-Noël Guérini seinen Präsidentenposten im Generalrat von Bouches-du-Rhône gewonnen hat, sehr gut leben. Es sind jene, die ihre kleinen und großen Privilegien hüten. Die Marseiller Bourgeoisie, die mehrheitlich der Stadt den Rücken gekehrt hat, um sich in Aix-en-Provence, Cassis oder im Luberon niederzulassen, begnügt sich damit, ihre angestammten Privilegien zu verwalten. Sie errichtet und erhält die Mauer, die sie umhegt, und lässt dabei ganze Viertel herunterkommen, vor denen sie sich daraufhin gern schützen lassen würde.

Dealer, Bürgerliche, Gewerkschaftsaktivisten und Politiker arbeiten daran, einen Kunden zu erschaffen und dann zu hegen. Keinen Wohlstand, einen Kunden. Das ist ihr Daseinszweck. Niemand war je so kühn, dass er versucht hätte, die Stimme der »schwierigen« Leute zu gewinnen, jener, die an das Gemeinwohl glauben und im Sinne ihrer Stadt denken.

Das Ganze ist eine Entweihung des republikanischen Geistes, leichthin begangen im Hin und Her der Aufschneidereien, beiläufigen Bemerkungen, kleinen Gemeinheiten und pagnolesken Versöhnungen. Man konzentriert sich auf die angebliche Gewalt Marseilles und all die Vergeltungsaktionen im Milieu, während man doch die Augen für die gewaltlos ablaufenden mafiösen Umtriebe öffnen müsste, ein weiches System voller zwielichtiger Arrangements.

Nichts anderes sagte Danièle Lamarque in ihrer am 12. Dezember 2013 gehaltenen Rede, als sie den Vorsitz des regionalen Rechnungshofes abgab: »Ich verlasse Marseille mit gemischten Gefühlen. Auf beruflicher Ebene hatte ich faszinierende verantwortungsvolle Aufgaben, die lokalen Herausforderungen sind hier erstrangig, die Persönlichkeiten so vielfältig wie die Region selbst. Ich bleibe gleichwohl sehr beunruhigt über die in zahlreichen Körperschaften festgestellte Korruption, die ganze Sektoren durchsetzt hat. Ich habe mich mit unserem Finanzstaatsanwalt darum bemüht, eine enge Verbindung zu den Staatsanwaltschaften bei Gericht aufzubauen und uns über die Arbeiten der Justiz auf dem Laufenden zu halten, entweder im Vorfeld der Prozesse oder parallel zu ihnen. Es ist nicht die vordringlichste Aufgabe der Rechnungshöfe, strafrechtliche Vergehen zu untersuchen, doch diese Art von investigativer Ermittlung ist unserem Aufgabenbereich, der uns zur Überprüfung von Ausschreibungen, von Übertragungen öffentlicher Aufgaben, von Städtebauprojekten, der Rekrutierung von Verwaltungsangestellten oder des Funktionierens öffentlicher Dienstleistungen führt, auch nicht fremd. Die Region Provence-Alpes-Côte d'Azur ist gewiss nicht die einzige in Frankreich, die unter diesem Übel leidet, aber es muss angeprangert und bekämpft werden, da es die öffentliche Verwaltung vergiftet und das Vertrauen der Bürger in ihre gewählten Vertreter und in die Regierungsführung im Allgemeinen zerstört. Früher oder später werden wir den Preis dafür bezahlen.

Diese Region verdient Besseres als diese faulen Kompromisse und Mauscheleien. Sie ist schön, dynamisch, reich an Talenten, voller Vitalität. Ich habe hier kaum Freizeitbeschäftigungen nachgehen können, denn die Arbeit im Rechnungshof hat all meine Zeit und Energie in Anspruch genommen, doch ich bewahre die Erinnerung an die Schönheit der Region, an die Großherzigkeit ihrer Bewohner, an ihre Lebendigkeit. Ich wünsche allen, die hier leben und arbeiten, dass diese Region ihre Chance bekommt.«

Die Konstante in Marseille ist der vom Mistral leergefegte blaue Himmel. Einige seltene heftige Gewitter … Das reinigt. Wie der Prozess Andrieux … Bitte weitergehen! Hier gibt's nichts zu sehen. Alles ist wieder in bester Ordnung. Kann man von einer Mafia in Marseille sprechen? Aber nein.

Nein, denn die organisierte Kriminalität schließt sich nahtlos an das System an, das zuerst durch die multinationalen Konzerne und die Politiker geschaffen wurde: Erstere dürfen ihre Großbauprojekte realisieren und die Märkte unter sich aufteilen und setzen dafür ihr Kreuz an die richtige Stelle. Wie in einem Entwicklungsland besteht das Ziel darin, all jene durchzufüttern, die zum System beitragen, auf jeder Ebene. Und den Ganoven, die sich mit der Umleitung von Geldern auskennen, gelingt es, Gelder und Vermögenswerte abzugreifen. Mitunter konkurrierende kriminelle Unternehmen üben auf diese Weise Druck auf die politischen Machthaber aus. Doch umfassende politische Entscheidungen sind selten. Es gibt auch deshalb keine wirkliche Mafia in Marseille, weil sich deren internationale Bedeutung seit den 1980er Jahren erheblich verringert hat, außer im Bereich der Drogen. Sie ist ein unvermeidliches Monster, welches das Fehlen eines ambitionierten ökonomischen Projekts wettmacht.

Jean-Paul Bonnetain hatte als feinsinniger Polizeipräfekt von

2012 bis Anfang 2015 genügend Zeit, die Bestie zu beobachten, wenngleich er den Kampf mit ihr scheute. Trotzdem weiß er, wo die Lösung liegen würde, und erklärte sie mir Ende 2013 bei einem Kaffee in seinem großen Büro im Haussmann'schen Stil. »Es geht darum, Entwicklung zu erzeugen. Doch ich stelle eine Frage vorab: Wer möchte denn überhaupt, dass sich etwas ändert? Der verharmlosende, einschläfernde Diskurs über Marseille ist doch längst ein kultureller Gemeinplatz geworden. Oft geht es darum, das Bestehende aufrechtzuerhalten, während man sich weigert zu sehen, was sich ändern muss. Es gibt zwei Marseilles in Marseille. Niemand kann sich mit dem Gedanken abfinden, dass die Stadt nichts weiter sei als reiche Viertel, die sich über arme Viertel mokieren, welche ihrerseits die reichen Viertel bedrohen. Daher wird so oft die Vision bemüht, es brauche ein großes, die ganze Stadt einbeziehendes Projekt, welches das derzeitige System zerschlägt und irgendetwas Neues hervorbringt. Also das Rufen nach einer Regulierungsmaßnahme. Anschließend müssen solche Projekte finanziert werden, doch ist man sich über den Verwendungszweck der Gelder im Klaren? Wie sollen sie verwaltet werden und vor allem von wem? Marseille braucht vertrauenswürdige lokale Akteure. Die Vergeltungsaktionen im Milieu vermitteln eine beschränkte Sicht der Marseiller Probleme, die hier nur auf eine Sicherheitsfrage reduziert werden, ihrerseits eine nie versiegende Quelle politischer Konfrontationen und Vorwand für polemische Anschuldigungen. Die Sicherheitsdebatten dienen eher wahltaktischen Zwecken als dem Thema selbst. Die Unsicherheit ist zugleich Ursache und Folge einer Situation. Doch Marseille braucht eine Vision, sonst wird die Verelendung zunehmen, und es wird noch schwieriger, sich moralisch zu orientieren. Im Laufe der Zeit werden manche, die sich engagierten, der ganzen Situation überdrüssig, andere gehen weg. Die

Maßstäbe verschieben sich und werden zu denen der Ganoven. Wer sind die neuen Vorbilder, wenn Drogenhändler sich um das soziale Gefüge in ihrer Siedlung kümmern oder dort ein Freibad errichten, damit die Kids während des Sommers etwas unternehmen können? Ist das am Ende nicht moralischer als der Klientelismus? Die Dealer machen einen auf sozial, wie die Hamas. Mit der Hoffnung auf eine Gegenleistung. Der Klientelismus ist das Kennzeichen jener Entwicklungsländer, die Entwicklungsländer bleiben sollen. ›Ich habe dies für dich erreicht, du gibst mir das dafür.‹«

Das System ist wie der Wind, nie zu sehen. Man sieht die Zweige, die sich bewegen, die wirbelnden Blätter, doch den Wind sieht man nicht.

13
Affront National

Ab einem gewissen Punkt sorgen all diese Manöver, dieses Buhlen um eine Klientel, für neurasthenische Bürger. Für Wahlmüdigkeit und dafür, dass der Wunsch nach Mitbestimmung erlahmt. Wenn man nichts zu verteidigen hat, wenn man auf nichts bauen kann, weder auf Empfehlung noch auf Patronage, ebenso wenig auf Unterstützung, Kooptation, Begünstigung, Intervention, Protektion, Winkelzüge, Vitamin B, Hilfe oder Rückhalt, auf nichts, auf keinerlei Verbindung zu irgendwem, nicht einmal auf den zartesten Beginn einer Beziehung, um einfach nur Hoffnung auf Arbeit oder Wohnraum zu haben, wenn man keinerlei Privileg zu verteidigen hat, nicht einmal ein armseliges, dann fühlt man sich bedeutungslos. Man ist empört darüber, nicht von den Vorteilen zu profitieren, die den anderen gewährt werden. Warum nicht auch ich? Man will nicht unbedingt Gleichheit, man will seinen Anteil abhaben. Mitunter leidet man so sehr unter der Benachteiligung, dass man böse Geister heraufbeschwört und seine Hoffnungslosigkeit dem Front National feilbietet, der daraus seinen ureigenen Nutzen zieht. In Marseille setzt sich der FN gleichsam aus Leichenteilen zusammen: Der noch warme Leichnam des Algerienkriegs nimmt bei ihm die Stelle des Herzens ein, das Gespenst des Antisemitismus und Fetzen von Islamophobie dienen als sein Nervensystem. Man transplantiert Klientelismus und Populismus, und fertig ist jene unselige, von der ständigen Angst vor sozialem Abstieg durchtränkte Kreatur. Die Arbeitslosigkeit hat ihr Leben eingehaucht, und jetzt streift sie hungrig auf der Suche nach Beute umher. Der FN vereinnahmt die Hoffnungslosigkeit der Systemverlierer und facht die Gier der übelsten politischen Abenteurer an.

Stéphane Ravier, der Senator und Bürgermeister aus den Reihen des Front National, scheint ein anständiger Kerl zu sein. Lebhaft, oft lächelnd, hat er sogar Antworten auf Fragen, die man ihm gar nicht stellt. Nachdem er Sylvie Andrieux das Rathaus in ihrem Sektor der Quartiers Nord entrissen hat, könnte er ihr auch ihren Abgeordnetensitz stibitzen. Wir beide sind uns bereits über einen gemeinsamen Bekannten begegnet, Yvan Benedetti, den Chef der petainistischen Gruppierung L'Œuvre française, die, obwohl aufgelöst, noch immer sehr aktiv ist. Benedetti war einer der Ersten, die die Bemühungen um eine Entdämonisierung des FN zu spüren bekamen, die Marine Le Pen vor den Präsidentschaftswahlen 2012 in Angriff nahm. Nach seinem Rauswurf aus dem FN hat er sich nur umso mehr spektakulären Guerilla-Aktionen in ganz Frankreich gewidmet, vor allem rund um Lyon, einer Hochburg der Nationalisten. Seit 1994 organisiert er das Forum de la Nation, zu dem antisemitische oder neonazistische Parteien der europäischen Rechtsextremen kommen, um ihre Haltung zum Ausdruck zu bringen, von der Goldenen Morgenröte aus Griechenland bis zur Jobbik-Partei aus Ungarn. Auch einige Holocaustleugner halten dort Vorträge, wie der Verleger Jean Plantin oder der katholische Fundamentalist Vincent Reynouard.

Yvan Benedetti ist ein guter Freund des FN-Abgeordneten Ravier, und nebenbei ist er mein Cousin ersten Grades … Stéphane Ravier weiß das und sagt mir über ihn: »Das ist ein guter Aktivist.« Die Sympathie beruht auf Gegenseitigkeit, denn Yvan beteuert: »Wir setzen uns für dieselbe Sache ein.« Mit Blick auf die Galionsfiguren der Partei, Jean-Marie und Marine

Le Pen, beschreibt er seinen Kameraden, den Mandatsträger des FN, folgendermaßen: »Was die Ideen anbelangt, steht er dem Vater nahe; was die Karriere angeht, der Tochter.« Ravier steht seit 2012 auf Seiten Marines, glaubt aber schon seit 2007 an ihre Zukunft. Sein Programm ist klassisch FN: vom Prinzip »Franzosen zuerst« in sozialen Belangen bis zu den für die Partei grundlegenden Themen Immigration und innere Sicherheit, das Ganze mit einer identitär französischen und katholisch-provenzalischen Ausrichtung, die in einer starken lokalen Tradition verankert ist. Die katholischen Provenzalen sind schließlich die wahren Herrscher der Stadt Marseille.

Doch anders als Marine Le Pen hat Ravier keine Lust, sich lieb Kind zu machen und die Ultrarechten wie meinen Cousin Yvan Benedetti aus seinem Gefolge zu verstoßen. In Marseille stößt die extreme Rechte nämlich auf starken antifaschistischen Widerstand. »Das ist eine Katastrophe hier«, seufzt eines Tages Yvan, der nach Marseille gekommen ist, um seine Truppen wiederaufzurichten, nachdem die traditionell sehr gut organisierten Gegner eine Aktion haben krachend scheitern lassen. Yvan beschwert sich über die Marseiller: »In Marseille gehen sie zwar zur Wahl, doch wenn es darum geht, anzupacken, Plakate zu kleben, eine spektakuläre Aktion durchzuziehen, ist niemand mehr da.« Darum muss Stéphane Ravier den Kescher weit auswerfen, vor allem weit nach rechts.

Seine Strategie steht derjenigen des deutschen Nationalsozialismus der 1930er Jahre in nichts nach. In einem eng umgrenzten Gebiet die Macht übernehmen, dann Mitstreiter herholen, um sich wie ein Ölfleck allmählich auszubreiten. Angefangen hat er also mit seinem Sektor im 13. und 14. Arrondissement von Marseille, ein Flickwerk aus heruntergekommenen Sozialbausiedlungen, verarmten Dorfkernen, aber auch Gated Communities der Mittelschicht und oben auf den

Hügeln sogar eine gewisse gutbürgerliche Oberschicht. Leute, die man gegeneinander ausspielen kann. Ravier weiß, wie man das macht. Auch in die Marseiller Welt der Vereine hat er sich eingeschlichen. Zum Beispiel ist, nur wenige Wochen nachdem der FN das Rathaus dieses Sektors übernommen hat, der provenzalische Sport- und Kulturverein Aspic (Association sportive provençale d'intérêt culturel) aus den südlichen Stadtvierteln in die Quartiers Nord, Boulevard Ararat, verlegt worden.

Vereinspräsidentin ist Mathilde Gibelin. Die frühere Kommunikationsbeauftragte in Stéphane Raviers Bezirksrathaus stammt aus einer alten Familie der hiesigen extremen Rechten. Sie wurde früh geprägt bei Europe Jeunesse, einer Kaderschmiede für den Front National. Ihr Bruder ist parlamentarischer Mitarbeiter eines FN-Europaabgeordneten. Ihr Vater, Philippe Gibelin, besucht regelmäßig ein Anwesen in der Nähe eines Aquädukts unweit von Aix-en-Provence, »la Domus«. Dort finden Sommeruniversitäten von GRECE (Groupement de recherche et d'études pour la civilisation européenne) statt, bei denen eine rassistische und neopagane, ultrarechte Ideologie propagiert wird. Einer der Gründer von GRECE, Pierre Vial, war Anhänger der Bewegung Jeune Nation, für die nunmehr Yvan Benedetti verantwortlich ist.* Mathilde Gibelin, die früher GRECE sehr nahestand, hat noch immer regelmäßig Umgang mit den Royalisten von der Action Française**, und

* *Jeune Nation* war eine nationalistische, neofaschistische Bewegung, gegründet 1949, offiziell aufgelöst 1958. Nachdem 2013 auch *L'Œuvre française* und *Jeunesses nationalistes* aufgelöst wurden, die als »Erben« der *Jeune Nation* angesehen wurden, gibt es die *Jeune Nation* wieder in Form einer Website, unter (Co-)Regie von Yvan Benedetti.

** Monarchistische rechtsextreme und nationalistische Bewegung, 1899 gegründet und 1944 aufgelöst, die jedoch noch heute als *Centre royaliste d'Action française* weiterexistiert.

es ist wenig wahrscheinlich, dass sich Aspic darauf beschränkt, den Enkeln der einst aus Italien und Armenien in dieses Viertel eingewanderten Arbeiter Karate beizubringen.

Als junger FN-Anhänger profitierte Stéphane Ravier von den umsichtigen Ratschlägen eines ehemaligen Marseiller Kommunisten, des abtrünnigen Apparatschiks André Isoardo, der von 1984 an auf den hiesigen Front National seinen Sinn für Organisation nach kommunistischem Vorbild übertrug, mit Parteizellen in den Vierteln, thematischen Zirkeln sowie Schulungen in Sachen Engagement und Aktivismus. Außerdem traf er damals seinen Mentor Bernard Ferré, der früher aktives Mitglied bei den Neofaschisten des Parti des forces nouvelles (PFN) und für den Aufbau des Front national de la Jeunesse (FNJ) im Departement Yvelines verantwortlich war. Ferré war ein Mann mit stramm nationalsozialistischer Ideologie, Gründer eines Zusammenschlusses von Gewerkschaftlern, des Cercle national des travailleurs syndiqués (CNTS), sowie Mitglied des Gewerkschaftsbunds Confédération française des travailleurs chrétiens (CFTC) und des französischen Arbeitsgerichts Conseil de prud'hommes. Der Front National hat spürbar auch auf Institutionen Einfluss genommen, die ihn eigentlich bekämpfen sollen. Viele aktive FN-Anhänger verdanken Ferré ihre politische Schulung, so auch Stéphane Ravier. Nachdem er groß geworden ist, hat der Lehrling die Methode aufgegriffen. Ravier bearbeitet seine Netzwerke, besucht unter anderem die Vereine alter Armenier und predigt dort seinen Sermon: »Das reicht jetzt mit den Arabern!« Als Opportunist schafft er es aber auch, gemeinsam mit den Vereinsleuten aus den Sozialbausiedlungen ungeniert Couscous zu essen. Allerdings nicht überall, denn die Viertel haben ein gutes Gedächtnis. Am Abend des 21. Februar 1995 haben Plakatkleber des FN einen 17-Jährigen von hinten erschossen, Ibrahim Ali, einen Marseiller Musiker mit komorischen Wurzeln. Er kam von einer Bandprobe für die Anti-Aids-Kampagne Sidaction. In La Busserine zum Beispiel ist Ravier *persona non grata*.

Falls der Mann aber den Ehrgeiz hegt, der neue Bürgermeister von Marseille zu werden, wird ihm eine fragile, wankelmütige, wenig wahlfreudige Basis allein nicht genügen. Wie die anderen Parteien wird er die Milieus der Finanz-, der Geschäfts- und der Unterwelt benötigen. Ohne sie passiert nichts in Marseille. Also verkehrt Stéphane Ravier in jener vornehmen Welt, dem Herzen eines Systems, das er in der regionalen Tageszeitung *La Provence* gern anprangert, um die von allem Enttäuschten für sich einzunehmen. Oft lässt er sich im hippen Marseille der Euroméditerranée in einem der Restaurants des tief in die Schwerkriminalität verstrickten Jacques Cassandri blicken – etwa im Palais de la Major. Er wird dort, so heißt es, höflich, aber nicht gerade überschwänglich empfangen.

Man sollte indessen die Fascho-Intellektuellen nie unterschätzen. Stéphane Ravier jedenfalls bezieht sich auf sie bei der Entwicklung seiner eigenen Strategie. Im Pragmatismus der jungen Marseiller Rechtsextremen findet sich etwas von Charles Maurras wieder, ein Realismus, der sich gegen das stellt, was dieser Theoretiker des fundamentalen Nationalismus den »naiven Idealismus« nannte, der zwar anprangere, aber nicht willens sei, die Macht zu übernehmen. Laut der Doktrin des ultrarechten Schriftstellers Dominique Venner, der seinerseits vom italienischen Kommunisten Antonio Gramsci inspiriert war, vollzieht sich die Machtübernahme zuerst durch die Kultur. Die politische Macht komme danach zu Fall, ganz von selbst.

Von seinem Bezirksrathaus aus kultiviert Stéphane Ravier dieses Prinzip. Er lässt auf seinem Territorium Vereine sprießen, die von Anhängern und Sympathisanten aller möglichen rechtsextremen Strömungen geführt werden. Sie erhalten Subventionen der Gebietskörperschaften und sind eifrig am Bekehren. Dem gewählten Volksvertreter in diesem Sektor, in dem sich alle Spielarten der zeitgenössischen Immigration vermischen, geht es aber nicht darum, die Menschen zusammenzubringen. Eines seiner liebsten Bonmots bringt seine Haltung auf den Punkt: »Nett zusammenleben? Das kannst du knicken!« Wie Marine Le Pen setzt Stéphane Ravier auf eine seltsame Koalition von Reaktionären im Namen einer nationalen Identität, die jeder von ihnen anders definiert. Untereinander hassen sich die Reaktionäre, doch in ihrem Fremdenhass sind sie sich einig. Dazu gesellen sich Antisemitismus, Islamophobie, Machismus und Homophobie, wobei manche das ganze Paket befürworten, andere nur einen Teil davon. Man verbündet sich nicht mehr für gemeinsame Ideen, sondern gegen gemeinsame Feinde. Gegen den Feind des alteingesessenen Franzosen. Des alteingesessenen Provenzalen, was Stéphane Ravier betrifft, der sich nicht zu schade ist, sich in verrufener Gesellschaft zu zeigen.

Auf den Fotos mit seinem Freund Olivier Bianciotto von den Jeunesses nationalistes, mit Keltenkreuz um den Hals, auf dem Friedhof von Marignane, sieht er sogar sehr gut gelaunt aus. Bianciotto ist einer der bekannten Schänder einer Stele, die in Marseille zum Gedenken an den Dichter und kommunistischen Widerstandskämpfer Missak Manouchian errichtet und im September 2014 verunstaltet wurde. Der Schulterschluss mit Bianciotto wirkt wie ein Wink, der besagen soll: »Ich vergesse nicht das Fußvolk.« Die Aufnahme stammt von einer Gedenkfeier für Veteranen des Algerienkriegs, veranstaltet von Adimad, der »Gesellschaft zur Verteidigung der moralischen und materiellen Interessen der ehemaligen Häftlinge und politischen Exilanten aus dem französischen Algerien«.

Olivier Bianciotto war damals noch Hauptverantwortlicher für den Mouvement Populaire Nouvelle Aurore (MPNA)* und ist inzwischen Chef der Marseiller Fraktion der Parti de la France** geworden. Kurzum, ein Fascho, der offensichtlich gut befreundet ist mit Stéphane Ravier. Doch Ravier posiert auf Twitter auch mit Nora Preziosi, der UMP-Beigeordneten von Gaudin. »Fasching im Rathaus des 13./14. Arrondissements! Nora Preziosi, die Stellvertreterin des Bürgermeisters von Marseille, hat mir die Freude gemacht, vorbeizukommen.« Ein weiterer Wink an das zentrale Rathaus der Stadt, der diesmal besagen soll: »Ich bin eine Kraft, die zählt!« In jenem zentralen Rathaus ist er übrigens oft eingeladen und wird sehr freundlich empfangen. Er verdankt Nora viel. Unter anderem die Unterstützung im zweiten Wahlgang einer jeden der letzten Wahlen in seinem Sektor. In der Politik ist es wie im Gefängnis. Man muss es verstehen, sich im rechten Licht darzustellen, um Clans und Allianzen zu markieren. Außerdem hat Ravier 2015 zwei Arrondissementsberater vom UMP abgeworben, Karim Herzallah und Caroline Gallo, denen beiden vielleicht eine Zukunft beim Front National beschieden ist. »Andere werden folgen«, gestehen mir einige UMP-Mitglieder, die sehr wohl wissen, »dass sich jeder seine Suppe dort holt, wo sie am besten ist«.

Im Jahr 2008 haben allerdings bei Raviers Suppe viele noch das Gesicht verzogen. Am Ende der 1990er Jahre hatten mehrere Auseinandersetzungen zwischen dem Marseiller FN, den Dissidenten des Mouvement national républicain (MNR) von Bruno Mégret und einigen von Jean-Marie Le Pen auf wichtige

* »Volksbewegung Neue Morgenröte«, in Marseille gegründete Neonazi-Gruppe.

** Abspaltung des FN, 2009 gegründet.

Posten geschleusten Kandidaten eine Schwächung der rechtsextremen Führungskräfte bewirkt. 2002 wird Stéphane Ravier von den Seinen gegen Bruno Mégret als Kandidat für das 13. und 14. Arrondissement ins Rennen geschickt. Doch er macht sich mit seinem Ergebnis keineswegs lächerlich und bleibt danach in dem Sektor. Als Arbeitstier und unermüdlicher Mann der Praxis macht er während der Parlamentswahlen, die auf die Präsidentschaftswahlen von 2007 folgten, mit über 11 Prozent der Wählerstimmen auf sich aufmerksam. Damals ist er neben Marine Le Pen mit ihren 28 Prozent in Hénin-Beaumont der Einzige mit einem Wahlergebnis über 10 Prozent gewesen. Nicht nur, dass er alles andere als am Boden zerstört war, er hat in der Niederlage sogar an Stärke gewonnen, mit der Unterstützung einiger seiner im Schatten wirkenden Freunde, der Jeunesses Identitaires, die den unangenehmen Hang haben, den Arm in die Höhe zu recken und »Heil Hitler« zu grölen.

Ein Beispiel dieser Liaisons: die im November 2007 abgebrochene Organisation einer Ausgabe von »Schweinesuppe«. Eine Art Volksküche für die Mittellosen, bei der aber auf einen Schlag Juden und Muslime ausgegrenzt werden. Die Jeunesses Identitaires kümmern sich um die Logistik, doch bevor die Operation erfolgreich abgeschlossen werden kann, endet sie im Fiasko: Eine durchgesickerte Information ruft die Antifaschisten auf den Plan, die daraufhin in großer Zahl am geplanten Treffpunkt, der Place Castellane, zur Auseinandersetzung bereitstehen. Die Polizeipräfektur sagt die Veranstaltung ab, doch um nicht das Gesicht zu verlieren, wollen die Jeunesses Identitaires tags darauf Flugblätter verteilen. Die Initiative geht namentlich auf den Anführer der identitären Bewegung, Guillaume Pradoura, zurück, der in den 1990er Jahren für den Front National de la Jeunesse verantwortlich war. Ein Mann, der im Faschomilieu respektiert wird, weil er sich acht Jahre lang an den Aktivitäten des Sozialverbands des FN beteiligt hat, der Fraternité Française, die damals von der Tochter eines ehemaligen notorischen Kollaborateurs aus Kriegszeiten, des in diesem Buch bereits erwähnten Simon Sabiani, geleitet wurde. (Zur Erinnerung: Sabiani führte während der Besatzung die Marseiller Dépendance der kollaborationistischen Partei Parti populaire français.) 2007 regt sich der Dämon also noch, trotz der Säuberungsaktion der Tochter Le Pen.

Die Verteilung der Flugblätter findet allerdings ebenso wenig statt wie die Ausgabe der »Schweinesuppe«, und die Jeunesses Identitaires beziehen von den viel zahlreicheren Antifas eine ordentliche Tracht Prügel. An jenem Morgen ist Stéphane Ravier vor Ort und wird von den Gegnern heftig angefeindet. In einem Artikel in *La Provence* vom 27. November 2007 beteuert er, zufällig da gewesen zu sein.

Es handelte sich aber durchaus nicht um einen Zufall, und schon am folgenden Tag bezeugte der junge Guillaume Pradoura gegenüber Stéphane Ravier und dessen Wahlkampfleiter Stéphane Dheilly seine Dankbarkeit und betonte, wie beeindruckend und bewundernswert er ihre Anwesenheit fand. Um sich erkenntlich zu zeigen, verpflichtete er sich in einer E-Mail im Namen seiner Bewegung dazu, nach Kräften »die schwierige Bezwingung der degenerierten Marseiller« zu unterstützen. Als Antwort darauf erklärte Stéphane Dheilly, dass ihre Wahllisten zwar schon so gut wie geschlossen seien, Verstärkungen aus der gesamten Bewegung seien aber sehr willkommen.

Der junge Guillaume Pradoura wird seine Verpflichtungen einhalten und wie weitere Aktivisten und Sympathisanten auf den Wahllisten des FN zu finden sein. Er taucht auf der Liste des 5. Sektors auf, im Gefolge von Laurent Comas, Aktivist FN 2.0, der so aussieht, als würde er an jeder Vorstadtbühne die Rolle des jugendlichen Liebhabers bekommen. Er ist, auch wenn er sich mit Händen und Füßen dagegen gesträubt hat, mit der Ausstrahlung von Videos auf dem Videoportal Dailymotion bekannt geworden, auf denen er zu Songs von Francis Cabrel oder Jean-Jacques Goldman auf seiner Gitarre schrammelte. Inzwischen hat er sie von der Website entfernen lassen. Doch eigentlich vollzog sich seine Sängerkarriere vor allem in einer identitären Rockband, Scream Inside, deren Schlagzeuger und Bassist ebenfalls auf der FN-Liste stehen. In ihrer Bandhistorie finden sich Auftritte mit noch viel zwielichtigeren Bands, zum Beispiel einer mit Brutal Rebirth. Der Frontmann dieser Metal-Band gehörte auch zu Brutal Begude, die ihren Namen von der Hochhaussiedlung La Bégude in den Quartiers Nord von Marseille haben. Deren Musik ist ein sonorer Rock auf darunterliegenden Nazimärschen oder Hitler-Reden, und besagter Frontmann, der dort unter dem Namen Paul Scholes auftritt, brüllt seinen Hass auf die Juden und seine Bewunderung für das Dritte Reich heraus.

Während der Kantonswahlen im März 2011 glaubt Laurent Comas fest an seine Sache. Er kann tatsächlich einem Sozialisten einen Kanton entreißen, stürzt dann aber darüber, dass im Rucksack seines Wahlkampfleiters Pierre-Olivier Sabalot Kriegswaffen und Sprengstoffe gefunden werden. Dieser Pierre-Olivier hat außerdem die manische Angewohnheit, gern E-Mails zu versenden, die lange Listen mit jüdischen Familiennamen enthalten, denen er ein unzweideutiges »Sieg« (von »Sieg heil«) beigesellt. Auf Sabalots Computer wird die Polizei sogar noch unappetitlichere Sachen entdecken, die von den Ermittlern jedoch beiseitegelassen werden, weil Sabalot mit umfassenden Informationen über seine Gesinnungsfreunde herausrückt. Comas bemüht sich, auf Distanz zu gehen, verliert aber die Wahl am darauffolgenden Sonntag.

Aus diesen harten Zeiten, die sich bis ins Jahr 2012 hinzogen, hat Stéphane Ravier Getreue behalten, auch wenn er sie nun verheimlichen muss. Jene, die sich mit der »Schweinesuppe« amüsieren wollten, genügen nicht, wenn man die Eroberung der Macht im Auge hat. Man braucht verlässliche Leute, eine Leibgarde.

2012, vor den Präsidentschaftswahlen, beginnt er, diese Garde aufzubauen. Im Februar empfangen Ravier und Comas in den Räumen des FN-Verbands an der Place Sadi-Carnot auf der Suche nach jungen Patrioten Amaury Navarranne aus Toulon, den Regionalchef der jungen Anhänger Marine Le Pens. Stéphane und Amaury sind gute Kumpel. Seit der Mann aus Marseille Senator und Bezirksbürgermeister ist, gibt er dem jungen Kandidaten aus dem Departement Var seine Unterstützung. Auf den Flugblättern stehen die blauweißrote Flamme des FN und die Fleur-de-Lys der Royalisten Seite an Seite. Ich habe Amaury Navarranne in meinem korsischen Heimatdorf selbst treffen können – mein Cousin Yvan, der Fascho, hatte mich während der Ferien eingeladen. Ein Privileg, das nur Verwandten vorbehalten ist. Wir haben dort über Klamotten diskutiert. Schwarze Klamotten, würde ich sagen.

An jenem Abend im Februar 2012 erinnert Navarranne vor versammelter Runde daran, dass der Sieg »den persönlichen Einsatz eines und einer jeden« erfordere. Ravier hat das Schlusswort und ermuntert alle Jugendlichen zur Mobilmachung, um französisch zu bleiben. Applaus im Auditorium, das sich aus den aktivsten Mitgliedern des Front national de la Jeunesse, Anhängern der Action française, Identitären sowie autonomen Nationalisten zusammensetzt, kurzum alles, was bei den Neonazis von Marseille Rang und Namen hat. Sogar die Nationalbolschewiken aus Russland sind zu Gast. Marine Le Pen kann auf den ihr gewogenen Fernsehsendern noch so oft beteuern, dass der FN eine vorzeigbare Partei geworden sei, ideologisch und in der Alltagspraxis geht diese Entdämonisierung vollkommen an der Realität vorbei. Noch 2014 nimmt Ravier in seine Wahlmännerliste für die Senatswahlen notorische Royalisten der Action française auf.

Wie um alles in der Welt kann sich Jean-Claude Gaudin, der das alles doch offensichtlich weiß, wie kann er, der so sympathische, so herzliche Christenmensch, sich gegenüber Stéphane Ravier so zuvorkommend zeigen? Nun, weil der alte Bürgermeister von Marseille im Laufe seiner langen Karriere schon gesehen hat, wie sich andere dieser kleinen Teufel gebärdeten, und weil er sie stets auf die gleiche Art und Weise zähmt: Ersticken durch Umarmen.

Andere hat das gleiche Schicksal ereilt. Zum Beispiel den von Gaudin eingesetzten letzten Vorsitzenden des Kommunalverbands MPM, Guy Teissier. Dieser Mann kennt die extreme Rechte wie seine Westentasche. Kein Wunder, denn er kommt von dort!

In jungen Jahren Mitglied der Splittergruppe Union nationaliste, wird er 1974 einer der Gründer des Parti des forces nouvelles sein, einer Abspaltung des Ordre nouveau, einer neofaschistischen Bewegung unter dem Keltenkreuz. Bei den Kommunalwahlen von 1977 wird Gaudin an ihn herantreten, um eine Allianz der Rechten gegen die Liste Defferres und des PCF zu gründen. Bei der Bildung dieser Rechtsallianzen erweist sich Guy Teissier als effizient. 1978 lockt ihn Gaudin zu den Republikanern und überlässt ihm sogar seinen Sektor einschließlich Mazargues. Viel später, 2014, fällt der Sektor Teissiers rechter Hand zu, Lionel Royer-Perreaut, dem das lästernde Umfeld Gaudins den Spitznamen »Goebbels« angehängt hat. Und für den Fall, dass das Bild noch unvollständig wirkt – Royer-Perreaut war auch der parlamentarische Mitarbeiter von Yann Piat, der 1994 ermordeten Abgeordneten des Front National und Patentochter Jean-Marie Le Pens.

So wie Gaudin einst Teissier und dann Royer-Perreaut für sich vereinnahmen konnte, versucht er es nun auch mit Ravier. Wenn man seinen direkten Konkurrenten umgarnen möchte, gewinnt man am besten dessen fähigsten Mann für sich.

Darauf verstand sich auch Gaston Defferre sehr gut. Als ihn 1984 Umfragen als Verlierer bei den Kommunalwahlen sahen, bat er einen der Gründer des Marseiller FN, Théo Balalas, für ihn um die damaligen Stammwähler des FN, die Algerienrückkehrer, zu werben. Mit Erfolg. Welche Vorbehalte Defferre gegenüber den *pieds-noirs* auch immer gehabt haben mochte, so war ihm doch von Anfang an klar, dass 250 000 potenzielle Wähler eine Größenordnung waren, die zählte. Schon 1969 ging er so weit, auf der Hochzeit von Jean-Jacques Susini, einem der Gründer der OAS mit engen Beziehungen zum SAC* und zu den Delta-Kommandos**, persönlich eine Festrede zu halten. Sofort sahen ihn die Repatriierten mit anderen Augen.

Will man den Erfolg Stéphane Raviers bei den Senatswahlen von 2014 im Sektor des 13. und 14. Arrondissements von Marseille verstehen, ist es hilfreich, von diesen alten Verbindungen zu wissen. Ravier reitet nämlich nicht nur auf der von den Pariser Medien losgetretenen »Marine-blauen« Welle mit. Er profitierte auch davon, dass es in dieser Gegend stellenweise schon von früher her Sympathien für seine Sache gab. 2002 erreichte Jean-Jacques Susini gleich nebenan, im anderen Sektor der Quartiers Nord, im zweiten Wahlgang gegen die Kommunisten über 40 Prozent der Wählerstimmen. Susini war damals

* *Service d'action civique,* inoffizielle gaullistische Leibgarde, nach Verwicklungen in etliche Gewalttaten 1981 von Mitterrand aufgelöst.

** Terroreinheiten der OAS.

Mitglied der Adimad, die danach strebte, »das Andenken an die Märtyrer und an alle Opfer der Gegner des französischen Algeriens« zu verteidigen, und deren Mitgründer Théo Balalas, ohne mit der Wimper zu zucken, von der OAS zum Parti Socialiste gewechselt war.

Théo Balalas hat stets Bekannte in der Welt der vornehmen Leute gehabt. Darin besteht übrigens im Wesentlichen seine politische Linie. Und auch hier muss man noch einmal in die Zeit des Algerienkriegs zurückgehen. So wie heute die Dschihadisten ihre Reise nach Syrien mit Überfällen auf Banken und Juweliergeschäfte finanzieren, begingen auch die Delta-Kommandos Raubüberfälle zur Finanzierung ihres antikommunistischen Widerstands. Manche ihrer Mitglieder fanden solchen Gefallen daran, dass sie fortan als Gangster in die eigene Tasche wirtschafteten. Weil sie dabei äußerst gewalttätig vorgingen, waren sie bei den Berufsverbrechern nicht gut angesehen, da diese eine entsprechende Reaktion der Ermittlungsbehörden und der Justiz fürchteten. Ein Bandit, der dieses Namens würdig ist, versteht es, unauffällig zu bleiben. Als sie aufgefordert wurden, sich für eine Sache zu entscheiden, schlossen sich viele aus den Delta-Kommandos den Reihen der Gangster jener Zeit an.

Da lassen sich schöne Verbindungen finden. Antoine Tarquini stand den Netzwerken von Charles Pasqua* nahe, den er 1958 in Marseille kennengelernt hatte. Nachdem er für die Opération Résurrection rekrutiert wurde, einen (letztlich nicht

* Frz. Geschäftsmann und Politiker (1927–2015), Mitgründer der gaullistischen Partei *Rassemblement du peuple français* (RPF) und der Miliz SAC, später in der Parteiführung von UDR und RPR und Innenminister (verantwortlich u. a. für die nach ihm benannten Anti-Einwanderungsgesetze); 1999 Mitgründer des nationalkonservativen *Rassemblement pour la France* (RPF).

notwendigen) Militärputsch, der darauf abzielte, General de Gaulle 1958 wieder an die Macht zu bringen, tritt Tarquini der Fremdenlegion bei und wird dann für die OAS aktiv, wobei er die Bekanntschaft eines anderen OAS-Unterstützers und ehemaligen Indochina-Kämpfers macht, eines gewissen Albert Spaggiari.

Nach etlichen Raubüberfällen auf eigene Faust schließt sich Antoine Tarquini, genannt »Tony«, Anfang der 1970er Jahre dem Team des berühmten Gaëtan Zampa an. So weit die Ganovenseite. Denn Tarquini ist zugleich Mitglied des PFN und dort einer der Verantwortlichen für die Ortsgruppe von Aix-en-Provence. Er leitet außerdem einen Nachtclub im Marseiller Opernviertel, und ebenfalls in Marseille gründet er einen Verein zum Schutz von Geschäftsleuten – gemeinsam mit einem alten Freund, an dem kein Weg vorbeizuführen scheint, Théo Balalas, dem Geschäftsführer des Restaurants seiner Mutter, Le Tonneau. In Aix-en-Provence hat Tarquini einen weiteren Nachtclub geführt, Le Khoréa, Treffpunkt der Faschos aus der Gegend, insbesondere ehemaliger OAS-Leute. Er gründet erneut einen Verein zum Schutz von Geschäftsleuten, in dem sich die Nachtclubbetreiber aus Aix zusammenschließen. Damals heißt es, Tony Tarquini sei das Auge von Zampa. In den 1980er Jahren sterben die meisten der Mitglieder dieses Vereins im Kugelhagel der Bandenkriege. Tarquini kommt davon und verfolgt sowohl seine Politik als auch seine Raubüberfälle und Geschäfte mit Spielautomaten weiter. Er wechselt 1981 von der Parti des forces nouvelles zum Centre national des indépendants et paysans, geht dann zum rechtskonservativen RPR, bevor er 1984 im neu entstehenden Front National seinen Aufstieg fortsetzt, um dann 1986, als Pasqua Innenminister wird, wieder zum RPR zu wechseln. Im Jahr darauf kehrt Tarquini auf Bitten Susinis zum FN zurück, und dort wird er auch bleiben, 2002 Jean-Marie Le Pens Wahlkampf für die Regionalwahlen organisieren und dabei regelmäßig mit Stéphane Ravier verkehren. Ravier wiederum wird aus dieser Zeit einen sehr guten Freund Tonys im Kopf behalten, den inzwischen einflussreichen Jacques Cassandri.

Als 1976 der zu einem exzentrischen Ganoven gewordene Spaggiari Tarquini detailliert den geplanten Bankraub bei der Société Générale in Nizza schildert, wird Zampa umgehend informiert. Da sich Zampa gerade um seine eigenen Geschäfte kümmern muss, vermittelt er Spaggiari (gegen einen Anteil von 20 Prozent an der Beute) an eine Bande von Kleinkriminellen aus dem Viertel Les Catalans in Marseille. Nach eingehender Prüfung halten sie den Coup für machbar. Einer der Chefs der Bande heißt Jacques Cassandri. Der Coup wird umgerechnet 29 Millionen Euro einbringen, geraubt aus den Tresoren der Bank, »ohne Waffen, ohne Hass, ohne Gewalt«, dank einem Zugang durch die Kanalisation. 2010 hat der 67-jährige Jacques Cassandri unter dem Pseudonym Amigo das Buch *La Vérité sur le casse de Nice* (»Die Wahrheit über den Bruch von Nizza«) herausgebracht und darin zugegeben, Mastermind der Aktion gewesen zu sein. Cassandri, Spitzname »Le Tondu« (Der Kahlgeschorene), ist seit 2010 Gegenstand einer Ermittlung wegen »Bildung einer kriminellen Vereinigung, Geldwäsche, Veruntreuung von Gesellschaftsvermögen, Urkundenfälschung und Gebrauch gefälschter Urkunden«. Ein polizeilicher Vermerk unterstreicht die »schwerkriminelle« Vergangenheit und die »mafiösen« Beziehungen des zum Geschäftsmann konvertierten Cassandri: »Zuhälterei seit 1965, Verstoß gegen das Waffengesetz 1973, Freiheitsberaubung, mutmaßliche Profite aus dem Betrieb von Glücksspielautomaten«. Eine große Nummer in Marseille. Und jemand, dem nun seinerseits von Stéphane Ravier der Hof gemacht wird. Zwei mit mir befreundete Journalisten, Xavier Monnier und Olivier-Jourdan Roulot, haben dazu die folgende Anekdote beigesteuert: Ende September 2015 lud Marion Maréchal-Le Pen* auf Initiative Stéphane Raviers am Vorabend der Sommeruniversitäten des Front National in Marseille all die ebenfalls auf der Wahlliste zur Regionalwahl stehenden FN-Kandidaten zu einem luxuriösen Cocktailempfang in Cassandris jüngstes Etablissement Le Palais de la Major ein. »Als man mich fragte, habe ich diesen Ort empfohlen, den ich sehr mag, vor allem seine Dekoration im Empirestil«, erklärt er meinen Journalistenkollegen. Sein korsischer Chauffeur hat ihn auf diesen Ort gebracht. Ravier kehre dort wöchentlich ein und lasse sich ein Glas Gevrey-Chambertin schmecken, »den Lieblingswein Napoleons«, wie der Chauffeur erläutert. Also organisiert Stéphane Ravier dort auch tolle FN-Tanzpartys, ein Ausdruck des »neuen Front National«, wie er erklärt. Selbst in Sachen Bandenwesen setzen Stéphane Ravier und Marion Maréchal-Le Pen auf die Linie »Franzosen zuerst« – schön weiß, Bonapartisten ... alteingesessene Banditen eben.

Ein ehemaliger Kommunist, André Isoardo, hat dem Marseiller Front National Struktur gegeben; der einflussreiche, in die Schwerkriminalität verstrickte Geschäftsmann Jacques Cassandri wird von Stéphane Ravier hofiert; Théo Balalas hat einen Fuß bei den Sozialisten, den anderen beim FN und fungiert für diese Mischung aus OAS, Ganoven und Politikern gleichsam als Bindeglied. Es herrscht ein immer weiter entwickelter Vereinsklientelismus, doch mit der Einstellung des Sohns von Stéphane Ravier als Grünflächenbeauftragter in dessen eigenem Sektor, für das Rathaus des 13. und 14. Arron-

* Politikerin des FN, Enkelin des Parteigründers Jean-Marie Le Pen und Nichte von Marine Le Pen.

dissements, auch eine andere, direktere Form der Vetternwirtschaft ... Der FN bleibt also ein gut funktionierendes Rädchen im Getriebe jener Systeme, die Marseille verseuchen.

Seine jahrzehntelange wirksame Präsenz in den Reihen der Lokalpolitik hätte es dem FN fast erlaubt, im Dezember 2015 die Region PACA an sich zu reißen. Der Konservative Christian Estrosi war der Retter in der Not – allerdings nur mit den Stimmen der Sozialisten, die zur Verstärkung im Kampf gegen den FN gekommen waren! Dabei spielte Estrosi selbst einmal Wegbereiter für ein Bündnis zwischen Jean-Marie Le Pen und Jean-Claude Gaudin gegen die Sozialisten. Hier am Ufer des Mittelmeeres sind ganz offenbar alle Allianzen vergänglich und auf Sand gebaut.

In Marseille besteht der Front National aus mehreren Schichten, von denen eine jede imstande ist, mit politischen Strömungen – von den Kommunisten bis zu den Neofaschisten – zu spielen. Man schlägt sich, man verträgt sich, man hintergeht sich und man verbündet sich gegen andere. Es sind nicht Kugeln, die hier töten, sondern Gerüchte, die ebenso gut einen Feind erledigen und seinen Ruf und seine Ehre ruinieren können. Wie bei den Ganoven.

In Marseille unterscheidet sich die Funktionsweise des Front National, was auch immer Marine Le Pen behaupten mag, in nichts von der Funktionsweise der anderen Parteien des Systems: Klientelismus und Netzwerke aller Art sind ihr einziges politisches Programm.

14
Frankenstein

Die Marseiller Lokalpolitiker neigen zu ständiger Selbstbeweihräucherung, was man nur mit einem Stirnrunzeln zur Kenntnis nehmen kann. Sie sind nämlich nicht glaubwürdiger als die Burschen aus den Hochhaussiedlungen, die sich die ganze Zeit den Bauch unter ihrem T-Shirt kraulen, um sich wichtigzumachen und sich zu beruhigen.

Wenn es um die Gründe für seine Zufriedenheit geht, beruft sich Jean-Claude Gaudin oft auf den OECD-Bericht zum Großraum Marseille. Er liest ihn allerdings sehr selektiv und naiverweise so, als würde Marseille darin ein Platz unter den dynamischsten Städten Europas bescheinigt. Das mag gelten, solange es nur um starkes Wachstum geht. Wer bei null anfängt, vermittelt den Eindruck, es ginge rasant aufwärts, dabei ist diese Dynamik nur ein Aufholen. In Wirklichkeit unterstreicht der OECD-Bericht, dass die Metropolregion Aix-Marseille innerhalb Frankreichs eine der Regionen mit der größten sozialen Ungleichheit ist, ob das die Einkünfte, den Zugang zum Arbeitsmarkt oder die Bildung betrifft. Diese sozioökonomischen Ungleichheiten sind territorial sehr deutlich voneinander abgegrenzt. Der Reichste und der Ärmste leben zwar nah beieinander, doch ein jeder verschanzt in seiner Festung. In manchen der Viertel, in denen mehr als ein Drittel der Bewohner keinen Schulabschluss haben, erreicht die Jugendarbeitslosigkeit eine Quote von 50 Prozent. Um die traurige Realität dieser niederschmetternden Statistiken zu überdecken, reiht

Gaudin die Zahlen seiner Ausgaben für Marseille aneinander, als könne er die Leute so davon überzeugen, dass das Geld auch gut verwendet wird. Im Allgemeinen gerät aber alles, was in die Zuständigkeit der Lokalpolitiker fällt, zum Fiasko. Und wenn die Stadt schön ist und von Frühjahr bis Spätsommer zu Dolce Vita einlädt, so verdankt sie das vor allem ihren Bewohnern, die die seltene Gabe besitzen, die ganze Zeit miteinander zu reden.

Das, was in dieser Stadt gelungen ist, kommt von woanders und weit her. Von Julius Cäsar, Ludwig XIV. und Napoleon III., die es alle verstanden haben, die Stadt in ihrer Entwicklung zu fördern, wenn es auch oft eine schmerzliche war. In den 2010er Jahren sorgt der Staat für Euroméditerranée, die SNCF für die Zugverbindung von Paris in drei Stunden und Europa für die Kulturhauptstadt 2013. Es musste sogar in aller Dringlichkeit ein Pariser Organisationsteam herbeordert werden, um die Kulturhauptstadt nicht zu einer Werbeveranstaltung für die von der Region subventionierten Trommler und Stadtpfeifer verkommen zu lassen. Dieses Notfallteam hat den Schaden weitgehend in Grenzen gehalten. Am Ende stand auf dem Programm der »Europäischen Kulturhauptstadt Marseille« nicht mehr als das, was in einer Stadt, die die Metropole der Mittelmeerregion sein möchte, sowieso dauerhaft zu finden sein sollte. Der enorme Zuspruch der Bevölkerung bei den Veranstaltungen hat nur deutlich gemacht, woran es in diesem Bereich mangelt. Die von Privatleuten und Vereinen geprägte Kulturszene hat es vermocht, die durch das Fehlen eines populären Kulturbetriebs bedingte Lücke zu füllen, und selbst die Unterwelt hat sich angepasst und ein paar Wettcafés und illegale Bingobars durch hippe, gut gelegene Lokale ersetzt, die natürlich auch schicker und teurer waren.

Zur Rechtfertigung des Monsters, das derzeit in Marseille zum Vorschein kommt, hat man den Begriff des »Marseille-

Bashing« erfunden. Selbst Gaudin, der sonst nicht unbedingt mit seinem Englisch brilliert, schafft es auf einmal, dieses Wort fast akzentfrei auszusprechen. Die Verunglimpfung Marseilles komme doch nur von den fiesen Pariser Medien, die neidisch und bösartig zugleich seien. Doch machen wir uns nichts vor, die Kritiken kommen direkt aus dem Herzen Marseilles. Paris greift sie nur auf, mit allerhand Klischees und Gemeinplätzen, angeblich nur, um diese gründlich demontieren zu können.

Jedem seine Liebe zu Marseille. Eine heiße Liebe, die kräftig mit Mythen und Legenden unterhalten und befeuert werden muss. Zum Beispiel der Legende von jener Fake-Mafia namens French Connection. Eigentlich handelte es sich dabei nur um eine einzige, für einen begrenzten Zeitraum wirksame Methode: den Transport von Heroin aus der Bekaa-Ebene im Libanon in die Vereinigten Staaten. Marseille und seine Verbrecher waren nur ein Glied in der Kette. Gelenkt wurde das Ganze von anderswo.

Eine weitere Legende ist jene vom mediterranen Marseille, dem Tor zum Süden. Dabei ist der Handelsaustausch mit dem Maghreb und dem Orient schon seit langem am Versiegen. Istanbul und Neapel haben den Platz übernommen. Marseille bleibt eine kosmopolitische Stadt, auch wenn die Politiker nach Kräften verhindern, dass sich die einzelnen Gruppen vermischen, damit sie sie besser kontrollieren können. Doch die bislang abgeschotteten, ethnisch geprägten Parallelgesellschaften lösen sich im Zuge der Integration des Immigranten, die Marseille durchaus erfolgreich zu gestalten versteht, allmählich auf. Am Ende ist der Immigrant kein Immigrant mehr. Marseille verleibt ihn sich ein, Marseille integriert ihn, gewiss nicht ohne Gewalt, doch mit Erfolg. Weil die Leute miteinander reden.

Das »Marseille-*Bashing*« wird von denen gepflegt, denen es nützt. Zumal man an dieser Stadt nicht nur die besten Seiten liebt, sondern selbst die schlimmsten Seiten irgendwie ins Herz geschlossen hat. Manchmal prangert die Tageszeitung *La Provence* auf einer ganzen Titelseite mit fettgedruckter Überschrift und Ausrufezeichen vehement irgendwelche Missstände an. Dann greifen alle nationalen Medien die Information auf, und bereits am nächsten Tag begehrt *La Provence* gegen den verbissenen Eifer der Pariser auf. Für diese ist Marseille tatsächlich ein Glücksfall. Eine Stadt, die alles in sich vereint. Kein schlagzeilenträchtiger Missstand, der hier nicht zu finden wäre. Die Straflosigkeit der Balkanys* im Departement Hauts-de-Seine ist die gleiche wie die von Guérini in Bouches-du-Rhône. Die über die Pariser Banlieue verstreuten blutigen Vergeltungsakte konzentrieren sich hier in den Vierteln mit dem Etikett »Quartiers Nord«. Der starke Front National, wie man ihn in Hénin-Beaumont** kennt, lässt sich im 13. und 14. Arrondissement wiederfinden. Die Deindustrialisierung der Region von Lille hat ihr Spiegelbild im Midi. Die zu Zeiten des Kolonialismus gemästete Bourgeoisie von Bordeaux hat Verwandte in den schicken Vierteln entlang der Corniche***. Die Spannungen auf dem Immobilienmarkt rund um Ajaccio lassen sich an der Metropolregion Aix-Marseille durchdeklinieren.

Ergänzen wir die Aufzählung um die vielen in Frankreich lebenden Ethnien, die allesamt in Marseille vertreten sind, um die Religionen, die wie Dörfer organisierten Viertel, die markanten Gesichter, die Akzente, die pagnolesken Abgeordneten,

* Patrick und Isabelle Balkany, in zahlreiche Skandale um Geldwäsche, Falschaussagen, Steuerbetrug und Korruption verwickeltes Politikerehepaar.

** Erste größere französische Stadt, in der ein Bürgermeisterkandidat des FN im ersten Wahlgang mit absoluter Mehrheit gewann.

*** Straße in Marseille oberhalb der Küste zwischen Palais du Pharo und Plages du Prado.

einen Fußballclub mit Seele und außerdem um lauter redselige Menschen. Marseille ist ganz und gar wie Frankreich – das ideale Beobachtungsobjekt, um die moderne französische Gesellschaft zu dechiffrieren.

Doch es gibt nicht nur ein einziges Monster. Marseille verbirgt es nicht, Marseille stellt es zur Schau, verzweifelt an ihm und hält es zugleich zum Besten. Ein Monster, das schwarze Hände, wirre Köpfe, Wegwerfgangster und die Kombination aus Dschellaba und Sneakers erschafft. Ein Monster, das sich von Unkraut ernährt und es sorgsam kultiviert. Ein Monster, dem die Frankenstein-Doktoren die Demokratie herausschneiden, um sie durch eine andere zu ersetzen, eine amorphe und manipulierbare. Der Staat als Nekromant.

Die Gewalt, die Drogen, die Geschäftemacherei, die Mauscheleien, die Korruption, der Beton, die Wahlen, der Rassismus … Für Frankreich und andere Länder, die sich für uns interessieren, ist Marseille für sich genommen schon ein Abenteuer, ohne dass man in die Ferne reisen müsste. Marseille stellt auch eine Art Sicherheitsventil dar, um den Überdruck der in ganz Frankreich aufgestauten Probleme abzulassen.

Als ob die Stadt die Einzige wäre, die große Ausnahme, als ob man fatalistisch die Gestalt des Monsters akzeptieren müsste. »Das kann man nicht vergleichen, das ist halt Marseille.«

Nein, ist es nicht. Die schönste Stadt Frankreichs verbirgt ihre Wunden nicht. Sie ist aufrichtig. Das ist alles.

Diese Stadt ist schlicht und ergreifend die sichtbare Illustration für all das, was in der französischen Republik schiefläuft.

Dank

Mein ganzer Dank geht zunächst an jene, die in diesem Buch bereitwillig Zeugnis abgelegt haben, mitunter anonym, aus Sorge um ihre Ruhe oder gar um ihre Sicherheit. Ohne sie würde dieses Werk nicht denselben Reichtum an Informationen aufweisen. Ich danke ihnen für ihr Vertrauen, ebenso wie den so gastfreundlichen Bewohnern der Marseiller Problemviertel. Wenn sie auf einen Journalisten treffen, der ihrem Lebensalltag Respekt entgegenbringt, können sie ihm dabei helfen, oftmals komplexe Situationen zu durchdringen, die für jemanden, der sich sonst gern mit Vereinfachungen und Karikaturen zufriedengibt, recht verstörend wirken. Selbst Leute, die in den Augen vieler als die schlimmsten Lumpen erscheinen könnten, haben mir kostbare Hilfe geleistet und damit ihren Willen bezeugt, das sie bedrückende System zu stürzen.

Mir liegt auch sehr daran, einer Reihe von Personen zu danken, deren Tätigkeit für das Verfassen dieses Buches maßgeblich war. Dem Journalisten Michel Samson, mit dem ich einst diese Arbeit begonnen habe und dessen intellektuelle Strenge mein Leitstern bleiben wird, vor allem, seitdem ich das Weite gesucht habe. Der Soziologin Claire Duport, die mich zu dem Versuch ermutigte, auf journalistischem Wege die Systeme zu dechiffrieren, die diese Stadt umklammert halten. Und schließlich meiner Verlegerin Laurence Lacour, deren Urteile und Ratschläge mich von den ersten Momenten bis zum Schluss begleitet haben.